Hans Küng

Tornare a Gesù

Rizzoli

ISBN 978-88-17-06089-9

Titolo originale dell'opera:
JESUS

Prima edizione: agosto 2013

Traduzione di Germano Re *e* Marco Beck

*Questo libro è tratto dai seguenti
capitoli rielaborati di* Essere cristiani *(1974, 2012):*
BI, 1; II, 1-2; C I-V,2; D II, 1-2; III, 2.

impaginazione: Stephan Schlensog, Tübingen

Tornare a Gesù

Così mi sono avvicinato a Gesù

Chi era la singolare figura che ha dato nome al cristianesimo? Come innumerevoli altri cattolici prima del Concilio Vaticano II (1962-65) anch'io sono cresciuto con la tradizionale immagine di Cristo della professione di fede, dei concili ellenistici e dei mosaici bizantini: Gesù Cristo «Figlio di Dio» assiso in trono, un «Salvatore» amico degli esseri umani, e ancor prima, per la gioventù, il «Cristo re».

Nelle lezioni di catechismo abbiamo imparato formule dogmatiche, senza comprenderle: Gesù Cristo è la «seconda persona della santissima Trinità», è «una persona divina in due nature», quella umana e quella divina. Su questa «cristologia dall'alto», dall'alto dei cieli per così dire, ho poi seguito, a Roma, un corso di un intero semestre, con tutte le eresie contro le quali erano intervenuti imperatori e concili e tutte le risposte, spesso poco convincenti, alle difficoltà già allora manifeste. Certo, ho superato senza problemi tutti gli esami in latino, non proprio semplici, ma la mia spiritualità? Quella rimaneva alquanto insoddisfatta. Per lungo tempo mi ha suscitato moltissimo interesse la geniale teologia paolina, mentre i Vangeli mi apparivano troppo familiari e piuttosto noiosi.

Decisamente interessante per me la figura di Cristo divenne solo quando, dopo i miei sette anni romani, ho potuto conoscerla, sulla base della moderna scienza biblica, «dal basso», dalla prospettiva dei suoi primi discepoli per così dire, ovvero come reale figura della storia. Lo studio approfondito della letteratura esegetica sia cattolica sia evangelica, nel contesto delle mie lezioni, dei seminari e delle pubblicazioni, è stato stimolato dalla mia enorme curiosità di conoscere questo «sconosciuto» Gesù terreno.

L'essenza del cristianesimo, infatti, non è nulla di astrattamente dogmatico, non è una dottrina generale, bensì è da sempre una *figura storica* viva: Gesù di Nazaret. Nel corso degli anni ho elaborato il singolare profilo del Nazareno sulla base della ricchissima ricerca biblica degli ultimi due secoli, ho riflettuto su tutto con appassionata partecipazione, motivando con rigore e presentando il tutto in modo sistematico. Sì, ho perfino tenuto delle prediche sull'intero Vangelo di Marco, dal primo all'ultimo versetto, e al termine anche sul discorso della montagna.

Dal mio libro *Essere cristiani* in poi so di che cosa parlo quando, in modo del tutto elementare, dico: il *modello di vita* cristiano è semplicemente questo Gesù di Nazaret in quanto il Messia, il Christós, l'Unto e l'Inviato di Dio. *Gesù Cristo* è il fondamento dell'autentica spiritualità cristiana. Un esigente modello di vita per il nostro rapporto nei confronti del prossimo come pure con Dio stesso, che per milioni di esseri umani in tutto il mondo è diventato criterio di orientamento e di vita.

Chi è, dunque, un cristiano? Non chi dice soltanto

«Signore, Signore» e asseconda un «fondamentalismo» – sia esso di tipo biblico-protestante, o autoritario-romano-cattolico oppure tradizionalista-oriental-ortodosso. Cristiano è piuttosto colui che in tutto il suo personale cammino di vita (e ogni persona ne ha uno proprio) si sforza di orientarsi praticamente a questo Gesù Cristo. Di più non è richiesto.

La mia vita personale, così come ogni altra, con i suoi alti e bassi, e anche la mia lealtà verso la Chiesa e la mia critica alla Chiesa si possono comprendere soltanto a partire da questo riferimento. Proprio la mia critica alla Chiesa, come quella di tanti cristiani, scaturisce dalla sofferenza per la discrepanza tra ciò che questo Gesù storico è stato, ha predicato, ha vissuto, ha combattuto, ha patito, e ciò che oggi la Chiesa istituzionale, con la sua gerarchia, rappresenta. Questa discrepanza è spesso diventata insopportabilmente grande. Gesù nelle trionfali cerimonie pontificie della basilica di San Pietro? Oppure in preghiera con il presidente americano guerrafondaio e Benedetto XVI alla Casa Bianca? O che partecipa a un dispendioso viaggio di Stato con il «Vicario» sulla papamobile? Inconcepibile! Con il Grande Inquisitore di Dostoevskij gli si chiederebbe di certo: «Perché torni a disturbarci?».

La cosa più urgente e più liberatoria per la nostra spiritualità cristiana, di conseguenza, è orientarci per il nostro essere cristiani, a livello sia teologico sia pratico, non tanto secondo le formulazioni dogmatiche tradizionali e i regolamenti ecclesiastici, che a molti appaiono astratti e irrilevanti, bensì di nuovo e di più secondo la persona stessa di Gesù, così come ci giunge attraverso le testimonianze bibliche.

Il libro *Essere cristiani*, pubblicato nel 1974, è rimasto per me la base per l'esplorazione di grandi campi di lavoro, a cui mi sono dedicato negli ultimi quattro decenni con grande passione teologica. Che questo libro corposo abbia avuto finora sempre nuove edizioni e sia stato tradotto in quindici lingue costituisce una conferma straordinaria di questo modo di intendere Cristo e di essere cristiani. Dopo aver navigato sui più vasti mari teologici, ora che si avvicina la fine della mia attività, sento l'urgenza e la gioia di tornare al nucleo della mia teologia, laddove batte il mio cuore, di elaborarlo con chiarezza ancora una volta. In questo libro su Gesù mi sono attenuto quasi alla lettera alle parti corrispondenti di *Essere cristiani* (in particolare alla sezione C) facilitandone la lettura con l'inserimento di numerosi nuovi titoli interni. Ho però omesso tutte le spiegazioni esegetiche e teologiche non strettamente necessarie, le note e la bibliografia finali. Pertanto, chi voglia leggere i passi esatti della Bibbia troverà informazioni precise al riguardo nelle quasi duecento note delle parti corrispondenti di *Essere cristiani*. In questo modo è nato un libro più concentrato, senza le speculazioni e i tratti edificanti di un'opera teologica.

Così come Joseph Ratzinger, papa Benedetto XVI, anch'io mi sono formato l'immagine di Gesù negli anni Sessanta, quando entrambi insegnavamo Teologia dogmatica a Tubinga, e ovviamente non voglio creare nessun contrasto insanabile tra di esse. Tuttavia si dovrebbe sapere che già nella sua *Introduzione al cristianesimo* degli anni di Tubinga il mio collega Ratzinger offrì un'immagine polemica e caricaturale della moderna ricerca storica su Gesù, mentre io accettai senza esitazioni di misurarmi con l'esegesi storico-critica e concepii *Essere cristiani* attenendomi strettamente ai risultati accertati dallo studio critico del Nuovo Testamento. Nonostante le belle parole nei confronti del metodo storico-critico, ne ha invece ignorato i risultati scomodi per la dogmatica nascondendoli abilmente sotto citazioni dei padri della Chiesa e della liturgia. La sua immagine «dall'alto» di Gesù trae decisamente ispirazione dal dogma dei concili ellenistici del IV-V secolo e dalla teologia di Agostino e di Bonaventura. Egli interpreta – non senza circoli viziosi – i Vangeli sinottici partendo dal Vangelo di Giovanni e quest'ultimo a sua volta nel senso del concilio di Nicea (325), che io invece giudico rispetto al Nuovo Testamento. In questo modo egli presenta un'immagine di Gesù fortemente divinizzata mentre io elaboro il Gesù storico e il suo drammatico conflitto di fondo con la gerarchia e la devozione farisaica. Con tutte le conseguenze.

Per la critica alle posizioni di Ratzinger, che egli, da papa, ha auspicato espressamente, rimando ai due ampi volumi curati da Hermann Häring «*Jesus von Nazareth» in der wissenschaftlichen Diskussion* (Il dibattito scientifico intorno al *Gesù di Nazareth,* Berlino 2008) e *Der Jesus des Papstes. Passion, Tod und Auferstehung im Disput* (Il Gesù del papa. La disputa su passione, morte e risurrezione, Berlino 2011). Da parte mia posso rinunciare a fare importanti integrazioni a quanto ho già argomentato in *Essere cristiani.* Da allora naturalmente la ricerca esegetica ha fatto progressi chiarendo diversi dettagli, e proprio per questo sottolineo qui le valutazioni molto differenti emerse nel frattempo su Qumran e intervengo per precisare altri punti. Tuttavia esegeti competenti mi hanno confermato che nelle questioni fondamentali è cambiato ben poco e che le mie deduzioni di ordine sistematico-teologico di allora sono ancora attuali.

Perciò, chi cerca nel Nuovo Testamento il Cristo del dogma, legga Ratzinger; chi cerca il Gesù della storia e dell'annuncio protocristiano, legga Küng. È questo il Gesù che, oggi come allora, sconcerta gli uomini, stimola a prendere posizione, colui del quale non ci si può limitare a prendere atto.

E così questo libro scritto con sobria passione può guidare all'approfondimento spirituale. Da *Essere cristiani* si potrebbero ricavare centinaia di prediche, scrisse una volta un parroco. Forse, ma il mio libro in sé non predica, mostra piuttosto servendosi di ampi riferimenti incrociati quella figura, il cui messaggio, il cui comportamento e il cui destino hanno permesso una spiritualità cristiana: un vero essere umani e cristiani. Non ho scritto questo libro perché mi reputo un buon cristiano, ma perché vedo nell'essere cristiani, e nel seguire Gesù Cristo, un valore particolarmente positivo.

I lettori in cerca di una spiegazione della professione di fede tradizionale la trovano nel mio libro *Credo. La fede, la Chiesa e l'uomo contemporaneo* (BUR 2003). Chi è interessato allo sviluppo della cristologia «dall'alto», e alle questioni della preesistenza e della teoria della redenzione, può rileggere le parti di *Cristianesimo. Essenza e storia* (BUR 1999) che trattano questi argomenti.

Per gli ebrei «la via, la verità e la vita» è la Tora e per i musulmani il Corano. Io li rispetto e li capisco, ma per me, in quanto cristiano, è questo Gesù Cristo. Il mio interesse ecumenico in questo libro è (ed era) elaborare ciò che è comune a tutti i cristiani: Gesù come il Cristo. E con questa base cristiana dalle solide fondamenta, che a me in quanto cristiano ha trasmesso un'identità intellettuale, ho potuto cimentarmi nell'avventura intellettuale del dialogo con ebrei e musulmani, con credenti e non. La formula base con cui termina il libro mi ha accompagnato per decenni ed esprime anche oggi e, si spera, fino alla fine dei miei giorni, il mio «credo» in forma abbreviata:

Seguendo Gesù Cristo
l'uomo nel mondo d'oggi può
vivere, agire, soffrire e morire in modo veramente
umano:
nella felicità e nella sventura, nella vita e nella morte
sorretto da Dio e fecondo di aiuto per gli altri.

Hans Küng
Tubinga, gennaio 2012

I. La peculiarità del cristianesimo

1. Che cosa è cristiano?

«Cristiano»: oggi una parola sfuocata. Tante, troppe cose sono oggi cristiane: Chiese, scuole, partiti politici, associazioni culturali, e naturalmente l'Europa, l'Occidente, il medioevo, per non parlare del «re cristianissimo», un titolo conferito da Roma, dove altrimenti si sono sempre preferiti aggettivi («romano», «cattolico», «cattolico-romano», «ecclesiastico», «santo») comunque equivalenti a «cristiano». Come ogni altra inflazione, anche l'inflazione del termine «cristiano» trascina con sé una svalutazione.

Ricordo pericoloso

Ci si ricorda ancora che il termine coniato – secondo gli Atti degli Apostoli – ad Antiochia era, all'epoca in cui per la prima volta lo si usò in un contesto storico di dimensioni mondiali, un epiteto più ingiurioso che onorifico?

Intorno al 112 Gaio *Plinio II*, governatore romano

della *Bitinia* (una provincia dell'Asia Minore), chiede istruzioni all'imperatore Adriano in merito ai «cristiani» accusati di vari reati, i quali, in base ai suoi accertamenti, rifiutano di tributare all'imperatore l'onore del culto, altro non facendo, apparentemente, che innalzare inni (= recitare professioni di fede?) «a Cristo come a un Dio» e osservare determinati precetti (non rubare, non rapinare, non commettere adulterio, non ingannare).

Qualche tempo dopo un amico di Plinio, Cornelio *Tacito*, lavorando a una storia della Roma imperiale, stende un resoconto abbastanza preciso del grande incendio scoppiato a Roma nel 64 e generalmente imputato allo stesso imperatore Nerone, che a sua volta ne aveva però addossata la responsabilità ai «crestiani»: il nome «crestiani» deriverebbe da un certo «Cristo», giustiziato sotto Tiberio per ordine del procuratore Ponzio Pilato; dopo la sua morte questa «perniciosa superstizione» – come del resto ogni genere di infamia e di volgarità – si sarebbe propagata fino a Roma, guadagnandovi anzi, dopo l'incendio, un vasto seguito di aderenti.

Ancora in quel torno di tempo, o poco più tardi, il biografo dei Cesari, *Svetonio*, riferisce, con precisione molto minore, che l'imperatore Claudio aveva espulso da Roma i giudei, colpevoli di aver provocato continui disordini «per istigazione di Cristo».

Sempre a Roma, lo storiografo ebreo del tempo, Flavio *Giuseppe*, accenna con evidente reticenza alla lapidazione di Giacomo del 62: è, già intorno al 90, la prima testimonianza giudaica; Giacomo vi è definito «fratello di Gesù, il cosiddetto Cristo».

Fin qui le prime testimonianze pagane e giudaiche. Sarebbe già molto se ci si ricordasse anche oggi che il cristianesimo non consiste nella professione di una qualche ideologia o di idee eterne, ma ha evidentemente a che fare con un Cristo. Senonché i *ricordi* possono essere fastidiosi: lo sanno per esperienza diretta certi partiti che hanno voluto rivedere il loro programma. Anzi, i ricordi possono essere *pericolosi*: cristianesimo = attivazione di un «ricordo pericoloso e liberatorio», come asserisce J. B. Metz. Questo era in origine il significato della lettura degli scritti neotestamentari, della celebrazione della «cena di commemorazione», della vita d'imitazione cristiana, di tutto il multiforme impegno della Chiesa nel mondo. Ricordo *di che cosa*? Di questo ricordo manifestamente inquietante rendono testimonianza già le prime notizie pagane e giudaiche intorno al cristianesimo, coeve agli ultimi scritti neotestamentari. Ma sono soprattutto le stesse fonti cristiane a narrare di questi ricordi che trasformarono il mondo. Ricordo *di che cosa*? Questo fondamentale interrogativo si disegna oggi per noi sullo sfondo del Nuovo Testamento e della storia cristiana in genere.

Anzitutto, si sottolinea oggi spesso e a ragione la difformità, la casualità, in parte anche la contraddittorietà degli scritti contenuti nella raccolta del *Nuovo Testamento*: scritti dottrinali dettagliati e sistematici, ma anche risposte ben poco programmatiche a domande poste dai destinatari. Una letterina occasionale, di neanche due pagine, al padrone di uno schiavo fuggito, e la prolissa descrizione degli avvenimenti e della figura centrale della prima generazione. Vangeli incentrati essenzialmente su fatti e situazioni del passato, ed epistole profetiche proiettate verso il futuro. Alcune pagine curate dal punto di vista stilistico, altre viceversa trasandate; alcuni scritti improntati a un linguaggio e a una mentalità ebraici, altri di stampo squisitamente ellenistico; alcune opere di stesura antichissima, altre redatte quasi cent'anni dopo...

Non è certo irragionevole porsi il quesito: cosa tiene insieme questi 27 «libri» del Nuovo Testamento così eterogenei? La risposta emerge, sorprendentemente semplice, dalle stesse testimonianze: è il ricordo di quel Gesù che nel greco neotestamentario vien detto «Cristo» (ebraico «mashiah», aramaico «meshiha»: «Messia» = «Unto»).

In secondo luogo, si sottolinea altrettanto spesso e a ragione la presenza di fratture e salti, di contrasti e contraddizioni nella tradizione e nella *storia della cristianità* in genere: secoli di oscura sopravvivenza, in forma di piccola comunità minoritaria, e secoli di splendore, come grande organizzazione maggioritaria; secoli in cui i perseguitati si trasformano in dominatori e magari anche in persecutori. Secoli di Chiesa sotterranea seguiti da secoli di Chiesa di stato, secoli di martiri neroniani e secoli di vescovi di corte costantiniani. Epoche di monaci e di dotti alternate ad altre di politici usciti dal grembo della Chiesa; secoli di conversione dei barbari al cristianesimo di un'Europa in ascesa e secoli di Imperium Romanum, ricostituito e poi nuovamente smantellato da imperatori e papi cristiani; secoli di sinodi pontifici e secoli di concili riformistici indetti contro i pontefici. L'età aurea degli umanisti cristiani e degli artefici secolarizzati del Rinascimento, e la rivoluzione ecclesiastica dei Riformatori; secoli di ortodossia cattolica o protestante e secoli di risveglio ecumenico. Periodi di adattamento e altri di resistenza, saecula obscura e siècle des lumières, secoli di innovazione e secoli di restaurazione, secoli di disperazione e secoli di speranza...

Ancora una volta non deve stupire la domanda: che cosa tiene insieme questi 20 secoli così discordanti di storia e di tradizione cristiana? E ancora una volta vale la medesima risposta: il ricordo di quel Gesù che attraverso i secoli continua a essere chiamato «Cristo», l'ultimo e determinante inviato di Dio.

Uso corretto dei termini

I lineamenti sopra tracciati dovranno in seguito riempirsi di un loro contenuto. Ma in un momento di confusione e di annebbiamento anche teologico dei concetti è indispensabile parlare il linguaggio della chiarezza. Il teologo non rende un buon servizio né ai cristiani né ai non cristiani quando non chiama le cose col loro nome, quando non fa un uso corretto di termini e concetti.

Il cristianesimo è oggi chiamato a un confronto con le *religioni universali*, le quali rappresentano anch'esse vie di salvezza, religioni «legittime» rivelatrici di verità, essendo oltretutto coscienti dello stato di alienazione, schiavitù e non-redenzione in cui versano gli uomini e al quale contrappongono la vicinanza, la grazia e la misericordia della divinità. Abbiamo allora formulato una domanda: stando così le cose, in che consiste la peculiarità del cristianesimo?

Una risposta ancora schematica, ma che già colpisce nel segno, deve essere: secondo le testimonianze originarie e dell'intera tradizione, secondo le testimonianze dei cristiani e dei non-cristiani, l'elemento peculiare del cristianesimo... è questo *stesso Gesù*, che ancor oggi, con termine mutuato da un'antica lingua, viene denominato *Cristo* (più oltre si vedrà quanto poco banale e tautologica sia questa risposta). È immediato constatarlo: per quanto grandi e piccole religioni lo onorino occasionalmente in un loro tempio o nel loro testo sacro, nessuna di esse sarebbe disposta a considerarlo essenziale, normativo, determinante per le relazioni dell'uomo con Dio, col prossimo, con la società. Il tratto peculiare, assolutamente specifico del cristianesimo consiste appunto nel considerare Gesù essenziale, normativo, *determinante* per l'uomo in queste sue diverse dimensioni. Ed è proprio a questo che si alluse fin dal principio con l'epiteto di «Cristo». Non per nulla tale epiteto si affiancò già allora al nome «Gesù» saldandosi con esso in una sorta di nome proprio.

Il cristianesimo inoltre oggi è implicato anche in un confronto con gli *umanesimi non cristiani* di stampo evolutivo o rivoluzionario, i quali si pronunciano con pari energia a favore di tutto ciò che è vero, buono e bello, ed esaltando tutti i valori umani, la fraternità accanto alla libertà e all'uguaglianza, si prodigano spesso con maggiore efficacia per uno sviluppo integrale dell'uomo e di tutta l'umanità. D'altro canto, anche le Chiese e le teologie cristiane vogliono tornare a essere in un modo nuovo umane: moderne, attuali, aperte, emancipanti, dialogiche, pluralistiche, solidali, responsabili, secolari. Non abbiamo potuto fare a meno di domandarci: poiché le cose stanno o per lo meno dovrebbero stare così, in che consiste la peculiarità del cristianesimo?

La risposta, schematica anch'essa, ma del tutto precisa, suona come la precedente: secondo le testimonianze originarie e dell'intera tradizione, l'elemento peculiare è di nuovo questo *stesso Gesù*, incessantemente conosciuto e riconosciuto come *Cristo*. Si cerchi anche qui la controprova: per quanto gli umanesimi evolutivi o rivoluzionari a volte lo rispettino o addirittura lo propagandino in quanto uomo, nessuno di essi sarebbe disposto a considerarlo essenziale, normativo, determinante per l'uomo in tutte le sue dimensioni. Il tratto peculiare, assolutamente specifico del cristianesimo consiste appunto nel considerare questo Gesù essenziale, normativo, *determinante* per le relazioni dell'uomo con Dio, col prossimo, con la società: nel considerarlo, secondo la pregnante formula biblica, come «Gesù Cristo».

Sintetizzando le due prospettive: non sarà certo limitandosi a ripetere quello che gli altri dicono o a imitare quello che gli altri fanno, che il cristianesimo conseguirà l'obiettivo di essere o ridiventare rilevante per gli uomini delle religioni universali e per gli umanisti moderni. Un tale cristianesimo pappagallesco non acquista nessun rilievo per le religioni e per gli umanesimi; diventa anzi irrilevante, pleonastico. Attualizzazione, modernizzazione, solidarizzazione *da sole* non bastano. I cristiani, le Chiese cristiane devono sapere cosa vogliono, che cosa hanno da dirsi e da dire agli altri. Nella loro illimitata apertura devono comunque saper dare espressione, risalto e realizzazione a quanto hanno di particolare e specifico. In ultima analisi, il cristianesimo può essere o diventare rilevante solo qualora sappia attivare (come sempre, nella teoria e nella prassi) il *ricordo di Gesù* come *colui che è definitivamente determinante*: Gesù il Cristo e non semplicemente uno degli «uomini normativi».

Diciamo per il momento, ancora a grandi linee, che solo partendo da questo Cristo risulta possibile una risposta agli assillanti interrogativi formulati da cristiani e non-cristiani su ciò che *contraddistingue la dimensione cristiana*. Si considerino alcuni esempi a titolo di verifica.

Il primo: una Cena celebrata a Kabul da cristiani e musulmani in un'atmosfera di profonda fede in Dio, con un'integrazione di preghiere tratte dalla tradizione cristiana e sufitica, costituisce un'autentica celebrazione eucaristica cristiana? Risposta: una simile celebrazione della Cena può essere una forma liturgica genuina, encomiabilissima. Celebrazione eucaristica cristiana diventerebbe però solo qualora in essa trovasse il posto che gli compete il ricordo di questo Gesù Cristo (memoria Domini).

Il secondo: è possibile identificare col battesimo cristiano l'immersione nelle acque del Gange a Benares, compiuta da un indù con totale devozione e fiducia nella divinità? Risposta: una simile immersione è un rito di purificazione indubbiamente molto significativo e salutare sotto il profilo religioso. Battesimo cristiano diventerebbe però solo nel caso in cui avvenisse in nome di questo Gesù Cristo.

Il terzo: è già un cristiano il musulmano di Beirut che di tutte le parole pronunciate da Gesù nel Corano – e non sono poche – ha un altissimo concetto? Risposta: è un buon musulmano fintantoché il Corano resta per lui un'autorità vincolante, e ha certo anch'egli a suo modo la possibilità di ottenere la salvezza. Cristiano diventerà però soltanto nel momento in cui, anziché considerare Maometto il profeta e Gesù un suo precursore, giudicherà per sé determinante questo Gesù Cristo.

Il quarto: è annuncio cristiano la difesa di ideali umanitari, dei diritti dell'uomo e della democrazia a Chicago, Rio, Auckland o Madrid? Risposta: è un impegno sociale di estrema urgenza per il singolo cristiano e per le Chiese cristiane. Annuncio cristiano diventerà solo a condizione che nell'odierna società acquisti effettiva concretezza quanto va detto partendo da questo Gesù Cristo.

Premesso che il chiarimento fornito nell'ambito della prima parte sarà seguito in questa seconda parte e nelle successive da opportune concretizzazioni, onde evitare confusioni e inutili equivoci possono e devono essere tracciate – senza discriminazione alcuna, con convinzione, ma anche con senso della misura – alcune obiettive linee di demarcazione:

– *Cristiano* non è tutto ciò che è vero, buono, bello e umano. Come negare che anche al di fuori del cristianesimo c'è verità, bontà, bellezza e umanità? È legittimo, invece, chiamare cristiano tutto ciò che, nella teoria e nella prassi, si colloca in esplicito, positivo rapporto con Gesù Cristo.

– *Cristiano* non è ogni uomo di schietta convinzione, di sincera fede e di buona volontà. Come ignorare che anche al di fuori del cristianesimo c'è schietta convinzione, fede sincera e buona volontà? È legittimo, invece, chiamare cristiani tutti coloro che ritengono Gesù Cristo determinante per il proprio vivere e morire.

– *Chiesa cristiana* non è ogni gruppo di meditazione o di azione, ogni comunità di uomini impegnati che tendono alla salvezza attraverso una vita onesta. Come contestare che anche in altri gruppi estranei alla Chiesa ci possono essere impegno, azione, meditazione, onestà e salvezza? È legittimo, invece, chiamare Chiesa cristiana ogni più o meno grande comunità di uomini per i quali Gesù Cristo è assolutamente decisivo.

– *Cristianesimo* non è, automaticamente, il combattere la disumanità e il promuovere l'umanità. Che anche al di fuori del cristianesimo – tra ebrei, musulmani, induisti e buddisti, tra umanisti non cristiani e tra veri e propri atei – si combatta la disumanità e si promuova l'umanità, è una verità elementare. Cristianesimo è invece esclusivamente l'attivare, nella teoria e nella prassi, il ricordo di Gesù Cristo.

Tutte queste sono, fondamentalmente, formule di distinzione: *formule dottrinali* che tuttavia non sono *formule vuote*. Perché?

Si riferiscono a una persona molto concreta.

Hanno dietro di sé i primordi del cristianesimo e la grande tradizione cristiana.

Offrono un chiaro orientamento per il presente e insieme per il futuro. Giovano ai cristiani e possono riscuotere il consenso anche dei non-cristiani, le cui convinzioni vengono rispettate, i cui valori vengono riconosciuti in maniera esplicita, senza che si tenti, con qualche sotterfugio dogmatico, di sfruttarli a vantaggio del cristianesimo e della Chiesa.

Non si annacquino né si dilatino arbitrariamente i concetti relativi alla sfera cristiana, ma se ne faccia un uso preciso, puntuale: in tal modo sarà possibile sia salvaguardare l'apertura verso tutto ciò che non è cristiano, sia evitare ogni contaminazione con ciò che è contrario allo spirito cristiano. Di qui l'enorme importanza di queste formule di distinzione, al momento così scheletriche. Nonostante la loro provvisorietà, servono pur sempre a differenziare la dimensione cristiana.

Bisogna avere l'onestà di chiamare le cose col loro nome, contro ogni dilatazione, confusione e travisamento (sovente in buona fede) del fatto cristiano: il cristianesimo dei cristiani deve rimanere cristiano. E perché questo avvenga deve rimanere legato all'unico Cristo, che non è un principio o un'intenzionalità o il punto d'arrivo di un processo evolutivo, ma – come resta ancora da vedere dettagliatamente – una persona ben determinata, inconfondibile e insostituibile, con un nome ben preciso. È il nome stesso a impedire che il cristianesimo venga degradato o «sublimato» a cristianesimo senza nome, appunto anonimo. Cristianesimo anonimo è, per chi soppesa le due parole, una «contradictio in adiecto», come dire: un ferro ligneo. Un buon umanesimo è una cosa rispettabilissima anche senza crismi ecclesiastici e avalli teologici. Il cristianesimo implica invece una precisa adesione a questo unico nome. E anche certi teologi cristiani farebbero bene a non scansare la domanda: che cosa, chi si nasconde veramente dietro questo nome?

2. Il Cristo storico

Un fatto sulle cui possibili cause vale la pena di soffermarsi a meditare: dopo la caduta di tanti dei nel corso del nostro secolo, questo Gesù battuto dai suoi avversari e continuamente tradito in tutti i tempi dai suoi fedeli, resta pur sempre per innumerevoli uomini la figura più affascinante – sotto molti punti di vista inconsueta e incomprensibile – della lunga storia dell'umanità. Speranza per rivoluzionari ed evoluzionisti, seduce intellettuali e anti-intellettuali. Stimolo per i capaci e gli incapaci, è per teologi, ma anche per atei, un invito sempre nuovo alla riflessione. Per le Chiese è occasione di una costante verifica critica: ne rappresentano la tomba o una testimonianza vivente? Ed è, poi, un irradiarsi ecumenico al di là di tutte le Chiese, fin dentro il giudaismo e le altre religioni. Gandhi: «Io dico agli induisti che la loro vita sarà imperfetta, se non studieranno con rispetto anche la dottrina di Gesù».

Tanto più urgente si fa dunque ora il problema della verità: quale Cristo è il vero Cristo? La semplice risposta «Sii buono, Gesù ti ama» a un certo punto non basta: potrebbe trattarsi facilmente di un fondamentalismo o pietismo acritico in versione hippy. E dove ci si basa sui sentimenti, si può anche scambiare il nome a proprio piacimento: invece di un Che Guevara in «Jesus-look», un Gesù in «Guevara-look», e viceversa. Tra il Gesù del dogmatismo e il Gesù del pietismo, tra il Gesù della protesta, dell'azione, della rivoluzione e il Gesù dei sentimenti, della sensitività, della fantasia converrà precisare nei suoi termini concreti il problema della verità: il Cristo dei sogni o il Cristo della realtà? Il Cristo *sognato* o il Cristo *reale?*

Non un mito

Che cosa può impedire che si segua un Cristo solo sognato, un Cristo da noi dogmaticamente o pietisticamente, rivoluzionariamente o fanaticamente manipolato e messo in scena? Ogni manipolazione, ideologizzazione e mitizzazione di Cristo ha il suo limite nella *storia.* Il Cristo del cristianesimo – non lo si ribadirà mai a sufficienza contro ogni antico e nuovo sincretismo – non è semplicemente un'idea al di fuori del tempo, un principio di validità eterna, un mito dal significato profondo. Solo cristiani molto ingenui possono rallegrarsi vedendo una figura di Cristo nell'olimpo degli dei di un tempio indù. Già i primi cristiani si opposero con tutte le loro forze alla condiscendente inclusione del loro Cristo in un pantheon, pagando spesso con la vita questa opposizione e preferendo piuttosto la taccia di atei. Il Cristo dei cristiani è infatti una persona del tutto concreta, umana, storica: il Cristo dei cristiani non è altri che *Gesù di Nazaret.* In tal senso, il cristianesimo si fonda essenzialmente sulla storia, la fede cristiana è essenzialmente una fede storica. Si confrontino i Vangeli sinottici con il più diffuso poema indù (sontuosamente illustrato sulla facciata del tempio «notturno» di Prambanan in Giava e negli affreschi di altri innumerevoli templi), quel Ramayana che racconta, in ventiquattromila strofe sanscrite, le avventure del magnanimo principe Rama (= Vishnù incarnato): allorché il potente re Ravana gli rapì la moglie Sita conducendola a Ceylon, Rama ricorse all'aiuto di un esercito di scimmie, le quali costruirono un ponte sull'oceano. Egli poté così liberare la sposa rimastagli fedele, anche se poi finì col ripudiarla. Si proceda, dunque, al confronto, e la differenza balzerà subito all'occhio. Solo grazie al suo carattere di fede storica il cristianesimo poté imporsi fin dal principio a tutte le mitologie, a tutte le filosofie, a tutti i culti misterici.

Anche se moltissimi uomini hanno sperimentato in Gesù una realtà sovrumana, divina, e anche se fin dall'inizio gli si attribuirono titoli insigni, non v'è dubbio che Gesù fu per i suoi contemporanei, e in seguito rimase sempre per la Chiesa, un *uomo reale*. Secondo tutti gli scritti neotestamentari – che sono, a parte poche e scarne testimonianze pagane e giudaiche precedentemente elencate, le nostre sole fonti di sicuro affidamento, non essendo di alcuna utilità gli stessi Talmud e Midrash – Gesù è un uomo reale, vissuto in un'epoca ben precisa e in un'altrettanto precisa area geografica. Ma è poi davvero vissuto?

L'*esistenza storica* di Gesù di Nazaret fu messa più di una volta in dubbio, come l'esistenza di Buddha e come altri fatti apparentemente indubitabili. Profonda, anche se ingiustificata, emozione destò nel XIX secolo Bruno Bauer, definendo il cristianesimo un'invenzione del protoevangelista e Gesù un'«idea». Nel 1909 fece scalpore l'interpretazione di Gesù come puro «mito del Cristo» da parte di Arthur Drews (su analoghe posizioni l'inglese J.M. Robertson e il matematico americano W.B. Smith). Punti di vista estremi hanno comunque il pregio di contribuire a un chiarimento della situazione e di esaurirsi per lo più in se stessi: da allora non è più avvenuto che l'esistenza storica di Gesù venisse messa in discussione da studiosi seri. Il che non ha impedito a scrittori poco seri di continuare a scrivere cose poco serie sul conto di Gesù (Gesù psicopatico, Gesù mito astrale, Gesù figlio di Erode, Gesù segretamente sposato, e via discorrendo). Rincresce soltanto che un famoso filologo sia riuscito a rovinarsi la reputazione interpretando Gesù come segreta denominazione di un fungo moscario allucinogeno (amanita muscaria), impiegato – a suo dire – nei riti dei primi cristiani. Viene da chiedersi se in futuro si escogiterà qualcosa di ancor più originale.

La documentazione di accertato valore storico su Gesù di Nazaret è incomparabilmente più vasta di quella relativa ai fondatori delle grandi religioni asiatiche:

più vasta di quella relativa a *Buddha* (morto intorno al 480 a.C.), la cui immagine resta vistosamente stereotipa nei testi dottrinali (sutra) e la cui leggenda, fortemente sistematizzata, riflette un arco di vita piuttosto tipico e ideale che non concretamente storico;

di gran lunga più vasta di quella relativa al contemporaneo cinese di Buddha, *Confucio* (Maestro Kung, morto presumibilmente nel 479 a.C.), la cui personalità, senz'altro reale, non si lascia esattamente inquadrare per quanti sforzi si facciano – a causa della scarsa credibilità delle fonti, e solo in un secondo tempo fu associata all'ideologia di stato cinese del «confucianesimo» (un termine sconosciuto alla lingua cinese; meglio sarebbe denominarla «dottrina o scuola dei dotti»);

più vasta, infine, di quella relativa *a Lao-tse*, la cui figura, ritenuta reale dalla tradizione cinese, non può essere fissata in termini biografici sicuri per l'inattendibilità delle fonti, che danno ai presunti episodi della sua vita una diversa collocazione nel tempo, spaziando dal XIV e XIII all'VIII, VII o VI secolo a.C.

Una comparazione critica permette in effetti di rilevare sorprendenti differenze: le dottrine di *Buddha* sono affidate a fonti la cui redazione risale ad almeno mezzo millennio dopo la sua morte, cioè a un'epoca in cui la religione originaria aveva ormai percorso un notevole tratto lungo la sua linea evolutiva.

Solo a partire dal I secolo a.C. *Lao-tse* viene definito autore del Tao-teking, quel testo classico di «via» e «virtù» che di fatto si venne costituendo nel corso di vari secoli, prima di diventare decisivo per la formulazione della dottrina taoista. I più importanti testi della tradizione di *Confucio* – la *Biografia* di Ssu-ma Ts'ien e le *Dissertazioni* (Lun-yü: una raccolta di detti di Confucio inseriti in contesti narrativi, la cui compilazione è attribuita ai suoi discepoli) – distano, rispettivamente, 400 e 700 anni dall'epoca in cui visse il Maestro e non danno alcun affidamento; non esistono inoltre scritti di provata autenticità o una biografia autentica di Confucio (non è opera sua neppure la cronaca dello stato di Lu).

Del resto, se ci volgiamo all'Europa, il più antico manoscritto dei poemi omerici in nostro possesso risale al XIII secolo. Il testo delle tragedie di Sofocle si basa su un solo manoscritto dell'VIII o IX secolo. Per il Nuovo Testamento la distanza dalla stesura originaria è molto più breve, i manoscritti tramandati sono molto più numerosi, la loro concordanza è molto maggiore che per qualunque altro libro dell'antichità: accurati manoscritti dei Vangeli datano già dai secoli III e IV. Di recente, peraltro, si sono rinvenuti papiri molto più antichi, soprattutto nel deserto egiziano: il frammento più antico del Vangelo di Giovanni – il cui originale è oggi conservato nella biblioteca John Ryland di Manchester – risale al principio del II secolo e non diverge minimamente dal nostro testo greco stampato. I quattro Evangeli esistono quindi già intorno all'anno 100; ampliamenti e rielaborazioni mitiche (nei Vangeli apocrifi, eccetera) cominciano nel II secolo. È dunque evidente che si procede dalla storia al mito, non dal mito alla storia.

Luogo e tempo

Gesù di Nazaret non è un mito: la sua storia si può *localizzare*. Non è una leggenda vagante, come – la cosa probabilmente dispiacerà a qualche fedele cittadino elvetico – quella dell'eroe nazionale svizzero Guglielmo Tell. La storia di Gesù si svolse in un paese politicamente insignificante, in una provincia ai margini dell'Impero Romano, quella Palestina che pure rappresentava il più antico centro di civiltà nel cuore della «feconda mezzaluna»: prima che il peso politico-culturale si spostasse verso le due estremità della mezzaluna (Egitto e Mesopotamia), vi si compì, intorno al VII millennio a.C., la grande rivoluzione corrispondente all'ultima età glaciale, quando i cacciatori e i raccoglitori si insediarono stabilmente come agricoltori e allevatori, emancipandosi così, per la prima volta nella storia dell'umanità, dalla natura e cominciando a dominarla con una forma di produttività autonoma; quasi quattro millenni dopo si registrò alle estremità della mezzaluna (Egitto e Mesopotamia) il successivo passo rivoluzionario, con la creazione delle prime civiltà superiori e l'invenzione della scrittura (mentre per quello che temporaneamente rimane l'ultimo grande passo rivoluzionario – la conquista dello spazio – si sarebbero dovuti attendere altri cinque millenni). La città di Gerico, nominata nella parabola del buon samaritano e riportata di recente alla luce, può essere considerata il più antico insediamento stabile del mondo (databile tra il 7000 e il 5000 a.C.). Esile striscia di terra tra i paesi lambiti dal Nilo – da un lato – e quelli lambiti dall'Eufrate e dal Tigri – dall'altro –, perpetuo campo di battaglia delle grandi potenze, la Palestina si trovava al tempo di Gesù sotto il governo della potenza militare romana, invisa ai giudei, e dei vassalli semigiudei da essa insediati. Gesù, che alcuni durante il periodo nazista avrebbero voluto far diventare ariano, nacque senza alcun dubbio in Palestina: più precisamente nella parte settentrionale, in Galilea, dove risiedeva una popolazione non certo di pura razza ebraica, ma fortemente composita, che, a differenza degli abitanti della Samaria, sita tra la Giudea e la Galilea, riconosceva in Gerusalemme e nel suo Tempio il proprio centro di culto. Un angusto campo d'azione, comunque lo si guardi: tra Cafarnao, sull'ameno lago di Genesaret, a nord, e la capitale Gerusalemme, nel sud montagnoso, la distanza era di soli 130 km in linea d'aria percorribili da una carovana nel giro di una settimana.

Gesù di Nazaret non è un mito: la sua storia si *può datare*. Non è un mito al di sopra del tempo, paragonabile a quelli plasmati dalle prime culture superiori dell'umanità. Non è un mito della vita eterna, come in Egitto. Non è un mito dell'ordine cosmico, come in Mesopotamia. Non è un mito del mondo in quanto trasformazione, come in India. Non è un mito dell'uomo perfetto, come in Grecia. Si tratta invece della storia di questo singolo uomo, nato in Palestina sotto l'imperatore Augusto all'inizio della nostra era, comparso sulla scena pubblica sotto il suo successore Tiberio e giustiziato infine dal procuratore imperiale Ponzio Pilato.

Elementi incerti

Altri elementi relativi all'esatta localizzazione e datazione rimangono incerti, ma sono obiettivamente di scarso rilievo.

a. *L'origine.* Il luogo di nascita di Gesù non è determinabile con esattezza. Gli evangelisti Marco e Giovanni non lo nominano espressamente; Matteo e Luca, pur divergendo in singoli particolari, concordano nell'indicare Betlemme, forse per ragioni di ordine teologico (discendenza davidica e profezia del profeta Michea); alcuni studiosi propendono – è una teoria non più che congetturale – per Nazaret. Certo è, come risulta da tutto il Nuovo Testamento, che il «Nazareno» o «Nazoreo» aveva la sua vera e propria patria nella minuscola e insignificante Nazaret di Galilea. Le genealogie di Gesù in Matteo e Luca convergono in corrispondenza di Davide, ma per il resto divergono in modo tale da non consentire una loro armonizzazione. Secondo un'opinione oggi condivisa dalla maggior parte degli esegeti, gli episodi dell'infanzia, venati qua e là di sfumature leggendarie, e in particolare il racconto edificante (tramandatoci da Luca) del fanciullo dodicenne nel Tempio, hanno un marcato carattere letterario e sono in funzione dell'interpretazione teologica degli evangelisti. Nei Vangeli, a tratti, si parla disinvoltamente di Maria madre di Gesù, di Giuseppe suo padre, nonché dei suoi fratelli e delle sue sorelle. Le fonti, tuttavia, arretrano la sua famiglia e la sua città natale in secondo piano rispetto alla sua attività pubblica.

b. *L'anno di nascita*. Se Gesù nacque sotto l'imperatore Augusto (27 a.C.-14 d.C.) e il re Erode (27-4 a.C.), il suo anno di nascita non può cadere posteriormente al 4 a.C. Nessun valido appiglio ci forniscono la stella miracolosa, che non è identificabile con una precisa costellazione stellare, e il censimento di Quirinio (6 o 7), che per Luca era forse importante quale compimento di una profezia.

c. *L'anno di morte*. Se Gesù fu battezzato, secondo Luca, nel quindicesimo anno dell'impero di Tiberio (ossia nel 27-28 o 28-29 d.C.), da Giovanni Battista – ciò che in generale viene accettato come dato di fatto storico –, se in questa sua prima apparizione pubblica aveva, sempre secondo Luca, trent'anni circa, se fu condannato, secondo l'intera tradizione (non escluso Tacito), sotto Ponzio Pilato (26-36), allora dovette morire intorno all'anno 30. Quanto al giorno preciso della morte, per il quale i primi tre evangelisti e Giovanni danno indicazioni diverse (15 o 14 di Nisan), anche rifacendosi al ricuperato calendario festivo della comunità di Qumran sul Mar Morto è impossibile raggiungere una certezza assoluta.

Se le date della vita di Gesù, come molti punti della storia antica, non si lasciano determinare con rigorosa esattezza cronologica, resta in ogni caso memorabile che, in quel periodo sufficientemente circoscritto, un uomo su cui non esistono documenti «ufficiali», iscrizioni, cronache, atti processuali, che agì pubblica-

mente per non più di tre anni (Giovanni parla di tre
feste pasquali), forse anche per un anno soltanto (nei
sinottici è menzionata una sola Pasqua) o addirittura
per pochi drammatici mesi, soprattutto in Galilea e da
ultimo a Gerusalemme, resta memorabile – dunque –
che questo singolo uomo abbia così profondamente
modificato il corso della storia da indurci, non senza
ragione, a imperniare su di lui una nuova cronologia
del mondo – grave motivo di scandalo per i capi della
rivoluzione francese, della rivoluzione d'ottobre e del
regime nazista. Nessuno dei grandi fondatori di religioni operò in un ambito così ristretto: nessuno ebbe una
vita così breve. Nessuno morì così giovane. E tuttavia
quale incidenza! Qualcosa come due miliardi di individui si professano cristiani, tanto che, numericamente, il
cristianesimo occupa con largo margine di vantaggio il
primo posto tra tutte le religioni universali.

Più di una biografia

A dispetto degli innumerevoli libri di taglio romanze-
sco sulla figura di Gesù, ha preso piede una convinzione: benché la storia di Gesù si possa agevolmente
localizzare e datare, non è possibile scrivere una *biografia* di Gesù di Nazaret. Perché? Ne mancano, in
pratica, i presupposti.

Le prime fonti romane e giudaiche – già lo si è visto –, al di là di una pura e semplice testimonianza
dell'esistenza storica di Gesù, non offrono materiale in qualche modo utilizzabile. Accanto ai Vangeli
adottati ufficialmente dalla Chiesa fin dall'antichità
esistono i Vangeli «apocrifi» (= segreti) di epoca molto più tarda, con le loro strane leggende e le loro di-
scutibili citazioni di detti di Gesù: documenti che non

furono mai usati pubblicamente e che, tolte pochissime sentenze, non contengono elementi storicamente certi sulla persona di Gesù.

Restano così quei *quattro Vangeli* che, sulla base del «canone» (= direttiva, criterio, lista) della Chiesa antica, furono accolti, quali testimonianze originarie della fede cristiana destinate a un uso pubblico, nella silloge degli scritti del «Nuovo Testamento» (analoga a quella degli scritti dell'«Antico Testamento»): una scelta che – come del resto il canone neotestamentario in genere – ha goduto complessivamente, in duemila anni di storia, di notevole fortuna. Questi quattro Vangeli «canonici», però, non propongono il corso della vita di Gesù nei suoi diversi stadi ed episodi. Sull'infanzia sappiamo ben poco di sicuro, niente addirittura sul periodo giovanile fino al trentesimo anno di vita. E, ciò che più conta, in quelli che forse furono pochi mesi o al massimo tre anni di attività pubblica non si riesce a cogliere il presupposto strutturale di ogni biografia: una evoluzione.

Sappiamo in generale che l'itinerario di Gesù si snodò dalla patria Galilea alla capitale giudaica Gerusalemme, dal battesimo per mano di Giovanni e l'annuncio della vicinanza di Dio fino allo scontro col giudaismo ufficiale e alla condanna a morte da parte dell'autorità romana. Ma i primi testimoni non nutrivano, chiaramente, nessun particolare interesse per un'eventuale cronologia e topologia di questo itinerario, così come non si interessavano allo sviluppo interiore del personaggio: la genesi della sua coscienza religiosa e soprattutto messianica, le sue motivazioni, il «carattere», la «personalità» e la «vita intima». Per questo (e solo per questo) nel XIX secolo fallì l'indagine liberale sulla vita di Gesù, col suo tentativo di articolarla in periodi e motivi. Lo ha fatto notare Albert Schweitzer nella sua classica storia dello studio della vita di Gesù: uno sviluppo esteriore e soprattutto uno sviluppo interiore, psicologico, di Gesù non si possono ricavare dal testo dei Vangeli, si possono eventualmente leggere tra le righe. Come si spiega questa difficoltà?

Anche per il profano di teologia è importante e interessante sapere che i *Vangeli* sono *emersi* da un processo durato circa 50-60 anni. Luca ne parla nelle prime righe del suo Vangelo. C'è di che rimanere sorpresi: Gesù non aveva lasciato nessuna parola scritta e non aveva preso nessuna iniziativa per garantire una fedele riproduzione dei suoi discorsi. I discepoli, in un primo tempo, trasmisero oralmente i suoi detti e atti. E, come fa ogni narratore, impressero alla materia diverse accentuazioni, selezionarono, interpretarono, commentarono e ampliarono, ciascuno conformemente alla propria indole e alle caratteristiche delle varie cerchie di ascoltatori. Fin dal principio dovette trattarsi di un semplice racconto dell'azione, dell'insegnamento e del destino di Gesù. Gli evangelisti – non tutti discepoli diretti di Gesù, ma tutti testimoni della tradizione apostolica originaria – raccolsero molto più tardi l'intero materiale: la vicenda di Gesù e le sue affermazioni, tramandate oralmente e affidate solo in parte alla scrittura, non già com'erano conservate negli archivi di Gerusalemme o della Galilea, ma come circolavano nella vita di fede delle comunità, nella predicazione, nella catechesi, nella liturgia. Tutti questi testi avevano un loro «posto nella vita», avevano già dietro di sé una storia che li aveva plasmati, erano stati già trasmessi come messaggio di Gesù. Gli evangelisti – che non furono solo raccoglitori e tramandatori, come si ritenne per un certo tempo, ma anche teologi vigorosamente originali, con una loro personale concezione – ordinarono gli episodi e i detti di Gesù secondo un disegno e un gusto del tutto personali: creando intorno alla materia una cornice ben definita, ne fecero scaturire un racconto continuo. La storia della passione, tramandata con stupefacente concordanza da tutti e quattro gli evangelisti, parrebbe aver costituito già relativamente presto un nucleo narrativo unitario. Coinvolti essi stessi nella prassi missionaria e catechetica, gli evangelisti conformarono i testi tramandati alle esigenze concrete delle rispettive comunità: li interpretarono nella prospettiva della Pasqua, li rimpolparono e li adattarono dove sembrò loro necessario. I diversi Vangeli dell'unico Gesù assunsero così, pur nell'inalterabilità di sostanziali fattori comuni, un volto teologico assai differente.

Fu *Marco*, secondo l'opinione oggi più diffusa, a scrivere il primo Vangelo, nel periodo immediatamente anteriore alla distruzione di Gerusalemme (70), in piena fase di transizione dalla prima alla seconda generazione cristiana (priorità di Marco, laddove per la tradizione l'evangelista più antico sarebbe stato Matteo). Ne risultò un'opera profondamente originale: malgrado il linguaggio poco letterario, questo «Vangelo» dà vita a un genere letterario del tutto nuovo, a una forma di letteratura fino a quel momento sconosciuta.

Matteo (giudeo-cristiano) e *Luca* (scrittore ellenistico che si rivolge a un pubblico colto) redassero i loro ampi Vangeli dopo la distruzione di Gerusalemme, da un lato servendosi del Vangelo di Marco, dall'altro attingendo a una (o, forse, più di una?) raccolta di detti di Gesù, la cosiddetta «fonte dei logia» o «fonte Q», come per lo più la si designa in sede filologica. Questa è la classica teoria delle due fonti, elaborata già nel corso del XIX secolo e nel frattempo suffragata da ripetuti successi nell'esegesi analitica. Tale teoria implica che ogni evangelista sfruttò un materiale proprio, il cosiddetto «materiale specifico», le cui particolari caratteristiche emergono distintamente dal confronto tra i diversi Vangeli. Un confronto del genere evidenzia inoltre che Marco, Matteo e Luca concordano ampiamente nelle grandi linee strutturali, nella scelta e nella sistemazione della materia e spesso perfino nel testo, così da poter essere stampati, per una più agevole comparazione, l'uno a fianco dell'altro: costituiscono, pertanto, una visione di insieme, una «syn-opsis». Ecco perché vengono chiamati i Vangeli «sinottici» dei tre «sinottici».

Carattere totalmente diverso, sul piano letterario come su quello teologico, ha invece il Vangelo di *Giovanni*, maturato in ambiente ellenistico giudaico-cristiano. Per il particolare modo di esprimersi di Gesù, per la forma a-giudaica dei lunghi monologhi e per il suo contenuto, centrato interamente sulla persona stessa di Gesù, il quarto Vangelo costituisce solo entro precisi limiti una fonte idonea a far luce sul problema dell'identità storica di Gesù di Nazaret: per esempio, per quanto riguarda le tradizioni della storia della passione e gli avvenimenti che immediatamente la precedono. Nell'insieme, esso è senz'altro più lontano dei Vangeli sinottici dalla realtà storica della vita e dell'azione di Gesù. È anche, indubbiamente, il Vangelo di più tarda composizione, com'era già arrivato a stabilire David Friedrich Strauss nel XIX secolo: dovrebbe essere stato scritto tra il 90 e il 100.

Testimonianze impegnate

A questo punto è chiaro: chi legge i Vangeli come protocolli stenografici, se ne forma un concetto sbagliato. I Vangeli non vogliono raccontare la «storia» di Gesù, e neppure descrivere il suo «sviluppo».

Dall'inizio alla fine lo vogliono annunciare, nella luce della sua risurrezione tramite Dio, come il Messia, il Cristo, il Signore, il Figlio di Dio. «Evangelo» non significa, da principio, «scritto evangeliare» ma, come appare già chiaramente nelle lettere di Paolo, «messaggio annunciato oralmente»: un messaggio buono, consolante (*eu-angelion*). E l'«Evangelo di Gesù Cristo, Figlio di Dio», redatto per la prima volta da Marco, si propone di diffondere lo stesso messaggio di fede in forma scritta.

I Vangeli, quindi, non sono e non vogliono essere delle documentazioni obiettive disinteressate, né tanto meno un'opera neutrale di storiografia scientifica. Nemmeno all'epoca della loro stesura ci si attendeva che lo fossero, se è vero che, al di là della descrizione di determinati avvenimenti storici, l'attenzione dell'autore si appuntava regolarmente sul significato e le conseguenze di tali avvenimenti: resoconti, dunque, che rappresentano anche una forma di testimonianza, fortemente coloriti dall'atteggiamento dell'autore che vi sta dietro. Gli storici Erodoto e Tucidide furono soggiogati dalla causa greca nella stessa misura in cui Livio e Tacito soggiacquero al fascino di quella romana. Lasciarono trasparire chiaramente il proprio atteggiamento e non di rado trassero una morale dai fatti narrati: è, la loro, una storiografia che non si muove solo sul piano della narrazione e dell'informazione, ma anche su quello dell'insegnamento e del pragmatismo.

Ebbene, i Vangeli sono, in un senso ancora più profondo, testimonianze autentiche. Determinati e forgiati dalle eterogenee esperienze di fede delle comunità – come fu messo in evidenza, dopo la Prima guerra mondiale, dalla «scuola di storia delle forme», attraverso un'analisi dei singoli racconti e detti di Gesù spinta fino ai minimi particolari –, i Vangeli guardano a Gesù con gli occhi della fede. Sono perciò *testimonianze di fede impegnate e impegnanti*: documenti non di osservatori distaccati, ma di convinti credenti che, in quanto vogliono invitare alla fede in Cristo, scrivono interpretando, anzi professando. Resoconti che al tempo stesso sono anche – nel senso più ampio del termine – prediche. Testimoni che sono «toccati» da questo Gesù, come lo si può essere solo in virtù della fede, e che questa fede vogliono comunicare. Per loro Gesù non è soltanto una figura del passato. Per loro Gesù è il Vivente, colui che ancor oggi vive, che per gli ascoltatori di questo messaggio riveste un'importanza decisiva. I Vangeli non vogliono solo riferire, ma annunciare, catturare, suscitare la fede. Sono una testimonianza impegnata, o, come spesso si suol dire con il corrispondente termine greco, un «kerygma»: proclamazione, annuncio, messaggio.

E con questo dovremmo aver esaurito, per il momento, il discorso sulla *distinzione* della realtà cristiana. Uno sguardo retrospettivo: che cosa fa del cristianesimo il cristianesimo? Lo si voglia distinguere dagli umanesimi moderni, dalle religioni universali o dal giudaismo, l'elemento peculiarmente cristiano resta sempre questo Cristo che, come abbiamo visto, si identifica con il Gesù storico di Nazaret. Ciò per cui il cristianesimo è cristianesimo, è questo Gesù di Nazaret come Cristo, come colui che è fondamentalmente decisivo, determinante.

Il discorso non va però lasciato allo stato di abbozzo puramente formale, come abbiamo fatto finora. È venuto il momento di precisarlo anche sul piano contenutistico. Un'anticipazione: Gesù Cristo concentra nella sua stessa persona il *programma* del cristianesimo. Per questo dicemmo già all'inizio del capitolo che qui si conclude: il cristianesimo consiste nell'attivare, teoricamente e praticamente, il ricordo di Gesù Cristo. Per una precisazione contenutistica del programma cristiano dobbiamo tuttavia sapere quale ricordo abbiamo di lui. «Dobbiamo nuovamente imparare ad articolare la domanda: chi è Gesù? Tutto il resto distrae. Egli è la nostra misura, e le Chiese, i dogmi e i devoti non sono la sua... Il loro maggiore o minor valore dipende dall'energia con cui distolgono da sé e invitano all'imitazione di Gesù in quanto Signore.» Sono parole dell'esegeta evangelico Ernst Käsemann.

Se il Nuovo Testamento è oggi di gran lunga il libro meglio analizzato di tutto il complesso delle letterature mondiali, lo si deve a qualcosa come 300 anni di lavoro vasto e minuzioso da parte di intere generazioni di eruditi, cimentatisi in una critica testuale e letteraria, in una critica della forma e del genere collegata a una storia dei concetti, dei motivi e della tradizione, per sviscerare ogni scritto, ogni frase, persino ogni parola. Con un metodo storico-critico di tale polivalenza la teologia disponeva e tutt'ora dispone di uno strumento che permette un approccio, assolutamente impensabile nei secoli passati, al Cristo vero, reale, storico. Si possono ricostruire *i tratti e i contorni caratteristici dell'annuncio, del comportamento, della vicenda di Gesù.* Ed esattamente questo è quanto basta e decide per il credente. Una simile ricostruzione è pur sempre realizzabile, anche nell'impossibilità di dimostrare la cosiddetta autenticità di ogni singola parola di Gesù o la storicità di ogni singolo racconto.

II. Il contesto sociale

Se l'elemento peculiare del cristianesimo è appunto Gesù Cristo, se lo stesso Gesù Cristo rappresenta in pari tempo il programma del cristianesimo, si pone il problema: chi è questo Gesù Cristo? Che cosa voleva? Variando la risposta a queste due domande, varia anche la fisionomia del cristianesimo. Già nel contesto sociale, culturale e religioso di allora si affrontò quella che avrebbe finito col diventare una questione di vita o di morte: Gesù – che cosa vuole, chi è: un uomo dell'establishment o un rivoluzionario? Un tutore della legge e dell'ordine o un combattente per una trasformazione radicale? Un assertore della pura interiorità o un fautore della libera secolarità?

C'è un altro aspetto che non si sarebbe mai dovuto dimenticare o tacere: Gesù era *ebreo*. Agì tra ebrei, a vantaggio di ebrei. Sua madre Maria, suo padre Giuseppe, la sua famiglia, il suo entourage erano ebrei. Il suo nome era ebreo (ebraico «Jeshua», da «Jehoshua», che significa «Jahvè è aiuto»). La sua Bibbia, la sua liturgia, le sue preghiere erano ebraiche. Ma quello che ci si deve chiedere oggi è: a quale giudaismo apparteneva?

1. Establishment?

Gesù apparve spesso il rappresentante, capace di tutto giustificare, del sistema politico-religioso, dei suoi dogmi, del culto, del diritto canonico: il capo invisibile di un ben visibile apparato ecclesiastico, il garante dell'ordine costituito in materia di fede, morale e disciplina. Che cosa non ha dovuto legittimare e sanzionare, in duemila anni di cristianità, nella Chiesa e nella società! A lui si sono richiamati dinasti cristiani e principi della Chiesa, partiti cristiani, classi e razze. Quante strane idee, leggi, tradizioni, usanze, disposizioni non ha dovuto avallare! Contro ogni tentativo di addomesticamento bisogna mettere in chiaro che Gesù *non* fu *un uomo dell'establishment ecclesiastico e sociale.*

Il sistema politico-religioso

Una problematica anacronistica? Per nulla. Al tempo di Gesù esisteva un massiccio establishment religioso-politico-sociale, una specie di stato teocratico contro il quale Gesù avrebbe urtato senza successo.

L'intera struttura di potere e di dominio era legittimata da Dio quale Signore supremo. Religione, giustizia, amministrazione, politica formavano un intreccio indissolubile. E al vertice gli stessi uomini: una gerarchia sacerdotale con un clero superiore e inferiore (sacerdoti e leviti), che veniva investita del proprio ministero per via ereditaria, non godeva della simpatia popolare, ma esercitava il potere insieme con pochi altri gruppi in una società ebraica nient'affatto omogenea, dovendo in ogni caso sottostare al controllo della forza d'occupazione romana, che si era riservata le decisioni politiche, la salvaguardia della quiete e dell'ordine e, a quanto sembra, la facoltà di emettere condanne a morte.

Nel collegio centrale con poteri governativi, amministrativi e giudiziari, nel consiglio supremo di Gerusalemme, competente per tutti i problemi religiosi e di diritto civile – alla greca, «sinedrio» (= assemblea; donde l'aramaico «sanhedrin») –, erano rappresentati i ceti dominanti: 70 membri sotto la presidenza del sommo sacerdote. Quest'ultimo, benché insediato dai romani, era pur sempre il massimo rappresentante del popolo ebraico.

E Gesù? Gesù non aveva niente a che fare con nessuno dei tre gruppi. Niente a che fare con i «sommi sacerdoti» o sacerdoti superiori (il sommo sacerdote in carica e, riuniti apparentemente in una specie di concistoro, i suoi predecessori, con alcuni altri titolari di alte cariche sacerdotali). Niente a che fare con gli «anziani» (i capi delle influenti famiglie aristocratiche non sacerdotali della capitale). Niente a che fare, infine, con gli «scribi», che da alcuni decenni sedevano anch'essi nel sinedrio (teologi-giuristi, per lo più – anche se non solo – d'orientamento farisaico). Gesù avrebbe presto conosciuto l'ostilità di tutti questi gruppi. Che egli non fosse uno dei loro, apparve chiaro fin dall'inizio.

Né sacerdote né teologo

Il Gesù della storia *non* era *un sacerdote*: l'interpretazione posteriore, postpasquale di Gesù come «eterno sommo sacerdote», avanzata nella lettera agli Ebrei, non deve trarre in inganno. Egli fu un comune «laico», guida – subito sospetta agli occhi della classe sacerdotale – di un movimento laico dal quale i sacerdoti si tennero alla larga. I suoi seguaci erano gente semplice. Per quanto numerose siano le figure che si avvicendano nelle parabole di Gesù, così vicine alla mentalità popolare, quella del sacerdote compare una volta sola, non già come modello, ma come esempio deterrente, poiché, a differenza del samaritano eretico, non degna neppure d'attenzione la vittima dei predoni. Non a caso Gesù prese spunto piuttosto dalla vita quotidiana che non dalla sfera del sacro.

Il Gesù della storia – avranno motivo di rammaricarsene certi professori di teologia – *non* era neppure *un teologo*. Ne è una prova indiretta la tarda leggenda del fanciullo dodicenne nel Tempio, quale ci viene tramandata da Luca nell'ambito dei racconti dell'infanzia. Gesù era un paesano, per giunta «illetterato», come gli rinfacciavano i suoi avversari. Non poteva vantare nessuna cultura teologica, non aveva studiato per anni, secondo la consuetudine, sotto la guida di un rabbi, non era stato a sua volta ordinato rabbi mediante imposizione delle mani né era stato autorizzato a svolgerne le mansioni, anche se «rabbi» (qualcosa come «dottore») fu chiamato rispettosamente da molti. Non diede a intendere di essere un esperto di ogni possibile questione dottrinale, morale, giuridica, legale, non si presentò primariamente in veste di custode e interprete delle tradizioni sacre. Pur conformando la sua vita all'Antico Testamento, non ne fornì un'esegesi scolasticamente pedante come i contemporanei teologi-scribi, e in pratica non fece mai ricorso all'autorità dei padri, proponendo piuttosto, con stupefacente libertà di metodo e di contenuti, con immediatezza e naturalezza, un messaggio tutto suo.

Egli fu, se si vuole, un narratore pubblico, uno di

quei personaggi che si incontrano ancor oggi sulla piazza principale di Kabul o in India, davanti a un uditorio di centinaia di persone. Ovviamente Gesù non raccontava favole, saghe o storie fantastiche. Attingeva alle esperienze proprie e altrui, trasformandole in esperienze di coloro che lo ascoltavano, mosso in tutto questo da un interesse innanzitutto pratico e dalla volontà di consigliare, di aiutare gli uomini.

Il suo modo di insegnare è profano, popolare, diretto: se occorre, un argomentare tagliente, spesso consapevolmente grottesco e ironico, sempre pregnante, concreto e plastico. In ogni affermazione una nitida sicurezza, una singolare sintesi di scrupolosa obiettività, di poetica icasticità e di pathos retorico. Gesù non dipende da formule e dogmi. Non sviluppa una profonda speculazione o una dotta casistica intorno alla Legge. Parla per sentenze, similitudini e brevi racconti, comprensibili e accessibili a tutti, desunti da una vita quotidiana disadorna, di cui ognuno ha esperienza. Molte delle sue caratteristiche espressioni sono divenute proverbi dei popoli. Anche le sue asserzioni sul regno di Dio non sono rivelazioni segrete sulla natura del regno dei cieli, non sono concettose allegorie a più incognite, come quelle ingegnosamente elaborate dopo di lui nella cristianità. Sono parabole e similitudini di penetrante sottigliezza, che situano la tanto diversa realtà del regno di Dio in una realtà umana osservata con sobrio realismo. L'estrema risolutezza delle sue concezioni e delle sue sollecitazioni non presuppone eccezionali requisiti di carattere intellettuale, morale o ideologico. L'uomo deve ascoltare, capire e trarre le conseguenze. Non viene interrogato sulla fede vera, sulla professione di fede ortodossa. Non gli viene richiesta una riflessione teoretica, ma un'imperiosa decisione di ordine pratico.

Non con la classe dirigente

Il Gesù della storia *non* era *un militante o un simpatizzante del partito di governo liberal-conservatore.* Non apparteneva al gruppo dei sadducei. Dai ranghi di questo partito della classe socialmente privilegiata – il cui nome derivava o dal sommo sacerdote Saddoc (contemporaneo di Salomone) o dall'attributo «zaduk» (= osservante del diritto) – usciva regolarmente il sommo sacerdote. Come partito clericale-aristocratico, accoppiava a una linea di condotta liberale verso l'esterno un atteggiamento conservatore all'interno: mentre si svolgeva una realistica «politica estera» di adeguamento e di distensione, nel più assoluto rispetto della sovranità di Roma, all'interno si mirava al mantenimento della propria posizione di preminenza, tentando di salvare il salvabile dello stato ecclesiastico-clericale.

Gesù, però, non era evidentemente disposto ad adottare, con un'esteriore apertura secolare, le moderne forme di vita ellenistiche, a impegnarsi per la conservazione dell'ordinamento vigente e a subordinare la grande idea dell'avvento del regno di Dio. Egli rifiutava questo tipo di liberalismo. Ma anche questo tipo di conservatorismo.

Gesù non aveva nessuna simpatia per la *concezione giuridica* conservatrice dei circoli dirigenti: questi consideravano vincolante la sola Legge scritta di Mosè, rigettando le deduzioni che ne avevano tratto, spesso nell'intento di mitigarne la crudezza, i farisei. Volendo soprattutto perpetuare la tradizione del Tempio,

battevano su un incondizionato rispetto del sabato
e sull'irrogazione di severe pene in conformità con
la Legge. Nella prassi, tuttavia, dovevano frequentemente uniformarsi alla concezione più popolare dei
farisei.

Gesù non aveva simpatia neppure per la *teologia*
conservatrice dell'aristocrazia sacerdotale sadducea,
ancorata alla parola biblica scritta, custode della dogmatica connessa con l'antica fede giudaica, secondo
cui Dio abbandona in larga misura il mondo e l'uomo
al loro destino, e la fede nella risurrezione costituisce
un'innovazione.

Trasformazione radicale

Gesù non si preoccupava dello status quo politico-
religioso. Il pensiero rivolto unicamente a un futuro
migliore per il mondo e per l'uomo, egli attendeva
un'imminente trasformazione radicale della situazione. Per questo criticò con la parola e con l'azione l'ordinamento vigente e mise radicalmente in discussione l'establishment religioso. La liturgia del Tempio e
l'osservanza religiosa della Legge – i due fondamentali
pilastri della religione e della comunità ebraiche dopo
il ritorno di Israele dall'esilio babilonico nel V secolo e
la riforma di Esdra – non rappresentavano per lui una
norma suprema. Viveva in un'altra dimensione rispetto ai gerarchi e ai politici, affascinati dalle proporzioni
universali della potenza romana e della cultura ellenistica. Non condivideva con i liturgisti del Tempio una
fede che contemplava solo una permanente signoria di
Dio su Israele, una sua perpetua sovranità sul mondo,
costituita fin dalla creazione del mondo stesso. Credeva, con molti uomini religiosi del suo tempo, in un

dominio universale di Dio che, instaurandosi in un futuro non lontano, avrebbe comportato il finale e definitivo compimento del mondo. «Venga il tuo regno»: sono parole che alludono agli «eschata», alle «cose ultime», a quella che nel gergo teologico si suole definire la sovranità «escatologica» di Dio: *il futuro regno di Dio nel tempo finale*.

Gesù era quindi sorretto da un'intensa *attesa della fine*: questo sistema non è definitivo, questa storia va incontro alla fine. È cioè ora. È giunto il momento. Questa stessa generazione assisterà al succedersi degli eoni e alla rivelazione finale (greco: «apokalypsis») di Dio. Gesù viene così indiscutibilmente attratto nell'orbita del movimento «apocalittico», che a partire dal II secolo a.C. ha contagiato vasti strati del giudaismo, sotto l'influsso di scritti apocalittici anonimi, attribuiti a Enoch, Abramo, Giacobbe, Mosè, Baruc, Daniele, Esdra. Ma a Gesù non interessa appagare la curiosità umana con speculazioni mitiche o profezie astrologiche. Non segue gli apocalittici nel datare e nel localizzare esattamente il regno di Dio, nello svelare eventi e misteri apocalittici. Ne condivide tuttavia la fede: presto, addirittura durante la sua vita, Dio porrà fine al corso del mondo come si è venuto svolgendo finora. L'antidivino, il satanico verrà annientato. Scomparse la miseria, la sofferenza e la morte, sopraggiungeranno la salvezza e la pace, secondo l'annuncio dei profeti: una svolta nella vicenda del mondo e un giudizio del mondo, la risurrezione dei morti, il nuovo cielo e la nuova terra, il mondo di Dio in sostituzione di questo mondo sempre peggiore. In sostanza: viene il regno di Dio.

L'attesa, alimentata da singoli messaggi profetici e dagli scritti apocalittici, si era col tempo acuita. L'impazienza era progressivamente cresciuta. Intorno a

Giovanni, che sarebbe stato poi chiamato il *precursore* di Gesù, questa tensione raggiunse il culmine. Egli annunciò l'approssimarsi del regno di Dio come giudizio. Non, però, secondo la mentalità degli apocalittici, un giudizio nei confronti degli altri, dei pagani, con il conseguente annientamento dei nemici di Dio e la vittoria finale di Israele. Bensì, nella scia della grande tradizione profetica, un giudizio proprio nei confronti di Israele: l'essere figli di Abramo non è una garanzia di salvezza. La figura profetica di Giovanni si erge a protesta vivente contro la società benestante delle città e dei villaggi, contro la cultura ellenistica dei centri residenziali. In forma autocritica egli mette a confronto Israele col suo Dio ed esige, in vista del regno di Dio, una «penitenza» diversa dalle semplici pratiche ascetiche e cultuali. Invita alla conversione e alla consacrazione totale della propria vita. Perciò battezza. Caratteristico della sua azione è questo *battesimo di penitenza*, amministrato una volta sola e offerto a tutto il popolo, non a una ristretta cerchia di eletti: non lo si può ricondurre né alle rituali e reiterate immersioni espiatorie della comunità di Qumran presso il Giordano, né al battesimo ebraico dei proseliti (un rito di valore giuridico per l'ammissione alla comunità), le cui testimonianze rimandano a un periodo posteriore. L'immersione nel Giordano diventa il segno escatologico della purificazione ed elezione in vista del prossimo giudizio. Questo tipo di battesimo sembra essere stato una creazione originale di Giovanni. Non per nulla l'atto del battezzare diviene una componente del suo nome: Giovanni il Battista.

Secondo tutti i resoconti evangelici, l'*inizio dell'attività pubblica di Gesù* cade in questo movimento giovanneo di protesta e di risveglio. Col Battista, che anche più tardi, in epoca neotestamentaria, alcune cerchie sentirono come concorrente di Gesù, Marco fa coincidere l'«inizio del Vangelo»; e questo appare anche in seguito un punto fermo, solo che si prescinda dalla premessa costituita dal nucleo di racconti relativi all'infanzia in Matteo e Luca e dal prologo di Giovanni. Il fatto è dogmaticamente scomodo e per questo motivo è in genere accettato come storico: anche Gesù si sottopone al battesimo di penitenza del Battista (di cui tuttavia non vi è cenno nel Vangelo di Giovanni). Gesù ne avalla quindi l'azione profetica e a lui nella propria predicazione – dopo l'imprigionamento del Battista o già prima – si riallaccia. Raccoglie il suo appello escatologico e lo porta a conseguenze radicali. Non è escluso, anche se la scena è strutturata cristologicamente (voce dal cielo) e impreziosita da tratti leggendari (lo Spirito «come una colomba»), che nel contesto del battesimo Gesù abbia preso coscienza della propria vocazione. Tutti i resoconti concordano sul fatto che da quel momento egli si sentì pervaso dallo Spirito e investito della sua missione da Dio. Il movimento battesimale e soprattutto l'arresto del Battista furono per Gesù un segno che il tempo si era compiuto.

Gesù comincia così ad annunciare qua e là per il paese la *buona novella* e a raccogliere intorno a sé i propri discepoli (tra cui forse c'erano anche alcune donne), i primi provenienti forse dalla cerchia del Battista: il regno di Dio è imminente – convertitevi e credete al buon messaggio. Un messaggio che, a differenza della cupa minaccia del giudizio prospettata dall'asceta Giovanni, è fin dal principio un messaggio benigno, consolante, centrato sulla bontà del Dio vicino e su un regno di giustizia, di gioia e di pace. Il regno di Dio non tanto come giudizio, ma come grazia per tutti, come eliminazione non solo della malattia, della sofferenza e della morte, ma anche della povertà e dell'oppressione. Un messaggio di liberazione per i poveri, i tribolati e coloro su cui grava una colpa; un messaggio di perdono, di giustizia, di libertà, di fraternità, di amore.

Ma proprio questo messaggio rasserenante per il popolo non mira evidentemente a garantire l'ordine costituito, basato sul culto del Tempio e sull'osservanza della Legge. Gesù non solo espresse – a quanto pare – precise riserve sul culto sacrificale; previde anche, in coincidenza con l'imminente tempo finale, la distruzione del Tempio, e con la Legge entrò ben presto in conflitto, in modo tale che l'establishment ebraico sentì pericolosamente minacciato il proprio potere. Non è questo – dovettero domandarsi la gerarchia e i suoi teologi di corte – un predicare di fatto la rivoluzione?

2. Rivoluzione?

Il messaggio di Gesù era senza alcun dubbio rivoluzionario, se per rivoluzione si intende la trasformazione radicale di una data condizione o situazione di fatto. In questo senso – e non solo a fini pubblicitari – si parla molto in generale di rivoluzione (una rivoluzione della medicina, della gestione aziendale, della pedagogia, della moda femminile, eccetera). Ma queste locuzioni semplicistiche, generiche non ci sono qui di alcun aiuto. La questione va messa a fuoco: Gesù volle un violento e repentino sovvertimento (revolvere = sovvertire) dell'ordine sociale, dei suoi valori e dei suoi rappresentanti? Venga da sinistra o da destra, questa è rivoluzione in senso stretto (la rivoluzione francese, la rivoluzione d'ottobre, eccetera).

Il movimento rivoluzionario

Anche questo problema non costituisce un anacronismo. La «teologia della rivoluzione» non è un'invenzione del nostro tempo. I movimenti militanti apocalittici nell'antichità, le sette radicali nel medioevo (soprattutto il messianismo politico di un Cola di Rienzo) e l'ala sinistra della Riforma (in particolare Thomas Münzer) incarnano questo tipo nella storia della cristianità. Da parte del primo ideatore dell'analisi storico-critica dei Vangeli, S. Reimarus (morto nel 1768), del leader socialista austriaco K. Kautsky, di Robert Eisler, largamente ripreso ai nostri giorni da J. Carmichael, e di S.G.F. Brandon si è sostenuta saltuariamente la tesi secondo cui Gesù sarebbe stato un rivoluzionario politico-sociale.

Non c'è dubbio che la terra natale di Gesù, la Galilea, si prestava in modo tutto particolare ad appelli rivoluzionari, essendo nota come la patria del *movimento rivoluzionario zelota* («zeloti»= «zelatori», con un sottofondo di fanatismo). Inoltre, almeno uno dei suoi seguaci – Simone lo «Zelota» e secondo congetture basate sul nome anche Giuda Iscariota, nonché i due «figli del tuono» Giovanni e Giacomo – fu un rivoluzionario. Infine, e soprattutto, nel processo davanti a Ponzio Pilato la qualifica di «re dei Giudei» giocò una parte decisiva: Gesù venne giustiziato dai romani per motivi politici e patì un genere di morte solitamente riservato agli schiavi e ai ribelli. Per questa accusa fornivano un buon appiglio fatti come l'ingresso in Gerusalemme e la cacciata dei mercanti dal Tempio, almeno così come vengono descritti.

Nessun popolo ha opposto alla dominazione romana una resistenza spirituale e politica così ostinata come il popolo ebraico. Per i detentori del potere la minaccia di una rivolta era quanto mai reale. Da tempo i romani si trovavano, in Palestina, di fronte a un'acuta crisi rivoluzionaria. Si era accresciuto l'influsso del movimento sovversivo che, in contrasto con l'establishment di Gerusalemme, respingeva ogni forma di collaborazione con l'invasore, rifiutava addirittura di versare i tributi e si giovava di varie connivenze, in particolare di quella del partito farisaico. Soprattutto nella patria di Gesù agivano numerosi partigiani nazionalisti, contro i quali dovette già intervenire con sentenze capitali l'idumeo Erode, nominato dal senato romano «re dei Giudei» (Gesù nacque verso la fine del suo «regno»). Dopo la morte del re Erode, che aveva governato con inflessibilità e scaltrezza, scoppiarono nuovi disordini, che le truppe romane di Publio Quintilio Varo, il legato della Siria destinato a una memorabile disfatta in Germania, stroncarono senza misericordia. Un vero e proprio partito rivoluzionario fu costituito in Galilea per impulso di Giuda di Gamala (denominato per lo più «il Galileo»); non molto tempo dopo, nel 6, l'imperatore Augusto fece destituire dalla carica di vassallo della Giudea il brutale figlio di Erode, Archelao (non più «re», ma «etnarca»), sottopose la Giudea alla diretta amministrazione di un procuratore romano e – come accenna vagamente anche Luca nel contesto della nascita di Gesù – fece censire l'intera popolazione dall'allora legato romano in Siria, Sulpicio Quirinio, per una migliore registrazione fiscale. In Galilea – dove sotto l'altro figlio di Erode, Antipa, si avvertirono solo indirettamente le conseguenze del nuovo corso – gli indignati zeloti si sollevarono, ma durante l'insurrezione perì il loro capo Giuda e i suoi seguaci vennero dispersi.

Nonostante l'assoluta superiorità della potenza militare romana, i gruppi di resistenza, attestati nei loro capisaldi sulle selvagge montagne giudaiche, non erano comunque liquidati. Lo storiografo Flavio Giuseppe, ebreo al servizio dei romani, stigmatizza il comportamento di quelli che, da un punto di vista romano, chiama «predoni» o «banditi»: «La Giudea era dunque piena di bande di predoni; e dove uno riusciva a raccogliere intorno a sé un gruppo di rivoltosi, si arrogava il titolo di re, con grave pregiudizio per il bene comune. Mentre infatti poteva arrecare solo minimi danni ai romani, infieriva con furia omicida tanto più sciagurata contro i propri connazionali».

Combattendo una sorta di guerriglia urbana, questi partigiani della resistenza eliminavano senza tante tergiversazioni nemici e collaborazionisti con un corto stiletto (lat. «sica»). I romani li chiamavano perciò, significativamente, «sicari» (uomini del pugnale). Erano pericolose soprattutto le grandi festività, quando si davano convegno a Gerusalemme enormi comitive di pellegrini. A titolo di precauzione il governatore romano (procuratore) si spostava, dalla sua residenza marina di Cesarea alla capitale. Così fece anche il governatore Ponzio Pilato all'epoca in cui si acuì il conflitto tra Gesù e l'establishment ebraico. A parte questo, ne aveva ben donde. Fin dal primo anno del suo mandato (26) aveva attizzato il fuoco delle velleità insurrezionali con continue provocazioni, a tal punto che una rivolta poteva divampare da un momento all'altro. Già allora, contro ogni tradizione sacra rispettata anche dai romani, aveva fatto trasportare nottetempo a Gerusalemme le insegne di guerra riproducenti l'immagine dell'imperatore (la divinità del culto statale). Ne erano derivate tumultuose dimostrazioni. Pilato aveva ceduto. Ma in seguito, quando prelevò una somma dal tesoro del Tempio per finanziare la costruzione di un acquedotto fino a Gerusalemme, riuscì a stroncare sul nascere ogni accenno di resistenza. Inoltre, secondo Luca, fece uccidere per qualche ignota ragione alcuni galilei che volevano sacrificare in Gerusalemme, insieme con le vittime sacrificali. Anche Barabba, rimesso in libertà da Pilato al posto di Gesù, aveva partecipato a una sommossa omicida. Pilato fu destituito da Roma nel 36, dopo la morte di Gesù, per la brutalità della sua politica. Solo 30 anni più tardi la guerriglia assunse le proporzioni di una grande guerra nazionale, che l'establishment di Gerusalemme non riuscì a scongiurare. Una guerra nella quale ancora una volta recitò la parte principale un galileo, il capo zelota Giovanni di Giscala: dopo una lunga lotta che vide coinvolte altre truppe ribelli, fu lui a difendere il recinto del Tempio, finché i romani sfondarono le tre cerchie di mura e incendiarono l'edificio. Con la conquista di Gerusalemme nel 70 e la liquidazione degli ultimi gruppi di resistenza – uno dei quali, asserragliato nella roccaforte erodiana di Masada, sulle montagne sovrastanti il Mar Morto, tenne testa per più di tre anni agli assedianti romani – il movimento rivoluzionario cessò miseramente di esistere. Masada, dove gli ultimi ribelli finirono col togliersi la vita, è oggi un santuario nazionale israeliano.

La speranza nel liberatore

Non v'è dubbio che per il movimento rivoluzionario svolse un ruolo rilevante l'attesa popolare di un grande liberatore, di un «unto» (messia, cristo) o «re» prossimo a venire, di un inviato escatologico e plenipotenziario di Dio. Il popolo credette in ciò su cui la classe dirigente ebraica preferiva tacere e anche i teologi non si pronunciavano volentieri: scritti e idee apocalittici avevano portato più volte all'entusiasmo l'attesa messianica. Chiunque palesasse velleità di comando era circondato dalla curiosità di sapere se fosse «colui che viene» o almeno un suo precursore. Nei particolari si trattava naturalmente di attese alquanto dissimili: gli uni attendevano il messia come rampollo politico di Davide, gli altri come il figlio apocalittico dell'uomo, il giudice e il redentore del mondo. Ancora nel 132 d.C., durante la seconda e ultima sollevazione contro i romani, il capo zelota Bar Kochba, il «figlio delle stelle», veniva salutato dal più prestigioso rabbi del suo tempo, Aqiba, e da molti altri studiosi della Scrittura come il messia promesso, prima di morire in battaglia e prima che per gli ebrei Gerusalemme, distrutta una seconda volta, divenisse (e per secoli restasse) una città proibita; da allora in poi il giudaismo rabbinico si è ricordato di Bar Kochba solo molto malvolentieri.

E Gesù? Il suo messaggio non *rasentava l'ideologia rivoluzionaria*? Non doveva perciò esercitare una forte attrattiva sui rivoluzionari zeloti? Come i radicali politici, Gesù auspica un fondamentale mutamento della situazione, una imminente instaurazione del regno di Dio in luogo della struttura umana di potere. Il mondo non va bene; deve diventare radicalmente diverso. Gesù critica con forza anche le cerchie dominanti e i grandi proprietari terrieri. Si scaglia contro gli scompensi della società, gli abusi legali, la cupidigia e la durezza di cuore, parteggiando per i poveri, gli oppressi, i perseguitati, i miseri, i dimenticati. Polemizza con coloro che portano morbide vesti alle corti dei re, si concede osservazioni ironicamente mordaci sui tiranni, che si fanno chiamare benefattori del popolo e, secondo la tradizione di Luca, designa Erode Antipa con l'irrispettoso appellativo di «volpe».

E, ancora: non predica un Dio dei potenti e dei sistemati, ma un Dio di liberazione e di redenzione. Inasprisce per molti versi la Legge ed esige dai suoi seguaci una imitazione incondizionata e un impegno senza compromessi: non voltarsi indietro quando si mette mano all'aratro; non accampare scuse appellandosi al commercio, al matrimonio o a una sepoltura.

Come può stupire che Gesù – anche a prescindere dal «Jesus' look» del guerrigliero cubano Che Guevara – abbia influito come rivoluzionario su molti rivoluzionari, fino al sacerdote-rivoluzionario colombiano Camilo Torres? I Vangeli, indiscutibilmente, non propongono un Gesù languido e mansueto di stampo paleo- o neoromantico, né un «bravo» Cristo di Chiesa. Niente fa pensare a un astuto diplomatico, a un vescovile «uomo dell'equilibrio». I Vangeli delineano un Gesù manifestamente perspicace, risoluto, inflessibile, all'occorrenza anche battagliero e polemico; in ogni caso un Gesù impavido, venuto a gettare fuoco sulla terra. Non si devono temere quelli che uccidono il corpo, ma oltre a ciò non possono nient'altro. Un tempo della spada, un tempo estremamente precario e pericoloso si profila all'orizzonte.

Non un rivoluzionario sociale

Si dovranno tuttavia stravolgere e reinterpretare tutti i resoconti evangelici, si dovranno selezionare le fonti in modo del tutto unilaterale, si dovrà fare un uso incontrollato e arbitrario di isolati detti di Gesù e di isolati contesti d'insieme, si dovrà largamente prescindere dal messaggio di Gesù nel suo complesso, si dovrà insomma lavorare con fantasia romanzesca invece che con rigore storico-critico, se si «vorrà fare di Gesù un guerrigliero, un golpista, un agitatore e rivoluzionario politico, se si vorrà trasformare il suo messaggio sul regno di Dio in un programma d'azione politico-sociale. Anche se oggi è moda parlare di un Gesù ribelle e rivoluzionario, esattamente com'era di moda al tempo di Hitler parlare di un Gesù combattente, duce, condottiero, o, nell'ambito della propaganda della Prima guerra mondiale, di un Gesù eroe e patriota, bisogna ribadire con inequivocabile chiarezza, incuranti – per amore di Gesù – dello spirito del tempo, che, come non fu un uomo del sistema, così egli non fu neppure un rivoluzionario politico-sociale.

Gesù non annuncia, come i rivoluzionari del suo tempo, una teocrazia o una democrazia politico-religiosa di dimensioni nazionali, da istituire violentemente attraverso un'azione militare o paramilitare. Il suo esempio si può seguire anche senza un esplicito impegno politico o di critica alla società. Gesù non suona la carica contro le strutture repressive, non promuove né da sinistra né da destra il rovesciamento del governo. Aspetta un sovvertimento da parte di Dio e annuncia una *diretta e illimitata sovranità di Dio stesso sul mondo*, una sovranità già ora determinante, ma comunque *da attendere senza cedere alla tentazione della violenza*: un ribaltamento non perseguito attivamente dal basso, ma decretato dall'alto, al quale bisogna predisporsi con totale dedizione, interpretando i segni del tempo. L'importante è cercare questo regno di

Dio; tutte le altre cose di cui gli uomini si preoccupa-
no, saranno date in più.

Contro la forza d'occupazione romana Gesù non
scende in polemica e non fa dell'attivismo politico.
Sorprendente e significativa la circostanza che tra i
non pochi villaggi e città dove si svolse l'attività ga-
lilaica di Gesù non vengono menzionate la capitale
(e residenza di Erode) Tiberiade (così battezzata in
omaggio all'imperatore Tiberio) e la città ellenistica
di Sepphoris. Alla «volpe» Erode Gesù ricorda, a
scanso di equivoci politici, la sua vera missione. Rifiuta altresì bruscamente di fomentare gli umori antiro-
mani. L'immagine della spada va inquadrata nel contesto del ripudio di ogni metodo violento. Gesù evita
tutti i titoli suscettibili di tendenziose interpretazioni
politiche, come Messia e Figlio di Davide. Nel suo
messaggio sul regno di Dio manca qualunque forma
di nazionalismo e di risentimento contro gli increduli.
Non c'è un solo passo in cui parli di una restituzione
del regno di Davide alla sua potenza e al suo splendore. Non c'è un solo passo in cui si trovino tracce di
possibili mire politiche, di un eventuale tentativo di
scalata al potere secolare. Al contrario: nessuna ambizione politica, nessuna strategia e tattica rivoluzionaria, nessuno sfruttamento politicamente realistico
della propria popolarità, nessuna coalizione tattica-
mente accorta con determinati gruppi, nessuna lunga marcia strategica attraverso le istituzioni, nessuna
tendenza all'accumulazione del potere. Ma piuttosto
– secondo un atteggiamento di grande rilievo sociale
– rinuncia al potere, moderazione, misericordia, pace: la liberazione dalla diabolica spirale di violenza e
controviolenza, colpa e ritorsione.

Se il *racconto delle tentazioni*, improntato a un linguaggio biblico di sapore simbolico, dovesse avere un nucleo storico, si tratterebbe senz'altro della comprensibilissima tentazione cui sono riconducibili tutte e tre le varianti: la tentazione satanica di un messianismo politico. Una tentazione alla quale Gesù resistette coerentemente non solo nel contesto di quell'episodio, ma durante la sua intera attività pubblica – e se ne ha forse un riverbero anche nella parola «satana» pronunciata all'indirizzo di Pietro. Gesù si destreggiò tra un fronte e l'altro, senza lasciarsi inglobare da nessun gruppo e senza lasciarsi eleggere «re» o capo. In nessun caso volle anticipare il regno di Dio attraverso un'imposizione. L'oscuro accenno a un «acquisto con la forza» del regno dei cieli, di cui i violenti cercano di impadronirsi, potrebbe significare un esplicito rifiuto del movimento rivoluzionario zelota. Di una polemica antizelota, divenuta per gli evangelisti largamente superflua dopo il 70, l'anno della catastrofe, testimoniano forse anche l'esortazione ad attendere con pazienza l'ora di Dio nella similitudine del seme che cresce da sé e l'avvertimento contro i falsi profeti.

Agli occhi dei romani, che si preoccupavano ben poco dei conflitti religiosi interni al giudaismo, ma sorvegliavano con diffidenza ogni movimento popolare, Gesù non poteva non configurarsi come un individuo politicamente sospetto, anzi come un agitatore e un potenziale rivoluzionario. L'accusa ebraica davanti a Pilato era comprensibile, in apparenza persino giustificata. Ma nella sua sostanza profonda era tendenziosa, e in ultima analisi falsa, come concordano tutti i Vangeli. Gesù fu condannato come rivoluzionario politico – mentre in realtà non lo era. Senza opporre resistenza, si era consegnato nelle mani dei propri nemici. Tutte le più serie indagini concordano oggi nell'attestare che non c'è nessun luogo evangelico in cui Gesù si atteggi a capo di una congiura politica, parli in termini zelotici di un messia-re che farà strage dei nemici, o alluda a un dominio universale del popolo di Israele. Da ogni pagina dei Vangeli esce piuttosto la figura di un inerme predicatore itinerante, di un medico carismatico, che non apre ma risana ferite. Che lenisce la miseria morale e materiale senza secondi fini politici. Che non proclama la lotta armata, ma la grazia di Dio e il perdono per tutti. La cui critica sociale, riecheggiante i profeti veterotestamentari, non procede da un programma politico-sociale, ma muove decisamente da una nuova comprensione di Dio e dell'uomo.

Rivoluzione della non-violenza

L'episodio dell'*ingresso in Gerusalemme* a dorso d'asino, storico o meno, caratterizza egregiamente il personaggio: Gesù non cavalca il bianco cavallo del vincitore, l'animale-simbolo dei potenti, ma la cavalcatura dei poveri e dei deboli. I sinottici fanno seguire, senza soluzione di continuità, la *«purificazione» del Tempio* (narrata da Matteo e Giovanni, come già l'episodio dell'ingresso, con una certa enfasi rispetto a Marco; lo stesso Marco, per ragioni di plasticità narrativa, indulge a qualche esagerazione), la quale non poté comunque assumere le dimensioni di un tumulto, che avrebbe avuto come immediata conseguenza l'intervento della polizia del Tempio e della coorte romana dislocata nella torre Antonia, all'angolo nord-occidentale del vestibolo del Tempio. Qualunque opinione si abbia sul nucleo storico del racconto (alcuni esegeti ne mettono in dubbio la storicità, adducendo peraltro argomenti non sufficientemente probanti), le fonti negano che si sia trattato di un atto tipicamente zelotico, di un puro atto di violenza o di aperta ribellione. Gesù non mirò a una cacciata definitiva di tutti i mercanti, a una presa di possesso del Tempio, a una riorganizzazione in chiave zelotica del Tempio e dei sacerdoti. Si trattò, com'è ovvio, di una deliberata provocazione, di un gesto simbolico, di un segno profetico individuale, a esprimere una condanna dimostrativa di questa attività commerciale e dei gerarchi che ne traevano lauti profitti, e a testimoniare la sacralità del luogo come centro di preghiera. Non per questo si dovrà ridurre la portata di tale condanna, connessa forse con una minaccia contro il Tempio ovvero con una promessa per i pagani. Fu infatti un clamoroso atto di sfida nei confronti della gerarchia e delle cerchie interessate finanziariamente alla baraonda dei pellegrinaggi.

Ciò dimostra una volta di più che Gesù non fu un uomo dell'establishment. Resta confermato tutto quello che la nostra prima riflessione aveva posto in evidenza. Gesù non fu un conformista, un apologeta dello status quo, un difensore della quiete e dell'ordine. Egli stimolò e provocò alla decisione. Appunto in questo senso portò la spada: non la pace, cioè, ma la divisione, talvolta fino nel cuore delle famiglie. Mise radicalmente in discussione il sistema religioso-sociale, l'ordine vigente della Legge e del Tempio, e fu sotto questo aspetto che il suo messaggio ebbe conseguenze politiche. Nel contempo si deve prendere atto che per Gesù l'*alternativa* al sistema, all'establishment, all'ordine vigente *non* fu la *rivoluzione politico-sociale*. Non Che Guevara, che esaltò romanticamente la violenza come levatrice della nuova società, non Camilo Torres, ma piuttosto Gandhi e Martin Luther King poterono a buon diritto richiamarsi a Gesù.

I rivoluzionari zeloti non si accontentavano di parlare: volevano agire. Di fronte all'immobilismo e alla frenesia di potere dell'establishment, non si accontentavano di interpretare teologicamente la realtà: volevano trasformarla da un punto di vista politico. Volevano impegnarsi, essere coerenti. Cercavano una corrispondenza tra essere e agire, tra teoria e prassi. Ed essere coerenti, conseguenti significa essere rivoluzionari. «Radicalmente», gli zeloti intendevano affrontare il problema alla «radice», assumersi attivamente la responsabilità del mondo, di un suo accordarsi con la verità. Fedeli a questo radicalismo, perseguivano la realizzazione finale dell'eschaton, del regno di Dio – se necessario in nome di Dio, con la violenza armata. Gesù non approvò né i metodi né le finalità di questo radicalismo rivoluzionario degli zeloti, che nell'abbattimento della potenza antidivina dello stato romano sentivano una sorta di imperativo divino, e che in ultima analisi si ispiravano al principio della restaurazione (ricostituzione nazionalistica del grande impero davidico). Gesù, diverso anche in questo, esercitò una forma di provocazione anche sul versante rivoluzionario, proprio in quanto non predicò nessuna rivoluzione, né di destra né di sinistra:

– nessuna istigazione ad astenersi dal pagamento delle tasse: date a Cesare quel che è di Cesare senza dargli però quel che è di Dio.

– Nessuna proclamazione di una guerra di liberazione nazionale: Gesù si lasciò invitare alla mensa dei più famigerati collaborazionisti e additò a esempio il popolo nemico dei samaritani, odiati ancor più degli stessi pagani.

– Nessuna propagazione della lotta di classe: a differenza di molti militanti del suo tempo, Gesù non divise gli uomini, sulla base dello schema amico-nemico, in figli della luce e figli delle tenebre.

– Nessuna tetra rinuncia socio-rivoluzionaria al consumo: Gesù banchettò festosamente in un'epoca ingrata di asservimento politico e di miseria sociale.

– Nessuna abolizione della legge in nome della rivoluzione: Gesù volle aiutare, risanare, salvare; non imporre al popolo una felicità conforme alla volontà di singoli. Per prima cosa il regno di Dio, tutto il resto sarà dato in più.

La dura critica ai potenti, che sfruttano cinicamente il proprio potere, si sposa in Gesù all'esortazione a servire, anziché uccidere il tiranno. E il suo messaggio non culmina nell'invito a conquistare con la violenza un futuro migliore: chi dà di piglio alla spada, perirà di spada. Culmina al contrario in un appello per la non-violenza: non resistere al malvagio; fare del bene a quelli che ci odiano; benedire quelli che ci maledicono; pregare per coloro che ci perseguitano. Tutto questo alla luce del regno di Dio che viene, nella cui prospettiva appaiono a priori relativizzati tutti i fatti presenti, tutti gli ordinamenti, tutte le istituzioni e le strutture, ma anche tutte le differenze tra potenti e deboli, ricchi e poveri; onde già ora se ne devono applicare le norme.

Se avesse introdotto in Palestina una radicale riforma agraria, Gesù sarebbe da tempo caduto nell'oblio. Se, come i protagonisti della rivolta di Gerusalemme del 66, avesse cominciato col dare alle fiamme l'archivio della città insieme con tutte le obbligazioni dei banchieri, e se, come fece due anni più tardi Bar Giora, animatore della rivoluzione di Gerusalemme, avesse decretato l'affrancamento di tutti gli schiavi ebrei, la sua azione sarebbe rimasta circoscritta nei confini di un semplice episodio (ed episodica rimase infatti l'eroica impresa di Spartaco, con i suoi 70.000 schiavi liberati e le 7000 croci allineate lungo la via Appia).

La «rivoluzione» di Gesù – se si vuole usare questa parola tanto stimolante quanto polivalente –, rivoluzione radicale in un senso autentico che dovrà essere più particolareggiatamente definito, ha prodotto una trasformazione permanente del mondo, travalicando l'alternativa ordine costituito-rivoluzione politico-sociale, conformismo-nonconformismo. Si potrebbe anche dire: Gesù fu più rivoluzionario dei rivoluzionari. Il che significa, più esattamente:

– anziché annientamento dei nemici, amore per i nemici.

– Anziché ritorsione, perdono incondizionato.

– Anziché ricorso alla violenza, disponibilità a soffrire.

– Anziché canti d'odio e di vendetta, esaltazione dei pacifici.

– Anziché dominio assetato di potere, disponibilità al servizio.

I primi cristiani, in occasione della grande insurrezione giudaica, seguirono le orme di Gesù. Allo scoppio della guerra non fecero causa comune con i rivoluzionari zeloti, ma fuggirono da Gerusalemme a Pella, di là dal Giordano. E durante la seconda grande rivolta, capeggiata da Bar Kochba, vennero perseguitati fanaticamente. È significativo che i romani, fino alla persecuzione di Nerone, non presero provvedimenti contro i cristiani.

Gesù, dunque, non invocò e non mise in atto nessuna rivoluzione politico-sociale. La rivoluzione da lui messa in atto fu decisamente una *rivoluzione della non-violenza*, tale da riversarsi sulla società scaturendo da una sfera intima e riposta, dal nucleo centrale dell'individuo, dal cuore dell'uomo. Non un proseguire lungo la solita strada, ma un radicale riconsiderare e convertirsi (la «metanoia» greca), un proiettarsi lontano dai propri egoismi, in direzione del proprio Dio e del proprio prossimo. Le vere forze esterne, dalle quali l'uomo dev'essere liberato, non sono le forze nemiche secolari. Sono invece le forze del male: odio, ingiustizia, discordia, violenza, falsità, egoismi umani in genere, e inoltre dolore, malattia, morte. Una mutata coscienza, un nuovo pensiero, una diversa scala di valori sono gli strumenti richiesti per il superamento del male, che non si annida solo nel sistema e nelle strutture, ma anche nell'uomo; per il conseguimento della libertà interiore, che conduce alla libertà dalle forze esterne; per la trasformazione della società attraverso la trasformazione del singolo.

Stando così le cose, sorge un interrogativo: questo Gesù non è in fondo il fautore di un ritiro o di una segregazione dal mondo, di una religiosità avulsa dal mondo, di un'interiorità remota dal mondo, di un ascetismo e assenteismo monastico?

3. Emigrazione?

Esiste un radicalismo politico che in nome della fede persegue, non escludendo – ove necessario – il ricorso alla forza delle armi, la totale sottomissione del mondo: l'instaurazione totale del regno di Dio nel mondo mediante l'impegno umano. È il radicalismo degli zeloti. Esiste però anche una soluzione opposta, ugualmente radicale: invece di un impegno drammaticamente attivo, l'opposizione di un grande rifiuto. Non attacco, ma distacco. Non l'assalto al mondo nemico di Dio, ma il ripudio di questo mondo. Non il superamento della storia, ma lo sganciamento dalla storia.

Il radicalismo apolitico

È il radicalismo apolitico (anche se solo in apparenza non-politico) dei monaci, di coloro che «vivono soli» (in greco, «monachos» = solo) o degli «anacoreti», dei «ritirati» (nel deserto). Isolamento, esodo, *emigrazione* dal mondo: del singolo o del gruppo, in una dimensione esteriore-locale o interiore-spirituale, in modo organizzato o estemporaneo, mediante un autosegregarsi o uno spostarsi per dar vita a nuovi insediamenti. È questa, a grandi linee, la tradizione anacoretico-monastica nella storia della cristianità come del resto anche nel buddismo, la cui via ottuplice è destinata ai monaci, a una comunità monastica: la tradizione del distanziamento critico e del ritiro dal mondo. Tradizione cui appartengono i singoli asceti – «eremiti» (l'esempio classico di «padre del deserto», l'egiziano Antonio, nel III secolo; ancor oggi, in Grecia, i monasteri del monte Athos). Cui fanno capo altresì le posteriori comunità monastiche, organizzate, favorite dalla Chiesa, che conducono una «vita comune» (donde «cenobiti»; fondatore Pacomio nel IV secolo). Oggi, questa forma di «retreatism» sopravvive anche sotto spoglie secolari. E ci si richiama sempre a *Gesù* – a ragione?

In ogni caso, non a torto. Gesù fu tutt'altro che un fenomeno borghese. La sua strada non fu quella che comunemente si definisce «carriera». Il suo modo di vivere aveva tratti vagamente hippy. Non sappiamo se la permanenza nel deserto, descritta nel racconto delle tentazioni, sia storica. Sappiamo però che il suo stile di vita era parecchio fuori del comune. Non si può certo dire che fosse, socialmente, un «integrato». Benché figlio di un falegname e in apparenza falegname egli stesso, non esercita alcuna professione. Conduce una vita nomade, irrequieta, predica e opera su pubbliche piazze, mangia, beve, prega e dorme spesso all'aperto. Un uomo che se ne è andato via dalla propria terra e che si è anche svincolato dalla propria famiglia. C'è ancora chi si meraviglia che i suoi parenti più stretti non figurino tra i suoi seguaci? Secondo un'antica tradizione raccolta da Marco e invece passata sotto silenzio da Matteo e Luca, i suoi congiunti cercarono anzi di riportarlo a casa: sarebbe stato, a sentir loro, fuori di sé, pazzo. Il particolare ha indotto qualche cultore di psichiatria a supporre che Gesù fosse un malato di mente, ciò che non ne spiegherebbe, peraltro, l'enorme influenza. I Vangeli comunque, anche se non si prestano a una ricognizione della psiche di Gesù – interessati come sono ad altri aspetti –, documentano un comportamento esteriore che secondo i modelli del tempo non si può dire proprio «normale». Gesù non fa nulla per guadagnarsi da vivere. I Vangeli riferiscono che si appoggia ad alcuni amici e che una cerchia di donne si prende cura di lui. È evidente che non ha una famiglia da mantenere. Se non vogliamo alterare il testo dei Vangeli, dovremo convenire che egli fu, come il Battista prima e come Paolo poi, celibe. Il celibato di un ebreo adulto appariva, in seno a questo popolo, per cui il matrimonio era un dovere e un comandamento

di Dio, inconsueto, provocatorio, anche se non proprio inaudito (come subito vedremo). Se l'accenno a
chi si è fatto eunuco per il regno dei cieli, presente
nel solo Matteo, dovesse risultare autentico, bisogne-
rebbe intenderlo anche come un'autogiustificazione.
Il celibato di Gesù non è comunque un argomento
a sostegno della legge del celibato. Per i suoi discepoli non vengono dettati precetti in tal senso; anzi,
proprio in quell'unico passo di Matteo si sottolinea
la volontarietà della rinuncia: chi può capire, capisca.
D'altra parte questo celibato, insieme con tutto il resto, dovrebbe chiarire che solo contraddicendo i testi
si può trasformare Gesù in un moralista civilizzato, in
una sorta di pastore protestante, come tentarono di
fare certi esegeti liberali del secolo scorso. Anche sotto questo rispetto Gesù fu diverso. Non aveva intorno
a sé un alone di fuga dal mondo, di entusiasmo, quasi
di follia? Non si richiamarono giustamente a lui, nel
corso dei secoli, tanti stravaganti «buffoni di Gesù»,
così come gli stessi monaci, gli asceti, gli appartenenti
a un ordine?

E tuttavia è doveroso precisare che Gesù *non* fu un
monaco ascetico, alla ricerca della perfezione nell'ambito di una emigrazione spirituale ed eventualmente
anche materiale dal mondo. Neppure questa è una
constatazione anacronistica.

Il monachesimo

Esisteva al tempo di Gesù – cosa di cui per diverso tempo si è rimasti pressoché ignari – una sorta
di monachesimo giudaico. Si conosceva, bensì, sia
attraverso lo storiografo ebraico Flavio Giuseppe
sia attraverso il celebre filosofo ebraico Filone di

Alessandria, contemporaneo di Gesù, l'esistenza di un altro gruppo accanto ai sadducei, ai farisei e agli zeloti: gli «esseni» (o «essei»), discendenti da quei «pii» (aramaico «chasajja», ebraico «chasidim») che all'epoca dei Maccabei avevano inizialmente appoggiato il partito insurrezionale dei Maccabei, ma che da tale partito, come più tardi anche dai meno apocalittici e rigoristici farisei, si staccarono di fronte alle crescenti ambizioni politiche dei Maccabei quando Gionata, che non era di origine zadochidica e come condottiero doveva continuamente contaminarsi dal punto di vista rituale, assunse nel 153 a.C. la carica di sommo sacerdote. Secondo Filone e Flavio Giuseppe, questi esseni, in numero di circa 4000, vivevano raccolti in comunità stabili, isolate per lo più nei villaggi ma presenti anche nelle città, e, secondo Plinio il Vecchio, alcuni di loro vivevano sulla sponda occidentale del Mar Morto.

Ai fini della ricerca scientifica su Gesù, gli esseni divennero estremamente attuali nel 1947, quando un capraio arabo scoprì presso le rovine («chirbet») di *Qumran* sul ripido pendio orientale del deserto di Giuda che declina verso il Mar Morto, una grotta contenente alcune brocche d'argilla, nelle quali erano occultati diversi rotoli di papiro. In undici delle centinaia di grotte passate conseguentemente in rassegna si rinvennero numerosi testi e frammenti. Tra questi, testi biblici e in particolare i due papiri del libro di Isaia, di mille anni più antichi dei manoscritti fino allora conosciuti (esposti oggi, con altri testi qumranici, nel «tempio dei manoscritti» dell'università ebraica di Gerusalemme). Inoltre, commenti biblici (in particolare al libro di Abacuc) e infine testi a-biblici, decisivi per il nostro problema, tra cui la regola della comunità o regola della setta di Qumran (1QS) con la più breve regola della vita comunitaria (1QSa). Tutto ciò è quanto avanza della biblioteca di un vasto complesso monastico. Questa, almeno, era l'ipotesi di Roland de Vaux, il domenicano a capo dell'équipe che effettuò i primi scavi a partire dal 1949. Tuttavia, nel 1996, l'americano Norman Golb sollevò alcune obiezioni a questa ipotesi, in seguito alle quali la sua congettura va modificata: quello insediatosi a Qumran, sosteneva Golb, non doveva necessariamente essere un gruppo religioso ben distinto e separato («setta»), ma forse piuttosto una comunità, che si definiva «Jachan» («unione, comunità»), la cui biblioteca si trovava probabilmente a Gerusalemme – o altrove – e fu in seguito trasferita a Qumran per motivi di sicurezza. Su questo punto gli studiosi non sono ancor oggi concordi.

Il ritrovamento indica comunque che al tempo di Gesù esisteva già una comunità di monaci ebrei – un sottogruppo o un gruppo particolare di esseni (gli «esseni di Qumran») – contraddistinta da tutti gli elementi di quel cenobitismo cristiano che, fondato dall'egiziano Pacomio, consolidato teologicamente da Basilio il Grande e trasmesso all'Occidente latino da Giovanni Cassiano, assurse a modello di tutto il monachesimo occidentale grazie a Benedetto da Norcia e alla regola benedettina: «1. Comunanza di locali per l'abitazione, il lavoro e la preghiera; 2. Uniformità di abbigliamento, alimentazione e condotta ascetica; 3. Salvaguardia della comunità mediante una regola scritta improntata all'obbedienza» (K. Baus).

Il problema si fa incalzante: *Gesù* fu forse un esseno o un monaco di Qumran? Sussistono legami tra

Qumran e il cristianesimo nascente? Le due domande vanno distinte. Alla prima, dopo che singoli ricercatori, nell'iniziale euforia della nuova scoperta, vollero vedere ovunque analogie, si tende oggi, da parte di tutti gli studiosi seri, a rispondere negativamente.

Alla seconda si potrebbe dare una cauta risposta positiva, anche se eventualmente si dovrà pensare a un influsso più indiretto che diretto. In particolare è possibile che Giovanni Battista, poiché secondo la tradizione crebbe nel deserto e operò in prossimità di Qumran, abbia intrattenuto qualche rapporto con quella comunità. In ogni caso sia il «maestro di giustizia», il fondatore della comunità di Qumran, sia il Battista sia Gesù stesso vengono a trovarsi in contraddizione con il giudaismo ufficiale, con l'establishment di Gerusalemme. Per tutti loro c'è una linea che taglia Israele a metà. Aspettano la fine imminente: l'ultima generazione è corrotta, il giudizio sta per irrompere, urge una decisione, sono indispensabili seri postulati morali.

Queste affinità non devono però oscurare le differenze. Giovanni Battista non fonda una comunità polarizzata intorno alla Legge e separata dagli altri uomini, ma si propone, con il suo appello alla penitenza, di preparare tutto il popolo alla realtà che sta sopraggiungendo. Quanto a Gesù, tolti alcuni termini, espressioni e concetti comuni e qualche analogia esteriore – nulla di straordinario trattandosi di contemporanei –, non resta in pratica nessun elemento che comprovi un suo diretto rapporto con gli esseni in generale e con Qumran in particolare. Gli scritti neotestamentari non fanno il minimo accenno alla comunità di Qumran o al movimento essenico, così come, viceversa, negli scritti di Qumran non ricorre neppure una volta il nome di Gesù.

Non un cenobita

Questa risposta è però troppo generica. Alla luce del successivo sviluppo del cristianesimo acquista particolare importanza la domanda: dove stanno le differenze concrete tra Gesù e i cenobiti esseni? Perché Gesù non fondò egli stesso una comunità religiosa e un cenobio? Il problema non può essere eluso nemmeno da chi, come l'autore, ha più di una ragione per guardare alle comunità religiose con stima e simpatia e riconosce i grandi meriti del monachesimo per quel che riguarda la missione, la predicazione, la teologia, la colonizzazione, la civilizzazione e la cultura occidentale, nonché l'ordinamento scolastico, l'assistenza sanitaria e l'azione pastorale. Se si è disposti anche qui a non lasciarsi influenzare da nessun pregiudizio, si dovrà concludere: nonostante qualche lineamento comune, tra Gesù e i monaci si apre un abisso. La comunità dei discepoli di Gesù non ebbe caratteri eremitici o monastici:

1. *Nessuna segregazione dal mondo*: gli *esseni* si segregarono dal resto dell'umanità per tenersi lontani da ogni contaminazione. Vollero essere la comunità pura di Israele. Emigrazione all'interno! Ciò vale a maggior ragione per gli *uomini di Qumran*. Dopo un aspro conflitto col sommo sacerdote in carica (certo il succitato Gionata, ora definito seccamente «prete sacrilego»), uno stuolo di sacerdoti, leviti e laici aveva scelto per protesta l'emigrazione interna e forse anche una esterna. Lontani dal mondo corrotto, sotto la guida di un non meglio conosciuto «maestro di giustizia», vollero vivere una vita veramente pia: immuni da ogni impurità, separati dai peccatori, rispettosi fin nei

minimi dettagli dei comandamenti di Dio, per preparare nel deserto la via del Signore. Non solo i sacerdoti, ma l'intera comunità si attenne qui alle prescrizioni
sacerdotali inerenti alla purificazione, continuando a
riconquistarsi di volta in volta la purezza mediante
abluzioni quotidiane (non limitate alle sole mani, ma
estese a tutta la persona). Una vera comunità di santi e
di eletti sulla via della perfezione: «gente dal comportamento perfetto». Un popolo di sacerdoti, che viveva
sempre come nel Tempio.

Gesù, invece, non pretende una emigrazione, esterna o interna che sia. Non uno straniamento dal mec-
canismo del mondo, non un atteggiamento di fuga dal
mondo. Non una salvezza a prezzo di una demolizione dell'io e del suo legame col mondo. Teorie di tipo
estremo-orientale sullo sprofondamento interiore sono estranee a Gesù. Egli non vive all'interno di una
comunità religiosa e nemmeno nel deserto: in un passo evangelico quest'ultimo viene anzi esplicitamente
rifiutato come luogo di rivelazione. La sua azione si
svolge in pubblico, nei villaggi e nelle città, in mezzo
agli uomini, in contatto persino con chi ha una pes-
sima reputazione sociale, con chi secondo la Legge è
«impuro» e come tale è aborrito da Qumran, senza
timore di scandali. Più importante di ogni norma di
purezza è per lui la purezza del cuore. Alle forze del
male non si sottrae, accetta la battaglia senza esitazioni. Non sfugge ai suoi avversari. Cerca il dialogo.

2. *Nessuna dicotomia della realtà*: Filone e Flavio
Giuseppe danno sulla teologia degli *esseni* ragguagli succinti e parzialmente ellenizzanti (immortalità
dell'anima). Sulla teologia degli *uomini di Qumran*
siamo invece relativamente ben informati. Il forte

condizionamento esercitato dalla fede monoteistica nel Creatore non le impedisce di essere dualistica. Verità e luce guidano la comunità. Al di fuori, tra i pagani e gli israeliti non del tutto ligi alla Legge, regnano le tenebre. Non c'è salvezza al di fuori di Qumran. I figli della luce, della verità e della giustizia lottano contro i figli delle tenebre, della menzogna e dell'empietà. I figli della luce devono amarsi vicendevolmente, mentre devono odiare i figli delle tenebre. Mediante l'assegnazione di due spiriti Dio ha fin dal principio predestinato gli uomini all'una o all'altra sorte, cosicché la storia intera si configura come una lotta incessante tra lo spirito della verità o della luce e lo spirito dell'empietà o delle tenebre, che può confondere anche i figli della luce. Solo alla fine del tempo Dio porrà termine al conflitto. Questa contrapposizione di due spiriti non è veterotestamentaria, ma dovrebbe risentire piuttosto l'influsso del dualismo persiano, per il quale esistono due princìpi eterni, l'uno buono e l'altro cattivo.

Gesù, invece, non conosce un simile dualismo: nemmeno secondo il Vangelo di Giovanni, dove svolge un ruolo di rilievo l'antitesi tra luce e tenebre. Nessuna spartizione aprioristica dell'umanità in buoni e cattivi: *ognuno* deve convertirsi, ognuno *può* convertirsi. La predicazione penitenziale di Gesù non muove, come quella di Qumran e del Battista stesso, dalla collera di Dio, ma dalla sua grazia. Gesù non predica un giudizio di vendetta contro i peccatori e gli empi. La misericordia di Dio non conosce limiti. A tutti viene offerto il perdono. E proprio per questo i nemici non devono essere oggetto di odio, ma di amore.

3. *Nessuno zelo per la Legge*: gli *esseni* praticavano una rigorosissima obbedienza alla Legge. Fu questa la ragione per cui si separarono anche dai farisei, che giudicavano lassisti. Il loro zelo per la Legge si manifestava soprattutto nella stretta osservanza del comandamento del sabato: le vivande venivano preparate in precedenza; non era consentita la minima attività, neppure il soddisfacimento dei bisogni corporali. Un'osservanza della Legge altrettanto severa si trova presso i *membri della comunità di Qumran*. Conversione significa ritorno alla Legge di Mosè. Il rispetto della Legge è la via che conduce alla salvezza. E la Legge va rispettata nel complesso di tutte le sue disposizioni, senza compromessi e agevolazioni. Al sabato non si deve portare nulla a nessuno, neppure una medicina, né si deve prestare aiuto a un animale che stia partorendo o che sia caduto in una fossa. Per fedeltà alla Legge e ostilità contro il clero di Gerusalemme, gli uomini di Qumran giungono a rifiutare il nuovo calendario lunare (seleucidico?), preferendo attenersi al vecchio calendario solare e discostandosi in tal modo dal programma festivo del Tempio di Gerusalemme. Coltivano la lingua sacra, l'ebraico puro come lingua della Legge. Non potendo sacrificare nel Tempio, espiano i peccati del popolo con la loro preghiera e con la loro incondizionata fedeltà alla Legge.

Gesù, invece, è del tutto alieno da tale zelo per la Legge: da ogni brano dei Vangeli traspare, come vedremo, una sua sorprendente libertà nei confronti della Legge. Inequivocabilmente, per i cenobiti esseni egli era – appunto in rapporto alla questione del sabato – un trasgressore della Legge meritevole di castigo. A Qumran sarebbe stato scomunicato, espulso.

4. *Nessun ascetismo*: gli *esseni* assecondavano la loro aspirazione alla purezza dedicandosi a pratiche ascetiche. Per non contaminarsi nel contatto con una donna, l'élite rinunciava al matrimonio. Esistevano però anche esseni coniugati: il matrimonio era loro consentito, dopo una verifica della durata di tre anni, con l'unico scopo della procreazione, senza rapporti coniugali durante la gravidanza. Gli esseni mettevano ogni loro proprietà personale a disposizione della comunità, in cui vigeva una sorta di comunismo. Si mangiava solo quanto era necessario per saziarsi. Anche la comunità di *Qumran* era governata da un severo codice morale. Solo a questo patto si poteva combattere la lotta contro i figli delle tenebre. Anche qui, al momento dell'ingresso, la proprietà personale passava alla comunità e veniva amministrata da un ispettore. Gli esseri vincolati alla regola della comunità (1QS), e cioè quanto meno i membri che vivevano al suo interno, dovevano essere celibi. Solo la più breve regola della vita comunitaria (1QSa) – è incerto se essa segni una fase, anteriore o posteriore, nell'evoluzione storica di Qumran – prevede anche membri sposati. L'ascetismo di Qumran aveva a sua volta una base cultuale. I membri di pieno diritto dovevano vegliare per un terzo della notte, leggendo nel Libro dei Libri, studiando il diritto e innalzando a Dio lodi collettive.

Gesù, invece, non è un asceta. Non esige mai sacrifici e rinunce fine a se stessi in nome di ulteriori istanze etiche, né sollecita particolari pratiche ascetiche, magari in funzione di una maggiore beatitudine. Gesù difende i discepoli che non digiunano. Insofferente di una religiosità dai toni esasperati, stigmatizza ogni forma di teatralità religiosa. Gesù non fu un «votato al sacrificio» e non pretese nessun martirio. Prese parte alla vita della gente comune, mangiò e bevve e si lasciò invitare a banchetto. In questo senso non si può proprio dire che fosse un outsider. Dovette anzi subire il rimprovero (storicamente certo, ma ingiusto) di chi, istituendo un confronto col Battista, lo definì un mangione e un bevitore. Il matrimonio fu per lui non qualcosa di contaminante, ma di conforme alla volontà del Creatore, e perciò degno di rispetto. A nessuno impose una legge del celibato. La rinuncia al matrimonio era frutto di una libera scelta: eccezione individuale, non regola per i discepoli. Né il rapporto di discepolato presupponeva necessariamente la rinuncia al possesso di beni materiali. Rispetto alla cupa dottrina di Qumran e al severo monito penitenziale di Giovanni, il messaggio di Gesù appariva sotto molteplici aspetti lieto e liberatorio.

5. *Nessun ordine gerarchico*: gli *esseni* avevano un ordine rigidamente imperniato su quattro condizioni o classi, nettamente distinte tra loro: sacerdoti – leviti – membri laici – candidati. Ogni nuovo adepto era subordinato ai membri anziani persino nelle più insignificanti minuzie. Tutti dovevano sottostare alle direttive dei superiori che reggevano la comunità. La stessa comunità di *Qumran* era inflessibilmente organizzata secondo lo schema delle quattro classi. Dei diversi gradi gerarchici bisognava tener conto in ogni circostanza, sia nelle assemblee, dove per ogni gruppo era richiesta la presenza di un sacerdote, sia durante i pasti. Anche nell'ambito della cena col messia risaltava la posizione privilegiata del sacerdozio. Il concetto dell'obbedienza dovuta ai superiori veniva inculcato con ogni mezzo e ribadito con l'applicazione di dure

sanzioni, tra cui, tipica, la sottrazione di un quarto della normale razione di cibo: per un anno in caso di falsa denuncia di proprietà, per sei mesi in caso di ingiustificata nudità, per tre mesi se si erano pronunciate parole avventate, per trenta giorni se ci si era assopiti durante l'assemblea generale o si era usciti in una sciocca risata ad alta voce, per dieci giorni se si era interrotto il discorso di qualcuno. Durissima, in particolare, l'esclusione dalla comunità: lo scomunicato doveva cercarsi i mezzi di sostentamento nel deserto, tentando di imitare Giovanni.

Gesù, invece, fa a meno di qualsiasi catalogo di punizioni. Non chiama al suo seguito i discepoli per fondare un'istituzione. Chiede obbedienza alla volontà di Dio, e tale obbedienza fa consistere nel liberarsi da ogni altro legame. Condanna ripetutamente la corsa ai posti migliori, ai posti d'onore. Sovverte addirittura il tradizionale ordine gerarchico: gli inferiori devono essere i superiori, e i superiori i servitori di tutti. Perché gli uni siano davvero al servizio degli altri, la sottomissione deve essere reciproca.

6. *Nessuna regola monastica*: la giornata degli *esseni* era regolata con severità: preghiera, lavoro nei campi, a mezzodì lavacri e pasto comune, poi ancora lavoro, e nuovo pasto comune alla sera. Tra loro lasciavano regnare il silenzio. Prima di essere ammesso, ogni membro doveva affrontare un periodo di prova (due o tre anni di noviziato), superato il quale aveva luogo l'ammissione, subordinata all'impegno solenne di rispettare le norme comunitarie. Il neofita formulava una specie di voto in forma di giuramento, culminante in una promessa di fedeltà riferita soprattutto ai superiori. Tutti i membri, non solo i sacerdoti, dovevano

indossare, in particolare durante il pasto comune, la veste bianca: l'uniforme dei sacerdoti, l'abito dei puri. Anche nella *comunità di Qumran* la vita era disciplinata da una regola ferrea: preghiera, desinare e discussione dovevano svolgersi in comune. I pasti, regolati da un preciso cerimoniale, avevano un significato religioso, analogamente ai bagni di purificazione. Si conduceva un'intensa vita liturgica. Data la separazione dal Tempio e dal suo calendario, non si offrivano sacrifici. Si celebravano però regolari funzioni durante le quali si recitavano salmi propri: spunti per una specie di preghiera corale distribuita lungo l'arco della giornata.

In *Gesù* niente di tutto questo: nessun noviziato, nessun giuramento d'ammissione, nessun voto. Nessuna regolare pratica devozionale, nessuna prescrizione liturgica, nessuna preghiera prolissa. Nessun pasto o bagno rituale, nessun abbigliamento discriminante. A paragone di Qumran, una imperdonabile flessibilità, naturalezza, spontaneità, libertà. Gesù non redige né regole né statuti. Invece di dettare regole per un dominio (mascherato spesso sotto un elegante paludamento spirituale) di uomini su altri uomini, offre similitudini alludenti al dominio di Dio. Quando sollecita una continua, instancabile preghiera, non si riferisce all'incessante preghiera liturgica («adorazione perpetua») in uso presso certe comunità monastiche. Intende il perseverante atteggiamento di preghiera dell'uomo, che da Dio aspetta sempre tutto: l'uomo può e deve instancabilmente presentare a Dio le proprie richieste, ma senza spendere troppe parole, come se Dio non sapesse già di che si tratta. La preghiera non deve diventare né un'ostentazione di religiosità davanti agli altri, né un impegno sfibrante davanti a Dio.

Per tutti, non per una élite

Dovrebbe risultare ormai chiaro: ancora una volta Gesù è diverso. Egli, che non fu né un uomo dell'establishment né un uomo della rivoluzione politica, non volle essere neppure un rappresentante dell'emigrazione, un monaco ascetico. È evidente che Gesù non corrispose alle aspettative circa il ruolo che secondo alcuni avrebbe dovuto assumere un santo o un uomo in odore di santità o eventualmente un profeta. Il suo modo di vestire, di mangiare, di comportarsi era troppo normale. Si segnalava non per uno stile di vita ispirato a una religiosità esoterica, ma per il suo messaggio. E questo messaggio proclamava proprio il contrario rispetto all'ideologia esclusiva, elitaria dei «figli della luce»: non sono gli uomini che possono operare una separazione. Può farlo solo Dio, Colui che legge nei nostri cuori. Gesù non annuncia un giudizio di vendetta contro i figli del mondo e delle tenebre o un regno riservato a una élite di perfetti. Annuncia il *regno della bontà sconfinata e della grazia incondizionata proprio per i perduti e i miseri*. Rispetto alla dottrina – questa sì tenebrosa – di Qumran e all'esigente appello penitenziale del Battista, il messaggio di Gesù si presenta come un annuncio straordinariamente rasserenante. È difficile stabilire se Gesù stesso avesse già usato, o meno, la parola «evangelo». In ogni caso, ciò che aveva da dire non rappresenta un messaggio di minaccia, bensì un «messaggio di letizia» nell'accezione più ampia del termine. Soprattutto per quelli che non formano un'élite, e lo sanno.

Imitatio Christi? La conclusione sembra inevitabile: la successiva tradizione anacoretico-monastica potrebbe richiamarsi, nel suo straniamento dal mondo e nella sua forma e organizzazione di vita, alla comunità di Qumran. Ben difficilmente a Gesù. Egli non incoraggiò nessuna emigrazione esterna o interna. I cosiddetti «consigli evangelici» come modello di vita – cessione dei propri beni alla comunità («povertà»), celibato («castità»), assoluta sottomissione alla volontà di un superiore («obbedienza»), il tutto garantito da voti (giuramenti) – erano di sicuro una realtà a Qumran, non tra i discepoli di Gesù. E ogni comunità religiosa cristiana dovrà domandarsi, oggi più ancora che in un passato in cui mancava una precisa cognizione di questi nessi e differenze, se si ricolleghi effettivamente a Gesù o non piuttosto a Qumran. Comunità e gruppi di base disposti a impegnarsi nello spirito di Gesù, non di Qumran, hanno un posto assicurato anche nella cristianità odierna.

I seri e pii asceti di Qumran sentirono di certo parlare di Gesù, se non altro della sua crocifissione. Essi, che per il tempo finale attendevano, secondo l'annuncio del profeta, addirittura due messia – un sacerdote e un sovrano, rispettivamente guida spirituale e guida temporale della comunità della salvezza –, essi, che nella loro regola avevano già fissato l'ordine dei posti intorno alla tavola del banchetto messianico, prepararono forse la via a Gesù, ma in definitiva non lo incontrarono.

Allo scoppio della guerra giudaica nacque, all'insegna della massima «gli estremi si toccano», un'intesa tra il radicalismo politico degli zeloti e il radicalismo apolitico degli anacoreti. Questi ultimi si erano da sempre preparati nella solitudine alla lotta finale; tra i vari reperti, il «papiro della guerra» (1QM) contiene precise istruzioni per la guerra santa. Così anche i membri della comunità di Qumran presero parte alla lotta dei rivoluzionari, che coincideva per loro con quella finale. La decima legione romana al comando di Vespasiano, il futuro imperatore, avanzò nel 68 da Cesarea fino al Mar Morto, toccando nella sua marcia anche Qumran. Fu allora che gli uomini di Qumran dovettero affastellare e riporre nelle grotte i propri manoscritti. Non li poterono più recuperare. La loro sorte era ormai segnata. Un distaccamento della decima legione rimase per qualche tempo di stanza a Qumran. Durante l'insurrezione di Bar Kochba, quando partigiani ebrei tornarono a trincerarsi negli edifici superstiti, Qumran venne definitivamente distrutta.

Che cosa resta da fare? Chi non vuole darsi incondizionatamente in balìa dell'establishment e d'altra parte non intende aderire né al radicalismo politico di una rivoluzione violenta né al radicalismo apolitico di una emigrazione religiosa, sembra avere una sola possibilità di scelta: il compromesso.

4. Compromesso?

Tanto i rivoluzionari politico-sociali quanto gli emigranti della religione considerano con coerente serietà la prospettiva del dominio di Dio. Il loro radicalismo consiste appunto in questa spregiudicata volontà di coerenza e di integralismo, che si spinge fino alla «radice» delle cose. Una soluzione netta, inequivocabile; politica o apolitica che sia, una nitida soluzione finale: rivoluzione nel mondo o evasione dal mondo. Di contro a una simile chiarezza di vedute sembra non esistano di fatto altro che ambiguità, doppiezza, mezze misure: un tattico barcamenarsi tra sistemi costituiti e radicalismi, rinunciando a mantenersi strenuamente fedeli alla verità, a impostare la vita su *un solo* criterio, ad attingere realmente la perfezione.

I *pii*

La via, dunque, della beata incoerenza, dell'armonizza-zione legale, dell'equilibrio diplomatico, del compro-messo morale. «Compromettere» = promettere insie-me, accordarsi: l'uomo non deve forzatamente tentare una conciliazione tra l'incondizionato comandamento divino e la propria realtà concreta? La situazione di fatto non esercita una forma di coazione? E non è la politica – nel generale come nel particolare – l'arte del possibile? Tu devi, certo – ma nell'ambito del possibi-le. Non è questa la via di Gesù?

La via del compromesso morale: è la via del *farisei-smo*. Quel fariseismo del quale la tradizione ha dato un'immagine peggiore rispetto alla realtà, già a parti-re dai Vangeli, dove nella descrizione indifferenziata dei farisei come rappresentanti dell'ipocrisia, come «ipocriti», risuona sovente l'eco di una tarda e non ingiustificata polemica. Sui farisei, unico partito so-pravvissuto alla grande rivoluzione antiromana – una rivoluzione che aveva spazzato via, assieme all'esta-blishment, anche i radicali di orientamento politico e apolitico –, poggiò in seguito il giudaismo talmudico, quello medioevale e tuttora poggia l'odierno giudai-smo ortodosso. Il fariseismo restò quindi l'unico anta-gonista ebraico della giovane cristianità. E ciò non po-té non riverberarsi nei Vangeli, scritti dopo l'anno 70. I farisei furono per contro iperbolicamente esaltati da Flavio Giuseppe – vivente incarnazione, perfino nel nome, di un compromesso –, che al servizio dell'imperatore con la sua posteriore opera filoebraica sulle «antichità giudaiche» intese compensare la precedente opera filoromana sulla «guerra giudaica».

I farisei, insomma, non vanno semplicisticamente identificati con gli scribi. Anche l'establishment sacerdotale aveva i suoi specialisti di teologia e di diritto, i suoi esperti sadducei per tutti i problemi relativi all'interpretazione della Legge, i suoi teologi di corte. Etimologicamente, i «farisei» non sono affatto gli «ipocriti», ma i «separati» (aramaico «perishajja», dall'ebraico «perushim»). Amavano chiamarsi anche i pii, i giusti, i timorati di Dio, i poveri. Il nome «separati» – inizialmente usato a designare individui «rimasti all'esterno» – si sarebbe potuto a giusto titolo applicare anche agli esseni e agli uomini di Qumran. Costoro, probabilmente, non erano che l'ala radicale del movimento farisaico. Come abbiamo visto, tutti i «pii» si erano per tempo dissociati dalla politica di potere e dalla temporalità dei partigiani maccabei postisi a capo del popolo, dalla casa dei Maccabei, una cui tarda discendente, Mariamne, avrebbe poi sposato il capostipite della nuova dinastia erodiana. Essi volevano modellare la loro vita sulla Tora, sulla Legge di Dio. Senonché, gli uni rifiutando di condividere il radicalismo degli altri, i pii si scissero in esseni e farisei. Dopo un cruento scontro col maccabeo Alessandro Janneo (103-76 a.C.), che per primo si era ripreso il titolo di re, i farisei rinunciarono a ogni ulteriore tentativo di trasformazione violenta dello status quo, per prepararsi, con la preghiera e con una vita pia, a quella svolta che Dio stesso avrebbe introdotto nel mondo. Movimento laico costituito da circa 6000 aderenti, fazione influentissima in seno a una popolazione complessiva di forse mezzo milione di anime, i farisei vivevano mescolati agli altri, anche se organizzati in comunità compatte. In maggioranza artigiani e commercianti, formavano «consorterie» dirette da scribi. Politicamente, anche al tempo di Gesù erano dei moderati, pur non mancando nelle loro file qualche simpatizzante degli zeloti.

Non si dimentichi che il fariseo portato a esempio da Gesù non era un ipocrita. Era un uomo onesto, pio, e diceva la pura verità. Aveva davvero fatto tutto ciò che diceva. I farisei godevano, presso chi non si elevava fino al loro livello, di una reputazione commisurata alla loro morale esemplare. Due elementi erano per loro essenziali all'adempimento della Legge: le prescrizioni relative alla purezza e l'obbligo della decima.

Destinate propriamente ai sacerdoti, le *prescrizioni relative alla purezza* venivano estese ordinariamente anche a tutti gli aderenti, che nella grande maggioranza non erano sacerdoti. L'immagine che in tal modo i farisei offrivano di se stessi era quella di un popolo sacerdotale, votato alla salvezza nel tempo finale. Non per igiene o per educazione si lavavano le mani, ma per riacquistare la purezza cultuale. Purezza che andava perduta attraverso il contatto con determinate razze di animali, col sangue o con i cadaveri, attraverso profluvi corporali, eccetera, e che doveva essere recuperata mediante un bagno purificatorio, oppure lasciando trascorrere un certo periodo di tempo. Per pregare bisogna avere le mani monde. Di qui l'enorme importanza dell'atto di lavarsele prima di ogni pasto. Di qui la consapevole meticolosità con cui si puliscono piatti e bicchieri.

Largamente trascurato dalla massa del popolo, il comandamento della *decima* – versamento del dieci per cento di ogni raccolto e di ogni guadagno per il mantenimento della tribù sacerdotale di Levi e la manutenzione del Tempio – veniva rigorosamente osservato dai farisei. A tutte le mercanzie, persino alla verdura e alle spezie, si applicava l'aliquota del dieci per cento, e se ne versava l'ammontare ai sacerdoti e ai leviti.

Tutto ciò aveva valore vincolante per i farisei, i quali tuttavia, al di là di ogni comandamento, svolgevano una vasta attività di loro libera iniziativa. *Opere di sovraerogazione* («opera supererogatoria») furono definite da una posteriore morale cristiana, che riprendeva così una concezione farisaica: si trattava di opere buone, in sé non richieste, ma supplementari, in sovrappiù, tali da compensare le colpe del singolo sulla bilancia della giustizia divina e farla inclinare, nel grande rendiconto finale, verso un verdetto favorevole. Opere di penitenza, digiuno volontario (per espiare i peccati del popolo, due volte la settimana, il lunedì e il giovedì), elemosina (carità per compiacere Dio), puntuale osservanza delle tre ore quotidiane dedicate alla preghiera (dovunque ci si trovasse) rappresentavano altrettanti strumenti atti a riequilibrare la bilancia morale. Esiste, nella realtà, una così marcata differenza tra queste pratiche e quelle cui certa cristianità (nella fattispecie, di stampo prettamente cattolico) ha impresso un marchio «cristiano»? In quale altro spazio avrebbe potuto inserirsi Gesù – stretto tra l'establishment e i radicalismi –, se non in questo partito degli uomini autenticamente pii?

Compromesso morale

E tuttavia, strano a dirsi, sembra che questa pia morale abbia creato a Gesù non lievi difficoltà. Il suo tratto distintivo è il *compromesso*. I comandamenti di Dio, in sé, sono presi spaventosamente sul serio. Si fa anche più di quanto è prescritto. In una minuziosa ricerca della precisione, si tesse intorno ai comandamenti di Dio tutta una rete di ulteriori comandamenti: per una loro meticolosa applicazione alle situazioni della vita quotidiana, per cautelarsi contro l'onnipresente pericolo di peccare, per poter decidere in ogni circostanza dubbia che cosa è peccato e che cosa non lo è. Si vuole sapere esattamente a quali criteri ci si deve attenere: quanta strada è lecito percorrere al sabato, che cosa si può trasportare, quali lavori si possono compiere, se ci si può sposare, se si può mangiare un uovo deposto il sabato... Entro la cornice di una singola prescrizione si sviluppa una fitta trama di prescrizioni minori. Si pensi ai dettagli connessi con l'operazione di lavarsi le mani, da effettuare a un'ora ben precisa, arrivando fino al polso, tenendo le mani in una posizione corretta, con due successivi getti d'acqua (il primo per eliminare l'impurità delle mani, il secondo per sciacquare via le gocce del primo getto divenute impure).

Si imparò così a spaccare un capello in quattro, a elaborare una tecnica raffinatissima di devozione, ad accumulare comandamenti su comandamenti, prescrizioni su prescrizioni: ne derivò un sistema morale in grado di abbracciare la vita intera del singolo e della società, fondato su uno zelo per la *Legge*, che aveva come rovescio della medaglia il continuo timore del peccato, ovunque in agguato. Nell'ambito degli scritti sacri, la Legge in senso stretto (i cinque libri di Mosè = il Pentateuco = la «Tora»), che attribuisce identico valore ai precetti etici e rituali, è più importante dei libri profetici. E sulla stessa linea della Legge scritta di Dio, della «Tora», si colloca la tradizione orale, la «halacha», la «tradizione degli anziani», l'opera degli scribi. In tal modo si riesce anche a sviluppare, in contrapposizione ai sadducei, una solida dottrina della risurrezione dei morti.

In ogni questione risulta sempre autorevole il *magistero degli scribi*, che si occupano della complessa applicazione dei singoli comandamenti e per ogni situazione sono in grado di sentenziare come debba comportarsi l'uomo semplice. Per ogni situazione, per ogni caso: «casistica» si è in seguito definita questa tecnica, diffusamente trattata da teologi della morale cristiana nei loro ponderosi volumi. Una notomizzazione, una scomposizione in casi legali della vita d'ogni giorno, dal mattino alla sera.

Per molti farisei si tratta di un'arte filantropica, intesa a fornire un aiuto concreto, a rendere la Legge *praticabile* mediante un opportuno adattamento al presente, a scaricare le coscienze, a infondere sicurezza, a delimitare l'ambito entro cui ci si può muovere senza peccare. Si offrono soluzioni là dove le difficoltà sembrano insormontabili. Si scava un tunnel dopo aver ammassato una montagna di comandamenti tra Dio e l'uomo (secondo un'immagine foggiata da Giovanni XXIII in un discorso tenuto alla presenza di canonisti cattolici). Si è così al tempo stesso severi e indulgenti, tradizionalisti e realisti. Si insiste sull'autorità della Legge, ma si forniscono contemporaneamente giustificazioni e dispense. Si prende il comandamento alla lettera, ma si interpreta la parola con elasticità. Si percorre la via della Legge, ma se ne è già programmato l'aggiramento. Di sabato è vietato lavorare (gli scribi hanno elencato 39 attività proibite in questo giorno), ma è comunque prevista un'eccezione, in caso di pericolo di vita. Di sabato non si deve portare nulla fuori di casa, ma i cortili di varie abitazioni si possono intendere come un comune ambito domestico. Un bue caduto di sabato in una fossa – ecco una differenza rispetto a Qumran – può esserne tirato fuori.

Come non comprendere la riconoscenza del popolo per questa interpretazione della Legge che mitigava l'inflessibile concezione sadducea dei sacerdoti del Tempio, intransigenti sulla questione del sabato? I farisei – non isolati in un tempio remoto, come i gerarchi sadducei, ma vicini al popolo nelle città e nei villaggi, vicini alla sinagoga, alla sede dell'istruzione e della preghiera – sono così in un certo senso i capi del partito popolare, potendosi considerare non gli esponenti di una reazione conservatrice (allignante piuttosto nel Tempio) ma i promotori di un movimento di rinnovamento morale.

Solo nei confronti di chi non conosceva o non accettava la Legge si era implacabili. Qui diventava indispensabile una «separazione»: non solo dall'establishment ellenizzante di Gerusalemme, ma anche dagli «am-ha-arez», la «gente di campagna» ignara della Legge e quindi impossibilitata a metterla in pratica, ovvero a provvedere attivamente, assorbita com'era da un duro lavoro, alla purezza cultuale. «Separazione», soprattutto, dai peccatori pubblici che non volevano osservare la Legge, come le prostitute e, quasi sullo stesso piano, gli appaltatori doganali. La forza d'occupazione assegnava infatti le stazioni doganali al migliore offerente, il quale poi, malgrado le tariffe ufficiali, aveva modo di rivalersi ampiamente. «Doganiere», «pubblicano» era quindi sinonimo di imbroglione e malfattore: una persona al cui tavolo non ci si poteva sedere. Tutti questi empi ritardano l'avvento del regno di Dio e del Messia. Se tutto il popolo, come i farisei, si attenesse fedelmente e scrupolosamente alla Legge, in condizioni di purezza e santità, il Messia verrebbe a raccogliere le tribù disperse di Israele e a edificare il regno di Dio. La Legge è segno di elezione, è grazia.

Non un fanatico della Legge

Pur sembrando *vicino* ai farisei, Gesù ne fu infinitamente *lontano*. Anch'egli inasprì la Legge, come attestano le antitesi del discorso della montagna: già l'ira significa omicidio, già un desiderio adultero significa adulterio. Intendeva però enunciare una casistica? Per altri aspetti, Gesù era sorprendentemente elastico: crolla l'intero edificio della morale, se il figlio perduto e dissoluto finisce con l'essere trattato dal padre meglio di quello rimasto scrupolosamente a casa, se presso Dio il pubblicano disonesto riscuote maggior credito del pio fariseo, che pure è davvero diverso dagli altri uomini, da questi mascalzoni e adulteri. Simili parabole – comprese quelle della pecorella smarrita e della dramma perduta – hanno un contenuto moralmente sovversivo e distruttivo, tale da offendere ogni buon israelita.

Con i farisei il conflitto dovette toccare vertici di particolare asprezza, perché gli elementi comuni erano molto cospicui. Come i farisei, Gesù si tenne a distanza dall'establishment sacerdotale di Gerusalemme, respinse sia la rivoluzione zelota sia ogni forma di emigrazione esterna e interna. Come i farisei, volle esser pio internamente al mondo, visse, operò e discusse in mezzo al popolo, insegnò nella sinagoga. Non si comportò suppergiù come un rabbi egli che tra l'altro fu ospite assiduo nella casa di un fariseo e proprio da alcuni farisei venne avvertito delle trame di Erode? Come i farisei, Gesù si attenne a un fondamentale rispetto della Legge, non l'attaccò comunque frontalmente con l'esigerne l'abrogazione o la sospensione: non era venuto ad abolire, ma a completare. Non fu egli semplicemente – taluni studiosi ebraici contemporanei si sforzano di vederlo in questa luce – un fariseo di mentalità particolarmente liberale, un moralista in definitiva pio, osservante della Legge, anche se largo di vedute in modo straordinario? Non si trovano presso i rabbini significative consonanze con alcune sue espressioni?

La replica può essere affidata a una controdomanda: perché dunque si determinò anche nelle cerchie farisaiche una crescente ostilità nei confronti di Gesù?

In effetti, in ambito ebraico e a volte anche ellenistico esistono numerose consonanze col Vangelo. Solo che una rondine non fa primavera, e la frase isolata di un rabbino isolato non basta a fare storia. Soprattutto quando a quest'unica frase se ne contrappongono migliaia di diverso tenore, come avviene per il problema del sabato. Per noi è del tutto accessorio sapere chi abbia detto per primo la tal cosa, e dove l'abbia detta. Di capitale importanza è invece sapere in base a quali presupposti, in quale contesto, con quale radicalità, con quali conseguenze per chi annunciava e per chi ascoltava, la cosa è stata detta. Non può essere un caso che proprio questo ebreo abbia radicalmente mutato il corso della storia e la posizione del giudaismo.

A questo punto è doverosa una precisazione nei riguardi del giudaismo e di certo cristianesimo rigiudaizzato: Gesù *non* fu *un moralista pio, ligio alla Legge.* Non ci può essere contestazione: se è vero che il

Gesù storico nel complesso si mantenne fedele alla Legge, è anche vero che non esitò a comportarsi in modo contrario alla Legge, ogni volta che gli parve opportuno. Senza abolirla, si pose in concreto *al di sopra* della Legge. Su tre dati di fatto, riconosciuti anche dagli esegeti, dobbiamo ora fissare la nostra attenzione.

– *Nessuna tabuizzazione rituale*: non vi è niente fuori dell'uomo che entrando in lui possa contaminarlo; ma è ciò che esce dall'uomo che contamina l'uomo. Chi parla in questo modo non si limita a criticare, come si faceva per esempio anche a Qumran, una prassi di purezza meramente esteriore, cui manchi l'apporto di una partecipazione intima. Né si limita a inasprire, come si fece sempre a Qumran, le prescrizioni relative alla purezza. Qui ci troviamo di fronte a una frase inaudita per il giudaismo, una frase che all'orecchio di tutti coloro cui premeva la correttezza rituale dovette suonare come un violento attacco. Non è escluso che sia stata pronunciata solo in una particolare situazione e che non abbia valore programmatico (essendo eventualmente diretta più contro la tradizione orale, la «halacha» della purezza, che contro le disposizioni scritte della «Tora»); con essa, nondimeno, Gesù presentava come insignificanti tutte le prescrizioni relative alla purezza e annullava la distinzione veterotestamentaria tra animali o cibi puri e impuri. A Gesù non interessano la purezza cultuale e la correttezza rituale. Solo la purezza del cuore garantisce la purezza davanti a Dio. Ciò che qui si mette in discussione è, in ultima analisi, la distinzione che regge, come premessa, tutto il culto veterotestamentario e il culto antico in generale: la distinzione tra sfera profana e sfera sacra.

– *Nessun ascetismo fondato sul digiuno*: mentre il Battista si asteneva dal mangiare e dal bere, Gesù mangia e beve – il già ricordato rimprovero di essere un mangione e un bevitore si riconnette al suo atteggiamento di fronte al digiuno. Non che gli si rinfacci di non aver rispettato l'obbligo del digiuno nel giorno della riconciliazione e in altri giorni di afflizione. Quello che Gesù non praticò fu il digiuno privato volontario, in uso tanto presso i farisei quanto presso i discepoli di Giovanni: gli invitati a nozze non possono digiunare, fintantoché lo sposo è con loro. Un'espressione enigmatica per significare: ora è tempo di gioia e non di digiuno; il digiuno trapassa in gaudio, poiché sta già cominciando la festa attesa per il tempo finale. Con tale dottrina Gesù dovette suscitare di nuovo un grosso scandalo. Evidentemente egli non reputava questo genere di penitenza, di mortificazione, di autopunizione atto a guadagnarsi la benevolenza di Dio e a procurarsi meriti. Il suo è un attacco aperto a quelle opere sovraerogatorie cui nella parabola del fariseo e del pubblicano viene negata ogni efficacia espiatoria.

– *Nessuno scrupolo riguardo al sabato*: è questa la trasgressione della Legge meglio documentata dai Vangeli. Si tratta, per così dire, di un caso classico: Gesù, notoriamente, violò il riposo del sabato. Non solo permise che i suoi discepoli cogliessero delle spighe di sabato, ma operò in tal giorno numerose guarigioni, con ciò infrangendo quello che è ancor oggi il comandamento più sentito nella prassi religiosa ebraica, difeso allora con pari energia dall'establishment del Tempio, dagli zeloti, dagli esseni e dai membri della comunità di Qumran: il connotato che distingueva Israele dal mondo dei pagani. E non lo infranse solo in caso di pericolo di vita, ma in molte occasioni in cui gli sarebbe stato facile evitare la violazione. Tutte le sue guarigioni si sarebbero potute verificare il giorno successivo. Anche qui Gesù non si preoccupa delle singole interpretazioni più o meno severe, o più o meno indulgenti, di tutti i «se» e i «ma» della casistica. Non si concedono semplici esenzioni, è la regola stessa che viene messa in discussione. Agli uomini si attribuisce una fondamentale libertà nei confronti del sabato, con quel detto di indubbia autenticità. Il sabato è fatto per l'uomo e non l'uomo per il sabato. Una dichiarazione tale da scandalizzare in sommo grado un orecchio ebraico. Il sabato, infatti, è il servizio di Dio per eccellenza: esiste non per l'uomo, ma per Dio, il quale, secondo una concezione ebraica del tempo, lo celebra in cielo, unitamente a tutti gli angeli, con rituale puntualità. Se qualche rabbi ha espresso, al contrario, l'opinione che il sabato deve essere affidato agli ebrei e non gli ebrei al sabato, questa non è che una delle proverbiali rondini solitarie; a una frase del genere non bisogna annettere nessun significato sostanziale: ispirata da una diversa tendenza, non ha prodotto nessun comportamento critico nei confronti del sabato. Non è detto che di sabato non si debba fare nulla: si deve fare ciò che è giusto; e se è lecito salvare animali, a maggior ragione sarà lecito salvare uomini. In sostanza, quindi, spetta al singolo decidere liberamente quando convenga o meno attenersi al precetto del sabato. Questa impostazione si riflette anche sull'osservanza degli altri comandamenti. Non si intende combattere la Legge, ma fare in concreto dell'uomo la misura della Legge. E questo è per l'ebreo ortodosso uno scompaginamento degli schemi consueti.

La polemica appartiene al nucleo storico della tradizione evangelica. Che l'atteggiamento di Gesù nei confronti della devozione tradizionale apparisse scandaloso, lo si evince dall'evasività della tradizione a proposito dei detti di Gesù vertenti sul sabato. Si tende a sorvolare: Matteo e Luca non riportano la frase rivoluzionaria sopra citata. Si aggiungono motivazioni secondarie: citazioni bibliche e rinvii a esempi veterotestamentari, che però non provano quanto andrebbe provato. Si conferisce ai testi un'enfasi cristologica: non semplicemente l'uomo, ma il Figlio dell'uomo – così soggiunge Marco – è il signore del sabato.

Contro la presunzione

È difficile stabilire quanti dei rimanenti rimproveri mossi ai farisei risalgono direttamente a Gesù. Si rimprovera loro di pagare la decima per le spezie, ignorando i grandi appelli di Dio per la giustizia, la misericordia e la fedeltà: scolano moscerini e inghiottono cammelli. Eseguono minuziosamente le prescrizioni relative alla purezza, mentre il loro intimo è immondo: sepolcri imbiancati, ma pieni d'ossa di morti. Ostentano zelo missionario, ma corrompono gli uomini conquistati alla loro causa: proseliti che diventano doppiamente figli dell'inferno. Versano, infine, oboli per i poveri che osservano con scrupolo l'orario delle preghiere, ma la loro pietà è al servizio soltanto della loro ambizione e della loro vanità: una teatralità che ha già ricevuto la sua ricompensa. In gran parte valgono anche per i farisei i rimproveri diretti contro gli scribi: caricano pesi gravi sulle spalle degli uomini e non li muovono neppure con un dito. Cercano onori, titoli, manifestazioni di ossequio e si arrogano addirittura il posto di Dio. Innalzano sepolcri ai profeti del passato e uccidono quelli del presente. In sintesi: detengono il sapere, ma non vivono in conformità con esso.

Più importante ancora di questi singoli rimproveri è ciò che sottintendono: qual è la sostanza dell'avversione di Gesù per questo genere di religiosità? Gesù non annuncia un regno di Dio che l'uomo possa, sulla base di una scrupolosa osservanza della Legge e di una migliore morale, edificare, instaurare e organizzare. Un riarmo morale, quale che sia, non raggiunge lo scopo. Gesù annuncia *un regno creato dall'azione liberatoria e rasserenante di Dio*. Il regno di Dio è opera di Dio, il suo dominio è un dominio liberatorio e rasserenante. Gesù non ironizza mai sulla serietà degli sforzi morali. Certo, fa un uso singolarmente parsimonioso dei termini «peccato» e «peccatore». Non è un predicatore pessimista alla Abraham a Sancta Clara. Ma non è neppure un ottimista illuministico alla Rousseau, convinto della naturale bontà dell'uomo e nemico della coscienza del peccato e dell'impegno morale. Al contrario: secondo lui sono i suoi avversari a *ridimensionare la gravità del peccato*. Sotto un duplice aspetto:

– attraverso la *casistica* il singolo peccato viene isolato: il precetto dell'obbedienza a Dio viene frantumato in una molteplicità di azioni particolari. Invece degli errati atteggiamenti, tendenze, sentimenti di fondo, emergono in primo piano i singoli deragliamenti morali. Una morale da schemino per la confessione! Questi singoli atti vengono registrati e catalogati: per ogni comandamento sono previste mancanze gravi e lievi, peccati di debolezza e di malvagità. La dimensione profonda del peccato resta inesplorata.

– *Gesù* elimina la casistica, appunto scendendo alla radice del peccato: non si ferma all'atto dell'uccidere, ma scende al sentimento d'ira; non si ferma all'atto dell'adulterio, ma scende al desiderio adultero; non si ferma al giuramento falso, ma scende alla parola menzognera. Il peccato di lingua, minimizzato dai contemporanei, acquista particolare rilievo come quello che effettivamente contamina l'uomo. Gesù non circoscrive mai il campo entro il quale si incorre nel peccato e fuori del quale non c'è più da temere di poter peccare. Adduce esempi, ma nessuna definizione di casi singoli in cui si dovrebbe procedere in un modo piuttosto che in un altro. Catalogare i peccati non rientra nel suo programma. Né gli preme distinguere tra peccati veniali e gravi, tra peccati perdonabili e imperdonabili. Mentre alcuni rabbini considerano imperdonabili i peccati di omicidio, impudicizia, apostasia, disprezzo della Tora, Gesù ne riconosce per tale uno solo, il peccato contro lo Spirito Santo: imperdonabile è solo il rifiuto del perdono.

– Il peccato viene *controbilanciato dal merito*: al peso del peccato si contrappone quello dei meriti, che in alcuni casi può addirittura cancellare il primo. E non si tratta solo dei meriti personali, ma anche di quelli altrui (dei padri, della comunità, del popolo intero), che si possono mettere comodamente sul piatto della bilancia. In questo traffico di perdite e di guadagni conta solo non accusare un deficit al tirar delle somme, ma capitalizzare quanti più meriti è possibile per il cielo.

– Per *Gesù* non esiste il concetto di merito. Quando parla di «salario» – e lo fa molto spesso, riallacciandosi al modo di esprimersi tipico del suo tempo –, Gesù non intende un «merito»: non si tratta di un salario percepito per una prestazione, un salario cui l'uomo ha diritto in base ai propri meriti, ma di un salario elargito come dono di grazia, che Dio corrisponde all'uomo di propria iniziativa, al di là di qualsiasi rivendicazione. Un calcolo dei meriti individuali è del tutto ininfluente, come indica drasticamente la parabola del salario uguale per tutti i lavoratori della vigna. Determinanti sono piuttosto le regole della misericordia divina, che, in contrasto con ogni giustizia civile, ripaga ciascuno – indipendentemente dalla quantità di lavoro svolta – persino al di là dei meriti obiettivi. L'uomo deve così tranquillamente dimenticare il bene che ha fatto. Egli viene ricompensato anche quando crede di non aver meritato nulla. Dio ricompensa realmente: questo è il senso del discorso sul salario. Dio ricompensa persino il bicchiere d'acqua di cui l'uomo ha ormai perso il ricordo. Chi parla di merito, guarda alla propria prestazione; chi parla di ricompensa, guarda alla fedeltà di Dio.

Chi minimizza il peccato attraverso la casistica e il concetto di merito, diventa acritico nei confronti di se stesso: contento di sé, sicuro di sé, presuntuoso. Il che significa, in pari tempo: ipercritico, ingiusto, duro e insensibile nei confronti degli altri che sono diversi, che sono «peccatori». Ci si paragona a loro. E dal paragone si vuole uscire superiori, nel paragone si vuole passare ai loro occhi per uomini pii e morali, attraverso il paragone ci si vuole distanziare. È qui, e non solo in superficie, che affonda le sue radici il ricorrente rimprovero di ipocrisia mosso ai farisei. Chi si esamina acriticamente, attribuisce troppa importanza a se stesso e troppo poca al prossimo e soprattutto a Dio. È così che il figlio rimasto a casa si estrania dal padre. Analogamente, il fariseo Simone sa definire il perdono, ma in sostanza non sa cosa sia.

Che cosa si frappone qui tra Dio e l'uomo? Paradossalmente, la morale e la devozione proprie dell'uomo: il suo raffinato, arzigogolato moralismo e la sua sofisticata tecnica devozionale. Quelli che hanno più difficoltà a convertirsi non sono – come si riteneva allora – i pubblicani disonesti, che non sanno neppure quante persone hanno truffato e quanto dovrebbero risarcire. Sono invece gli uomini pii, che, sicuri del fatto loro, sembrerebbero non avere alcun bisogno di una conversione. Costoro divennero i più fieri nemici di Gesù. Valgono per essi, e non per i grandi peccatori, la maggior parte dei discorsi di condanna riportati dai Vangeli. Non furono gli omicidi, gli imbroglioni, i truffatori e gli adulteri a liquidare Gesù, ma, convinti di rendere un servizio a Dio, i cultori di una morale superiore.

Lo spirito farisaico si è perpetuato. Militarmente, nel grande scontro prevalse Roma. Lo zelotismo naufragò, l'essenismo venne spazzato via, il sadduceismo rimase senza Tempio e senza culto del Tempio. Il fariseismo sopravvisse invece alla catastrofe dell'anno 70. E alla guida del popolo asservito restarono solo gli scribi. Dall'antico fariseismo rampollò quindi il più recente giudaismo normativo, che, grazie al suo «essere separato nel mondo» – sottoposto a ripetute modifiche e a vari accomodamenti –, è riuscito a rimanere in vita nonostante tutti gli attacchi subiti e a ricostituire, dopo quasi duemila anni, lo stato ebraico. Il fariseismo, peraltro, continua a vivere anche, e a volte ancor più, nel cristianesimo – ovviamente in contraddizione con Gesù.

Provocatorio in ogni senso

Establishment, rivoluzione, emigrazione, compromesso: Gesù in un *sistema di coordinate*, i cui quattro punti di riferimento non hanno perso nemmeno oggi, in una situazione storica del tutto diversa, il loro significato. Il teologo non deve parlare solo astrattamente di condizionamenti sociali (un errore commesso sovente, in rapporto a Gesù, proprio da coloro che accentuano la valenza sociale del messaggio cristiano). Per questo era importante vedere, in maniera concreta seppur brevemente, Gesù nel suo contesto sociale: vedere, insomma, come fu davvero. Né meno importante è vedere come Gesù è, come – pur nella sua estraneità – può ancor oggi incidere sul nostro contesto sociale. Una tale puntualizzazione sistematica evita il più possibile storicizzazioni inattuali e attualizzazioni astoriche. In chiave positiva: tiene presenti, al tempo stesso, la *distanza nella storia* e la *rilevanza per la storia*, riuscendo a isolare, nella massa delle grandezze variabili, alcune significative costanti.

Non è straordinario il risultato finora conseguito? Gesù, chiaramente, non si è lasciato inquadrare in nessuna categoria: non ha trovato posto né tra i potenti né tra i ribelli, né tra i moralizzatori né tra la gente tranquilla. Si è infatti rivelato un provocatore – verso destra e verso sinistra. Un provocatore che non aveva alle spalle nessun partito, in atteggiamento di perenne sfida in ogni direzione: «l'uomo che rompe tutti gli schemi». Non un filosofo, non un politico, non un sacerdote e non un innovatore sociale. Un genio, un eroe, un santo? Oppure un riformatore? Ma non è egli più radicale di ogni ri-formatore? Un profeta? Ma può un profeta «ultimo», insuperabile essere soltanto un profeta? La tipologia consueta appare inadeguata. Gesù sembra avere qualcosa di tutti i più disparati tipi umani (specialmente, si direbbe, del profeta e del riformatore), senza identificarsi in particolare con nessuno di essi. Appartiene a un rango diverso: evidentemente più vicino a Dio di quanto non lo siano i sacerdoti. Più libero di fronte al mondo di quanto non lo siano gli asceti. Più morale dei moralisti. Più rivoluzionario dei rivoluzionari. Difficile da comprendere, pressoché impenetrabile per amici e nemici, rivela profondità e ampiezze che agli altri mancano. Non si finisce mai di constatarlo: *Gesù è diverso!* Suscettibile di accostamenti nei particolari, nell'insieme il Gesù storico si dimostra assolutamente *inconfondibile* – oggi come allora.

Un risultato collaterale di questo capitolo consiste nell'aver fatto risaltare la superficialità di un allineamento di tutti i «*fondatori di religioni*», quasi che in definitiva li si potesse non solo confondere, ma addirittura scambiare. Anche a prescindere dal fatto che Gesù di Nazaret non si propose di fondare una religione, dovrebbe essere chiaro a questo punto che il Gesù storico non si può confondere né con Mosè né con Buddha, e neppure con Confucio o con Maometto.

Per essere concisi al massimo: Gesù non fu un uomo educato presso una corte, come presumibilmente Mosè, né fu, come Buddha, il figlio di un monarca. Ma non fu neppure un dotto e un politico come Confucio, né un ricco commerciante come Maometto. Tanto più sbalorditiva risulta la persistente significatività di Gesù, in quanto la sua era un'origine insignificante. Il messaggio di Gesù è in effetti incommensurabilmente *diverso*

– dalla validità incondizionata di una legge scritta in continuo ampliamento (Mosè);

– dal ritiro ascetico sulla via di uno sprofondamento monastico entro una comunità organizzata in forma di ordine (Buddha);

– dalla conquista violentemente rivoluzionaria del mondo attraverso la lotta contro gli infedeli e l'istituzione di stati teocratici (Maometto);

– dal rinnovamento della morale tradizionale e della società costituita, in armonia con un'eterna legge del mondo e nello spirito di un'etica aristocratica (Confucio).

È evidente che qui non si tratta soltanto di alcune possibilità più o meno casuali, ma di *opzioni* o *posizioni fondamentali* di enorme rilievo. Nello schema delle coordinate *storiche* di Gesù sembrano rispecchiarsi alcune di quelle universali posizioni *religiose* di fondo che, come tali o tramutatesi in posizioni di fondo *secolarizzate*, si sono tramandate fino ai giorni nostri.

Alla verità delle altre religioni va dato giusto e nuovo risalto, anche in ambito cristiano. Su questo punto non intendiamo smentirci. Il cristianesimo, in fondo, deve qualcosa non solo a Platone, Aristotele e alla Stoa, ma anche ai misteri ellenistici e alla religione di stato romana; e qualcosa, per poco che sia, deve all'India stessa, alla Cina e al Giappone.

Il che non autorizza comunque, da parte di chi si richiama a Gesù, un rimescolamento di tutte le religioni. Le singole grandi figure – a ciascuna delle quali ho dedicato ampi ritratti in altre pubblicazioni – non sono interscambiabili, e un solo uomo non può percorrere contemporaneamente tutte le loro vie. Vie che si chiamano: estinzione del mondo (Buddha), divenire del mondo (Confucio), dominio del mondo (Maometto), crisi del mondo (Gesù). Gesù di Nazaret non può fungere da sigillo per una religione onnicomprensiva, da etichetta per un più o meno vecchio (o nuovo) sincretismo.

Ci siamo finora limitati a delineare la figura di Gesù isolandola con un procedimento prevalentemente negativo, da ciò che non le è proprio. Finora è stata formulata in modo prevalentemente indiretto la domanda positiva: che cosa l'ispirò sostanzialmente? Qual è il nucleo centrale di Gesù?

III. La causa di Dio

Oggetto di questa nostra indagine non è la coscienza o la psiche di Gesù: come i biblisti non si stancano di sottolineare, le fonti non lasciano trapelare nulla in proposito. È possibile, invece, ricercare il centro del suo annuncio e del suo comportamento. Per che cosa si impegnò Gesù? Che cosa volle veramente?

1. Il centro

Se ne vedrà solo in seguito la fondamentale importanza: Gesù non annuncia se stesso. Non sta in primo piano. Non viene a dire: «Io sono il Figlio di Dio, credete in me». Non si comporta come quei predicatori ambulanti e sedicenti uomini di Dio, ancora noti al filosofo Celso nel II secolo, che si presentavano con un presuntuoso preambolo: «Io sono Dio o il Figlio di Dio o lo Spirito Santo. Sono venuto perché la fine del mondo è alle porte... Beato chi adesso mi adora!». Al contrario: la persona di Gesù retrocede dietro la causa che egli sostiene. E qual è questa causa? Con una sola frase si potrebbe rispondere: *la causa di Gesù è la causa di Dio nel mondo*. È di moda, oggi, mettere in risalto che a Gesù sta totalmente e assolutamente a cuore l'uomo. Ed è una verità indiscutibile. Ma a Gesù sta totalmente e assolutamente a cuore l'uomo perché innanzitutto gli sta totalmente e assolutamente a cuore Dio.

Regno di Dio

È il concetto designato dalla parola che sta al centro del suo annuncio. Un concetto che egli non definisce mai, ma che nelle sue parabole – sostrato originale della tradizione evangelica – descrive in termini sempre nuovi e universalmente comprensibili: il *regno di Dio* che si approssima (in ebraico «malkut Jahvè»). Nei testi è sempre del regno di Dio che si parla, non della Chiesa. Identico valore ha «regno dei cieli», dizione meramente secondaria nei Vangeli (Matteo), determinata dall'esitazione ebraica a pronunciare il nome di Dio: «cieli» sta per «Dio». Con «regno» non si intende un territorio, un'area di potere. Si intende piuttosto il governo di Dio, la funzione di reggitore che egli assumerà: il «dominio di Dio». Il regno di Dio diviene così «la parola d'ordine per la causa di Dio» (M. Dibelius).

Il significato di questa espressione, tanto popolare al tempo di Gesù, si è già venuto precisando nelle pagine in cui abbiamo proceduto a distinguere Gesù dai suoi avversari. Che cos'è il regno di Dio per Gesù? Riassumiamolo sinteticamente sulla base degli argomenti fin qui dibattuti:

– non solo il dominio costante di Dio, iniziato – come lo concepivano i gerarchi di Gerusalemme – con la creazione. Ma il regno di Dio che viene nel tempo finale.

– Non la teocrazia o democrazia politico-religiosa dei rivoluzionari zeloti, da instaurare in modo violento. Ma il diretto, illimitato, universale dominio di Dio da attendere pacificamente.

– Non il giudizio-vendetta favorevole a una élite di perfetti identificabile con gli esseni e gli uomini di Qumran. Ma la lieta novella della bontà sconfinata di Dio e della sua grazia incondizionata, proprio a beneficio dei perduti e dei miseri.

– Non un regno corrispondente alla mentalità dei farisei, da costruire umanamente sul fondamento di un'esatta osservanza della Legge e di una morale migliore. Ma un regno la cui creazione dipende dalla libera iniziativa di Dio.

E che genere di regno sarà questo? Dal suo annuncio si evince che si tratta di:

un regno in cui, secondo la preghiera di Gesù, il nome di Dio verrà realmente santificato, in cui si realizzerà sulla terra la sua volontà, in cui gli uomini avranno abbondanza di tutto, in cui ogni colpa verrà perdonata e il male sarà sconfitto del tutto.

Un regno in cui, secondo le promesse di Gesù, potranno finalmente levare il capo i poveri, gli affamati, gli afflitti e i vilipesi; in cui avranno fine il dolore, la sofferenza e la morte.

Un regno non descrivibile, ma solo annunciabile per immagini, quali il seme germogliato, il raccolto maturo, il grande convito, le nozze reali.

Un regno quindi – come lo fanno intravedere le promesse profetiche – della giustizia piena, della massima libertà, dell'amore intatto, della riconciliazione universale, della pace eterna.

E dunque un tempo della salvezza, del compimento, del perfezionamento, della presenza di Dio: il futuro assoluto.

A Dio appartiene questo futuro. La fede nelle promesse profetiche fu decisamente concretizzata e intensificata da Gesù. La causa di Dio si affermerà nel mondo: da questa speranza è animato il messaggio del regno di Dio, in contrasto con quel rassegnato sconforto per cui Dio resta nel suo aldilà e il corso della storia appare condannato all'immutabilità. Questa speranza non è frutto di un risentimento che dall'angoscia e dalla disperazione presenti proietti in un roseo futuro l'immagine di un mondo radicalmente diverso. Nasce invece dalla certezza che Dio, Creatore e Signore nascosto di questo mondo contraddittorio, manterrà in avvenire la sua parola.

Orizzonte apocalittico

Venga il suo regno: anche Gesù, come l'intera generazione apocalittica, attese per un *futuro imminente* il regno di Dio, il regno della giustizia, della libertà, della gioia e della pace. Fin dall'inizio abbiamo visto come la sua concezione del regno di Dio si distinguesse da quella statica dei sacerdoti del Tempio e di altri gruppi: il sistema attuale non è definitivo, la storia sta andando incontro alla sua conclusione – e sarà questa stessa generazione, l'ultima, a vivere l'improvvisa e minacciosa fine del mondo e il susseguente rinnovamento. Le cose, però, sarebbero andate diversamente, molto diversamente.

Se l'irruzione del regno di Dio dovesse coincidere, secondo le aspettative di Gesù, con la sua morte o con un momento immediatamente successivo, è una questione che, sulla base delle fonti, si potrebbe a lungo discutere, senza pervenire a conclusioni sicure. Che Gesù attendesse il regno di Dio per un futuro imminente, è invece inequivocabile. Da un punto di vista metodologico non possiamo permetterci di espungere dall'annuncio di Gesù proprio i testi più difficili e più scomodi, attribuendoli sbrigativamente a influssi posteriori.

Il termine «regno di Dio» (in greco «basileia») non designa mai in Gesù la perdurante sovranità su Israele e sul mondo, ma sempre e dovunque la sovranità futura sul mondo compiuto. Numerosi passi annunciano esplicitamente o presuppongono la vicinanza del (futuro) regno di Dio. Gesù rifiuta – è vero – di indicare un termine preciso. Ma non pronuncia una sola parola che sposti l'evento finale in un tempo lontano. Lo strato più antico della tradizione sinottica rivela anzi che Gesù attese il regno di Dio per un futuro quanto mai prossimo. I testi classici che documentano tale «attesa a breve scadenza» – senza alcun dubbio originali proprio perché motivo di scandalo per la generazione seguente – precludono ogni interpretazione riduttiva: Gesù e anche la Chiesa primitiva, che qui, come poi indiscutibilmente l'apostolo Paolo, fa già risuonare in parte la sua voce – su questo punto si dovrebbe registrare il sostanziale consenso degli esegeti più autorevoli –, confidavano di poter assistere durante la loro vita all'avvento del regno di Dio.

Va da sé che Gesù ha parlato nel quadro della struttura rappresentativa apocalittica, esprimendosi in quelle che erano le forme rappresentative del suo tempo. E anche se si è categoricamente astenuto da un calcolo preciso sul compimento escatologico e, rispetto all'apocalittica paleogiudaica, ha ridotto ai minimi termini la fantasiosa descrizione del regno di Dio, si è pur sempre mantenuto, in linea di massima, nell'orizzonte dell'apocalittica, entro il quadro concettuale, per noi oggi strano ed estraneo, dell'attesa a breve scadenza. Questo quadro concettuale è stato superato dall'evoluzione storica, l'orizzonte apocalittico si è dileguato: bisogna prenderne coscienza con estrema chiarezza. Dal punto di vista odierno dobbiamo dire: l'attesa a breve scadenza non rappresentò tanto un errore, quanto piuttosto una *visione del mondo condizionata dal particolare momento storico e a quel momento strettamente legata*, una visione che Gesù condivise con i suoi contemporanei. Non la si può risuscitare in maniera artificiosa. E neppure si dovrebbe cedere alla tentazione, via via rinnovantesi in «epoche apocalittiche», di risuscitarla per il tanto diverso orizzonte della nostra esperienza. Il quadro rappresentativo e concettuale di quell'antica apocalittica ci è divenuto troppo estraneo, per non finire oggi con l'occultare e distorcere la realtà significata.

Tutto sta nel determinare se l'idea-base di Gesù, la *causa* che intese propugnare col suo annuncio del regno di Dio, abbia ancora un senso nell'orizzonte d'esperienza, frattanto rivoluzionato, di una umanità fondamentalmente rassegnatasi alla realtà di una storia del mondo che, almeno provvisoriamente, prosegue nel suo corso. In chiave positiva, tutto sta nel dare risposta a un interrogativo del tutto legittimo: come si spiega che il messaggio di Gesù rimase a tal punto stimolante oltre la sua morte e il mancato sopraggiungere della fine, guadagnando anzi efficacia? La cosa ha a che fare, in effetti, con la sua morte, che rappresentò una fine ben determinata. Ma anche con la sua vita e il suo insegnamento: occorre qui una nuova differenziazione.

Tra presente e futuro

Proprio sullo sfondo dell'attesa a breve scadenza si colloca la *polarità* del «non ancora» e del «già»: tramite Gesù, il regno di Dio del futuro rappresenta una forza che già esplica un'azione con effetti sul presente. I detti di Gesù relativi al futuro si devono intendere non come insegnamento apocalittico, ma come promessa escatologica. Non è concepibile, quindi, un parlare del futuro regno di Dio senza conseguenze per la società presente. Ma neppure lo è, inversamente, un parlare del presente e dei suoi problemi senza aperture verso il futuro assoluto e la sua azione condizionante. Chi vuole parlare del futuro secondo l'esempio di Gesù, deve parlare del presente, e viceversa. Infatti:

– il *futuro assoluto di Dio* rinvia l'uomo al presente: il futuro non va isolato a spese del presente. Il regno di Dio non dev'essere promessa consolatoria in attesa del futuro, soddisfazione della pia curiosità umana intorno al futuro, proiezione di desideri inappagati e di ansie, come ritennero Feuerbach, Marx e Freud. Proprio dalla prospettiva del futuro l'uomo dev'essere guidato nel presente. Proprio in forza della speranza il mondo e la società presenti devono essere trasformati oltre che interpretati. Gesù non volle impartire un insegnamento sulla fine, ma lanciare un appello per il presente in vista della fine.

– Il *presente* rinvia l'uomo al futuro assoluto di Dio: il presente non va assolutizzato a spese del futuro. Non si deve dissolvere nel presente l'intero futuro del regno di Dio. Il presente è e resta troppo triste e contraddittorio per poter essere già, nella sua miseria e nella sua colpa, il regno di Dio. Questo mondo e questa società sono troppo imperfetti e disumani per poter essere già la realtà perfetta e definitiva. Il regno di Dio non si arresta alla fase iniziale, ma procede verso la sua definitiva affermazione. Ciò che fu avviato con Gesù dev'essere portato a compimento con Gesù. L'attesa a breve termine non trovò rispondenza nei fatti. Ma non per questo viene meno l'attesa come tale.

L'intero Nuovo Testamento, pur concentrando la sua attenzione sul dominio di Dio già iniziato in Gesù, fa del compimento futuro, ancora da realizzarsi, un punto fermo. La causa di Gesù è la causa di Dio, e pertanto non potrà mai essere una causa persa. Come si deve distinguere dai miti dell'origine l'evento originario della creazione, così si dovrà distinguere dai miti della fine del mondo l'evento finale del compimento. Con questi miti relativi alla fine del mondo il Nuovo Testamento si è comportato come l'Antico con i miti dell'origine, storicizzandoli, legandoli alla storia. La storia ha sì superato l'attesa a breve scadenza, strettamente collegata a un determinato momento storico, ma non l'attesa del futuro in quanto tale. Il presente è il tempo della decisione alla luce del futuro assoluto di Dio. La polarità del «non ancora» e del «già» costituisce la tensione della vita umana e della storia dell'umanità.

Dio ci sta innanzi

Il messaggio di Gesù sul regno di Dio conservò la sua attrattiva. La fine del mondo non si verificò. E tuttavia il messaggio non perse il suo significato. Decadde l'orizzonte apocalittico del messaggio. Ma il messaggio escatologico in se stesso, la causa che Gesù ebbe a cuore, restò attuale anche nel nuovo quadro concettuale e rappresentativo. Venga domani o venga in un lontano futuro, la fine proietta luci e ombre. Ce lo possiamo nascondere? Questo mondo non dura in eterno. La vita umana e la storia dell'umanità hanno un termine. Ma il messaggio di Gesù dice: *al termine* non sta il nulla, *sta Dio*. Dio, che fu l'inizio ed è la fine. La causa di Dio trionfa, in ogni caso. A Dio appartiene il futuro. E di questo futuro di Dio bisogna tener conto senza contare i giorni e le ore. La prospettiva del futuro di Dio deve modellare il nostro presente individuale e sociale. Già qui e oggi.

Questo futuro non è quindi un futuro vuoto, ma un futuro da svelare e riempire. Non un «futurum», un futuro come lo potrebbero costruire i futurologi mediante un'estrapolazione dalla storia presente o passata, senza peraltro escludere del tutto l'effetto di un possibile sviluppo a sorpresa. Bensì un «eschaton», quella realtà «ultima» del futuro che è qualcosa di realmente diverso e di qualitativamente nuovo, che già ora, nell'anticipazione, preannuncia la sua venuta. Non una futurologia, dunque, ma un'escatologia. Un'escatologia senza un vero futuro assoluto davanti a sé sarebbe un'escatologia senza una vera, ancor avverabile speranza. Ciò significa che non esistono solo valutazioni umane, provvisorie, variabili da caso a caso: esiste un *senso definitivo dell'uomo e del mondo*, all'uomo liberamente offerto. È possibile un'eliminazione di ogni alienazione. La storia dell'uomo e del mondo non si esaurisce, come pensa Nietzsche, in un perpetuo ritorno dell'uguale, né d'altra parte finisce in un vuoto assurdo. No, il futuro è di Dio, e perciò alla fine sta il compimento.

Ci si deve tuttavia guardare dalle *erronee identificazioni*. Il regno di Dio non fu né la Chiesa massicciamente istituzionalizzata del cattolicesimo medievale e controriformistico, né la teocrazia ginevrina di Calvino, né il regno apocalittico vagheggiato dal fanatismo apocalittico e sovversivo di un Thomas Münzer. Non fu neppure il regno presente della moralità e della perfetta cultura borghese concepito dall'idealismo e dal liberalismo teologico, né tanto meno il regno politico millenario, basato sulle ideologie di popolo e razza, di cui si fece banditore il nazionalsocialismo. Non fu, infine, il regno senza classi dell'uomo nuovo, così come si è sforzato di realizzarlo, senza successo, il comunismo. Collocandosi nella prospettiva di Gesù, si dovrà fare una constatazione in disaccordo con tutte queste affrettate identificazioni: il regno di Dio, il compimento, *non sopraggiunge tramite un'evoluzione* (culturale o tecnica) o *una rivoluzione* (di destra o di sinistra) *a livello sociale*. Il compimento sopraggiunge invece tramite *l'azione di Dio*, un'azione che non si può né prevedere né estrapolare. Un'azione, s'intende, che non esclude, ma include l'azione dell'uomo qui e ora, nell'ambito individuale e sociale. Il rischio contro cui cautelarsi oggi non è più, come in passato, quello di una falsa «interiorizzazione», ma di una falsa «mondanizzazione» del regno di Dio.

Si tratta quindi di una *dimensione realmente diversa*: la dimensione divina. *Trascendenza* – ma non più intesa primariamente in senso spaziale, come nell'antica fisica e metafisica: *Dio* al di sopra o *al di fuori* del mondo. Ovvero, con un'interiorizzazione seguita alla svolta idealistica o a quella esistenzialistica: Dio *in* noi. Avendo Gesù come punto di riferimento, il significato della trascendenza si fa primariamente temporale: Dio innanzi a noi. Non un Dio che è semplicemente l'Eterno senza tempo dietro il flusso uniforme del divenire e del trascorrere di passato, presente e futuro, quel Dio che ci è noto soprattutto attraverso la filosofia greca, ma Dio come il *Futuro*, come *Colui che viene*, *Che fonda la speranza*, qual è riconoscibile nelle promesse di Israele e di Gesù stesso. La sua divinità si configura come la forza del futuro che immerge il nostro presente in una nuova luce. Il futuro è di Dio, e ciò vuol dire: dovunque venga a trovarsi il singolo uomo, nel suo vivere e morire, Egli è là. Dovunque l'intera umanità sia condotta dal suo sviluppo, nel suo ascendere e declinare, Egli è là, come realtà prima e ultima. Cosa significa tutto questo per l'uomo?

Una conversione originata da una fede fiduciosa

L'uomo non può prendere *per definitivi i rapporti vigenti* nel mondo e nella società. Non può far consistere la realtà prima e ultima né nel mondo né in se stesso. Anzi il mondo e l'uomo stesso, visti in sé e per sé, sono estremamente relativi, problematici e labili. L'uomo vive quindi, anche se lo dissimula volentieri, in una situazione critica. È sfidato a prendere una decisione ultima, ad accettare l'offerta, *affidandosi alla realtà di Dio* che gli sta innanzi. Una decisione, questa, in cui è in gioco tutto: un aut-aut, pro o contro Dio.

Malgrado il venir meno dell'orizzonte apocalittico, *l'urgenza dell'appello* resta immutata. Si richiede imperiosamente una *conversione*: si esige sollecitamente un nuovo modo di pensare e di agire. Una reinterpretazione della vita, una nuova impostazione della vita, insomma una nuova vita. Chi si domanda quanto tempo abbia ancora a disposizione per vivere senza Dio e rinviare la propria conversione, fallisce il duplice bersaglio del futuro e del presente, poiché non raggiungendo Dio non raggiunge neppure se stesso. Non solamente in un calcolabile o incalcolabile tempo finale dell'uomo o dell'umanità, ma già qui e ora si vive il momento della decisione definitiva, che riguarda ciascuno in maniera del tutto personale. Il singolo non può accontentarsi, come spesso avviene nella psicanalisi, di vedere rischiarato il suo comportamento senza implicazioni di ordine morale. Né può demandare la responsabilità della decisione alla società, alle sue strutture carenti o alle sue istituzioni corrotte. Egli stesso, individualmente, è qui stimolato all'impegno, alla dedizione: per lui, in una sfera tutta personale, è in palio – metaforicamente – la perla preziosa, il tesoro nascosto nel campo. Tutto è già in gioco, vita e morte. Già ora l'uomo può guadagnare se stesso attraverso l'offerta di sé. Già ora vale il principio: chi vuole guadagnare la sua vita, la perderà, e chi l'avrà perduta, la guadagnerà.

Questa conversione è possibile solo in un confidente abbandono al messaggio e a Dio stesso, in quella imperturbabile fiducia che viene chiamata *fede*. Una fede che può spostare le montagne, ma che anche nella forma modestissima di un granello di senape è partecipe della promessa, cosicché l'uomo può sempre dire: «Io credo, soccorri la mia poca fede». Una fede che non diventa mai semplice possesso, ma resta dono. Una fede che, nella prospettiva del futuro, ha la dimensione della speranza: nella speranza la fede raggiunge la sua meta, e, viceversa, nella fede la speranza ha il suo fondamento permanente.

Da questa speranza nel futuro di Dio si deve prendere slancio non solo per interpretare il mondo e la sua storia e per illuminare l'esistenza del singolo, ma anche per trasformare, con spirito critico nei confronti dell'ordine vigente, il mondo, la società e la vita. Non è richiamandosi a Gesù, quindi, che si può giustificare un eterno mantenimento dello status quo. Oppure un sovvertimento sociale completo, violento, voluto a tutti i costi. Le pagine seguenti dovrebbero chiarire che cosa comporta una conversione originata dalla fede. Qui ci è sufficiente l'aver reso un po' più comprensibile agli uomini d'oggi il significato delle parole con cui il più antico evangelista, all'inizio del suo Vangelo, formula una brevissima sintesi del messaggio di Gesù: «Il tempo è compiuto e il regno di Dio si sta approssimando. Convertitevi e credete alla buona novella».

2. Miracoli?

Gesù non ha soltanto parlato, ha anche agito. E le sue *azioni* furono non meno provocatorie dei suoi discorsi. Ora, proprio molte di queste azioni risultano per l'uomo odierno più problematiche di tutti i suoi discorsi. La tradizione dei miracoli è assai più controversa che non la tradizione dei discorsi. Il miracolo – da Goethe considerato «il figlio prediletto della fede» – è divenuto per la fede, in un'epoca dominata dalle scienze e dalla tecnologia, un figlio che desta preoccupazione. Come superare la tensione che si manifesta tra la concezione scientifica del mondo e la fede nel miracolo, tra una strutturazione tecnicorazionale del mondo e un'esperienza del miracolo?

Ora, gli uomini del tempo di Gesù e gli evangelisti stessi non si interessavano di ciò che tanto interessa invece l'uomo d'oggi, l'uomo dell'età razionale e tecnologica: le leggi della natura. *Non* esistendo un pensiero *scientifico*, non si interpretò il miracolo come violazione delle leggi naturali, come frattura nell'ininterrotta concatenazione delle cause. Già nell'Antico Testamento non si fa distinzione tra miracoli che obbediscono alle leggi naturali e altri che le sovvertono; ogni evento attraverso cui Jahvè manifesta la propria potenza rappresenta un miracolo, un segno, un'espressione della propria forza o grandezza. Ovunque è in azione Dio, fondamento ultimo e creatore del mondo. Ovunque gli uomini hanno la possibilità di sperimentare il miracolo: dalla creazione e conservazione del mondo fino al suo compimento, nel generale e nel particolare, nella storia del popolo e nella salvezza concessa al singolo in un frangente disperato...

Che accadano e possano accadere ovunque miracoli, viene dato per certo anche in epoca neotestamentaria e in ambito pagano, per miracolo intendendosi non qualcosa che contraddice l'ordine naturale, ma un fatto inspiegabile per l'uomo, che suscita meraviglia, che va al di là delle normali capacità umane, dietro cui si nasconde un'altra forza (la forza di Dio o una forza maligna). Che anche *Gesù* avesse operato miracoli, era importante per gli evangelisti e i loro contemporanei. Ma il pensiero scientifico e quello storico non si erano ancora evoluti. E perché forme letterarie e mezzi espressivi, quali l'epos e l'inno, il mito e la saga, non avrebbero dovuto prestarsi a testimoniare l'opera del Dio vivente? Nessuno pensava allora a una spiegazione o a una verifica scientifica dei miracoli. I Vangeli non descrivono mai come si è svolto nei dettagli l'evento miracoloso. Non forniscono nessuna diagnosi medica della malattia, nessuna indicazione sui fattori terapeutici. Del resto, a che servirebbe? Gli evangelisti non vogliono penetrare l'evento riferito. Lo esaltano. Non spiegano, ma trasfigurano. Il fine cui tendono i racconti dei miracoli non è la descrizione, ma l'ammirazione: quali prodigi ha compiuto Dio per mano di un uomo! Dal lettore non si pretende che creda nella realtà dei miracoli, che riconosca in questo o quel fatto le caratteristiche di un miracolo autentico. Ci si attende piuttosto la fede in Dio, quel Dio che agisce nell'operatore di miracoli e la cui azione è appunto segnalata dalle opere miracolose.

Ciò che realmente accadde

Punto di partenza per l'interpretazione dei racconti evangelici dei miracoli deve essere quindi la seguente premessa: essi non sono né reportage diretti, né documentazioni passate attraverso un vaglio scientifico, né protocolli storici, medici o psicologici. Sono invece racconti popolari incuranti dei dettagli, scritti con lo scopo di provocare uno stupore che si traduca in un atteggiamento di fede. Come tali si pongono interamente al servizio dell'annuncio di Cristo.

Pur mantenendosi scettici riguardo a singole narrazioni, anche gli esegeti più critici concordano oggi sul fatto che non si può liquidare come astorico l'intero complesso dei resoconti sui miracoli. Nonostante i numerosi ritocchi e le sovrapposizioni di elementi leggendari, su alcuni punti si registra un generale consenso degli studiosi:

1. devono essersi certamente verificate *guarigioni di malati di vario genere*, sorprendenti almeno per gli uomini di quel tempo. In parte doveva trattarsi di malattie psicogene (è presumibile che nell'antichità anche determinate malattie psicogene della pelle venissero-classificate come «lebbra»). L'accusa di magia (esorcizzazione dei demoni in nome del principe dei demoni Beelzebul), più volte scagliata contro Gesù e non certo inventata, per la sua scandalosità, dagli evangelisti, non è neppure concepibile se non la si mette in rapporto con avvenimenti autentici che la determinarono. Collegata con guarigioni era anche la diatriba sul sabato, storicamente indiscutibile. Non c'è nessuna valida ragione per cancellare l'elemento terapeutico dalla tradizione evangelica.

Certo, talune guarigioni restano tuttora clinicamente inspiegabili. La scienza medica, oggi consapevole come non mai della natura psicosomatica di gran parte delle malattie, conosce prodigiose guarigioni maturate in virtù di straordinari influssi psicologici, di una fiducia illimitata, di una «fede». E in effetti la più antica tradizione evangelica riferisce di alcuni casi in cui Gesù, trovandosi per esempio nella «sua» Nazaret, non poté operare alcun miracolo per mancanza di fede e di fiducia. Riceve solo chi crede. Con la magia e la stregoneria, in cui l'uomo è suo malgrado oggetto di manipolazione, le guarigioni di Gesù non hanno nulla a che fare. Esse rappresentano piuttosto un invito alla fede, che talvolta si configura esso stesso come il vero e proprio miracolo, rispetto al quale la guarigione appare secondaria. Le storie di guarigioni del Nuovo Testamento sono da interpretare come storie di fede.

2. In particolare, devono avere avuto luogo guarigioni di «*indemoniati*». Anche per l'elemento esorcistico non c'è nessun motivo che ne renda plausibile la rimozione dal blocco tradizionale. Sovente la malattia veniva messa in relazione con il peccato, e questo a sua volta con i demoni. E proprio le malattie che portano a uno sconvolgimento della personalità umana, malattie psichiche con sintomi particolarmente appariscenti (schiuma alla bocca nel caso dell'epilessia), venivano attribuite allora, come anche diversi secoli più tardi, a un demone insediatosi nell'organismo umano. Mancando ospedali psichiatrici, era normale imbattersi per la strada in malati mentali, ovviamente non più padroni di sé. La guarigione di simili malattie – di un pazzo furioso nella sinagoga o di un epilettico – era considerata una vittoria sul demone che teneva in suo potere il malato.

Non solo Israele, ma tutto il mondo antico credeva nell'esistenza di demoni e li temeva. Quanto più lontano è Dio, tanto maggiore è il bisogno di esseri intermedi tra il cielo e la terra, buoni o cattivi che siano. Si speculava spesso su intere gerarchie di spiriti maligni capeggiati da Satana, Belial o Beelzebul. Dovunque, nelle diverse religioni, maghi, sacerdoti e medici prestavano la loro opera per esorcizzare i demoni. La Bibbia ebraica è abbastanza reticente riguardo alla credenza nei demoni. Nel periodo 538-331 a.C., tuttavia, Israele fece parte del grande impero persiano, la cui religione supponeva, dualisticamente, la coesistenza di un dio buono, dal quale emanava tutto il bene, e di un dio malvagio, dal quale derivava tutto il male. Un influsso è innegabile, e difatti la credenza nei demoni viene chiaramente a configurarsi, nel contesto della fede in Jahvè, come un tardo momento secondario, declinato poi nel giudaismo successivo e oggi, in particolare, privo di qualsiasi funzione.

In quest'epoca di massiccia credenza nei demoni, Gesù non lascia trasparire nessun indizio di un inconfessato dualismo persiano, che veda Dio e diavolo lottare sullo stesso piano per il possesso del mondo e dell'uomo. Gesù diffonde la lieta novella del regno di Dio e non il minaccioso messaggio di un regno di Satana. Della figura del diavolo, delle speculazioni sul peccato e sulla caduta degli angeli dimostra apertamente di non interessarsi. Non sviluppa una teoria sui demoni. Gesti sensazionali, riti particolari, formule magiche, manipolazioni e altre pratiche proprie degli esorcisti ebrei o ellenistici suoi contemporanei non lo riguardano. Con i demoni vengono collegate la malattia e l'ossessione, ma non tutti i mali e peccati possibili, le potenze politiche e i loro reggitori. Le guarigioni e gli esorcismi di Gesù sono più che altro un segno che il regno di Dio è vicino, che per il potere dei demoni si sta preparando la fine. Per questo, secondo Luca, Gesù vede Satana cadere come un fulmine dal cielo. Così interpretata, l'espulsione dei demoni, la liberazione dell'uomo da quell'incantesimo, non rappresenta un atto mitologico, ma un episodio di sdemonizzazione e smitizzazione dell'uomo e del mondo, una redenzione e un ritorno all'autentica condizione umana e creaturale. Il regno di Dio è sana creazione. Gesù libera gli ossessi dalle loro coercizioni psichiche e spezza il circolo vizioso alienazione psichica – credenza nel diavolo – ostracismo sociale.

3. Altre narrazioni di miracoli possono avere alla base per lo meno una *occasione storica*. Al racconto della tempesta sedata può aver dato lo spunto un salvatag-

gio conseguente a una preghiera e a un'invocazione di aiuto. Il racconto della moneta nella bocca del pesce può derivare dall'esortazione di Gesù a pescare un pesce per pagare le tasse del Tempio. Naturalmente queste sono semplici ipotesi. L'eventuale spunto non è più ricostruibile, proprio perché al narratore non interessava. Per lui contava la testimonianza, quanto più possibile incisiva, a favore di Gesù il Cristo.

Perché stupirsi, in questa prospettiva, che i fatti realmente accaduti siano stati ampliati, arricchiti di elementi esornativi e rimpolpati nel corso di 40-70 anni di tradizione orale, com'è normale, non solo in Oriente, per tutti i racconti trasmessi verbalmente?

Indicazioni, non prove

Di più non si riesce a ottenere dall'indagine storica, anche se non si può affatto dire che essa parta da una negazione aprioristica della possibilità del miracolo. Qui non è in discussione la possibilità o l'impossibilità di miracoli. Si dice solo che, chi vuole affermare la realtà di un miracolo in senso stretto, ha l'onere della prova. E un miracolo inteso in senso strettamente moderno, come violazione delle leggi di natura, non si può provare storicamente. Di conseguenza oggi sarà meglio evitare per lo più il termine plurivalente «miracolo». Così facendo, ci si verrà a trovare in sorprendente armonia con il Nuovo Testamento: non una volta vi compare la parola greca che fin da Omero ed Esiodo esprime comunemente il concetto di miracolo («thauma»); anche la versione latina della Vulgata non impiega il termine «miraculum» nell'ambito del Nuovo Testamento. Meglio è parlare – ancora uniformandosi al Nuovo Testamento e particolarmente a Giovanni – di «segni» o di «azioni aventi valore di segno». Si tratta di azioni carismatiche, terapeutico-esorcistiche (non mediche), di carattere simbolico, che come tali non sono comunque sufficienti a distinguere Gesù da altri consimili carismatici. Dal punto di vista dello storico delle religioni, sono azioni non prive di analogie. Non è possibile attribuirle al solo Gesù, quasi fossero uniche nel loro genere, senza termine di paragone, inconfondibili. Furono però, almeno per gli uomini del suo tempo, stupefacenti. Tanto stupefacenti da far sembrare Gesù capace di cose ancora più grandi, capace anzi di tutto; tanto da procurargli, specialmente dopo la sua morte, quando la distanza nel tempo lo aveva ormai trasfigurato, lodi smisurate.

Fu dunque Gesù una sorta di *guaritore* che metteva in pratica una sua dottrina, una scienza del guarire? In effetti il movimento della «Christian Science» considera Gesù di Nazaret il primo teorico e applicatore della «scienza cristiana», guardando a lui come al modello di un nuovo metodo terapeutico basato sulla forza della fede, consistente cioè in un superamento di tutto ciò che è imperfetto, patologico e doloroso – caratterizzato in ultima analisi come un'illusione – attraverso un processo spirituale, mentale, senza alcun intervento esterno.

Questo sarebbe un *fraintendimento* delle azioni carismatiche di Gesù. Le guarigioni e gli esorcismi non avvengono con regolarità o secondo un piano prestabilito. Spesso Gesù si ritira in disparte e ingiunge al guarito di tacere. Gesù non fu un taumaturgo, un «uomo di Dio» ellenistico, non intese restituire la salute ai maggior numero possibile di malati.

I primi semplici racconti situano al centro della narrazione i poteri divini di Gesù. Nelle sue azioni carismatiche Gesù vide confermata la sua vocazione, la sua pienezza di spirito, il suo messaggio, e su questo terreno entrò in conflitto con la sua famiglia e con i teologi. Importante era il risvolto positivo, non quello negativo: l'interesse degli evangelisti era polarizzato non sull'eventuale violazione delle leggi naturali, ma sul fatto che da queste azioni erompeva la potenza stessa di Dio. Le guarigioni e gli esorcismi carismatici di Gesù non sono fine a se stessi. Sono *al servizio dell'annuncio del regno di Dio*. Illustrano o confermano la parola di Gesù. Un paralitico viene guarito per convalidare la legittimità del perdono dei peccati pronunciato da Gesù. Non avvengono sistematicamente, né tanto meno presuppongono un'organizzazione: la trasformazione del mondo resta prerogativa di Dio. Hanno funzione di esempio, di segno: Dio comincia già a tramutare in benedizione la maledizione dell'esistenza umana.

Più importante del numero e dell'entità delle guarigioni, degli esorcismi, delle azioni miracolose è il fatto che Gesù si rivolge con simpatia e compassione a coloro *ai quali non si rivolge nessuno*: ai deboli, ai malati, ai negletti, agli emarginati. Gente schivata sempre volentieri. Deboli e malati danno fastidio. Da lebbrosi e «ossessi» non c'è chi non si tenga alla larga. Ligi alla loro regola, i pii uomini di Qumran (secondo un atteggiamento condiviso in parte anche dai rabbini) esclusero a priori dalla loro comunità determinati gruppi di persone:

Folli, dementi, balordi, alienati,
ciechi, paralitici, zoppi, sordi e minorati –
di costoro nessuno va accolto nella comunità;
poiché angeli santi sono al suo interno.

E proprio a tutti costoro Gesù non volta le spalle, non li respinge. Egli non tratta i malati come peccatori, ma guarendoli li attira a sé. «Via libera al capace, al sano, al giovane» – non sono questi gli slogan di Gesù. Egli non conosce un culto della salute, della giovinezza, della capacità. Amando tutti come sono, può venire in aiuto a tutti: dà salute ai malati nel corpo e nell'anima; forza ai deboli e agli anziani; capacità agli incapaci; speranza, nuova vitalità, fiducia nel futuro alle esistenze povere e disperate. E tutto ciò – anche se non viola nessuna legge di natura – non è qualcosa di inconsueto, straordinario, strabiliante, mirabile e miracoloso? Al Battista che, in carcere, non sa cosa pensare di lui, Gesù risponde, secondo la tradizione, disegnando un'immagine del regno di Dio che nella sua configurazione poetica non rappresenta un preciso elenco di miracoli (alcuni di essi potrebbero essersi verificati in presenza dei messi), ma piuttosto un inno messianico, in sorprendente contrasto con Qumran:

I ciechi vedono e gli zoppi camminano,
i lebbrosi guariscono e i sordi odono,
i morti vengono resuscitati
e i poveri ricevono la lieta novella.

Il che sta a significare: gli effetti miracolosi dell'imminente regno di Dio si fanno già ora sentire. Il futuro di Dio agisce già sul presente. Non che il mondo stesso sia già mutato – il regno di Dio deve ancora venire. Ma in lui, Gesù, nelle sue parole e nelle sue azioni, si irradia già la sua potenza, si avvia un processo. Quando risana malati, quando caccia demoni in nome dello Spirito di Dio, è già venuto *in lui e con lui* il regno di Dio. Con le sue azioni Gesù non ha ancora edificato il regno di Dio. Ha però posto dei *segni* nei quali già splende il regno che viene: prefigurazioni emblematiche, tipiche, corporee, di quel bene psicofisico definitivo e completo che chiamiamo «*salvezza*» dell'uomo. In questo senso Gesù poté dire: il regno di Dio è già in mezzo a voi.

Il vero e proprio difetto tanto della concezione soprannaturalistica del miracolo (inteso come intervento divino contro le leggi naturali) quanto della interpretazione religiosa generalizzante (nel mondo tutto è miracolo in armonia con le leggi naturali) consiste nella dissociazione del miracolo stesso da Gesù e dalla sua parola. La chiave per comprendere i racconti neotestamentari dei miracoli non è la violazione della legge di natura (storicamente non verificabile), né una universale penetrazione del mondo da parte di Dio (peraltro incontestabile), ma Gesù stesso: solo *alla luce della sua parola* le sue azioni carismatiche acquistano il loro *inequivocabile significato*. Ecco perché, in quella risposta a Giovanni, l'enumerazione dei segni del prossimo regno di Dio culmina nella predicazione del Vangelo e si conclude con la beatitudine di chi non si scandalizza della sua persona. Le azioni carismatiche, mentre illustrano la parola di Gesù, richiedono a loro volta di essere interpretate dalla medesima parola. Solo dalla parola di Gesù traggono la loro credibilità.

Gesù non si è limitato a parlare, è anche intervenuto nella sfera della malattia e dell'ingiustizia. Non solo ha il potere del predicare, ma anche il carisma del guarire. Non è semplice *annunciatore* e *consigliere*. È al tempo stesso *risanatore* e *soccorritore*.

E anche in questo Gesù fu diverso dai sacerdoti e dai teologi, dai partigiani e dai monaci: insegnò come uno che ha potere. A cosa allude tale locuzione? A un nuovo insegnamento impartito autoritariamente? Così ci si domanda e si dice, in Marco, dopo il primo miracolo. In lui scattò qualcosa che gli uni rifiutarono energicamente, condannandolo come magia, e che agli altri comunicò l'impressione di un incontro con la potenza divina: il regno di Dio, che non consiste solo nel perdono e nella conversione, ma anche nella redenzione-liberazione del corpo e nella trasformazione-compimento del mondo. Gesù si presenta così non solo come l'annunciatore, ma anche, nella parola e nell'azione, come il *garante* del regno di Dio che viene. Ma quale – ci si chiede necessariamente a questo punto – è la sua norma?

3. La norma suprema

Da tutte le precedenti precisazioni scaturisce la domanda: a che cosa, sostanzialmente, deve attenersi l'uomo? Se non ci si lega all'establishment, se non ci si vota alla rivoluzione, se non ci si risolve per l'emigrazione esterna o interna e neppure ci si acconcia al compromesso morale, che cosa si vuole in definitiva? Un quinto punto di riferimento non pare possa trovare posto in questo sistema di coordinate. A che cosa, a quale legge attenersi? In che cosa può consistere, qui, una norma, una norma suprema? È una questione di importanza fondamentale, oggi non meno di allora. Che cosa vale per Gesù?

Non una legge di natura né una legge di rivelazione

Norma suprema non è una legge morale di ordine naturale, *né una legge naturale di ordine morale*. Precisare, sia pur brevemente, il senso di questa proposizione potrebbe essere non del tutto irrilevante in un'epoca in cui una rilevante enciclica papale ha preteso di motivare la sua condanna dell'immoralità di un controllo «artificiale» delle nascite con il riferimento a una tale legge di natura e il richiamo all'autorità di Gesù Cristo. Non è imputabile a una carenza di riflessione teologica il fatto che Gesù non muova, per legittimare i suoi precetti, da una natura immutabile, che si presume riconoscibile con sicurezza e in cui tutti gli uomini si ritroverebbero accomunati. L'attenzione di Gesù è rivolta non a una natura umana astratta, soggetta a diverse interpretazioni, ma al singolo uomo concreto.

Norma suprema non è neppure una legge positiva di rivelazione: *non una legge di Dio rivelata*. Gesù non è, come Mosè, Zarathustra e Maometto, l'esponente di una tipica religione della legge, per la quale il valore determinante agli effetti del vivere quotidiano non si identifica con una eterna legge del mondo (come nel pensiero cinese o stoico), ma con una legge di rivelazione che regola ogni aspetto della vita (nell'islam addirittura sotto forma di un libro – il Corano – preesistente presso Dio, il cui contenuto già altri profeti prima di Maometto avevano partecipato ai popoli, ma che, successivamente falsificato, dovette essere restaurato nella sua integrità di rivelazione originaria da Maometto come ultimo profeta dopo Gesù, come «sigillo dei profeti»).

Nella storia della Chiesa non ci si è mai stancati di far passare Gesù per un «nuovo legislatore» e il Vangelo per una «nuova legge». Ora, è certo che Gesù non ripudiò la Legge mosaica come tale, quando attaccò il legalismo farisaico (paleogiudaico). E anche per quanto riguarda i suoi contemporanei, non si deve confondere il rispetto della Legge con il diffuso legalismo. La Legge, in sé, testimonia il volere ordinante di Dio. In sé testimonia la bontà e la fedeltà di Dio, è un documento e una prova della sua grazia e del suo amore per il popolo prediletto, ed esige non soltanto singole azioni, ma il cuore stesso. Venuto – già lo si è visto – non per abolire, ma per portare a compimento, Gesù non volle sostituire la Legge col proprio messaggio, non volle essere il rappresentante di un rifiuto anarchico della Legge.

E nonostante ciò la Legge non fu per lui la norma suprema, tale da escludere ogni possibilità di esenzione. Diversamente non si sarebbe permesso di scavalcarla in più di una occasione.

È questo un punto fermo, sul quale ci siamo già soffermati: Gesù scavalcò la Legge, cioè non solo la tradizione orale dei padri, la «halacha», ma la stessa Sacra Scrittura, la «Tora», la santa Legge di Dio registrata nei cinque libri di Mosè (= Pentateuco).[3] Respinse in generale il carattere vincolante della tradizione orale: con la parola e con l'azione attaccò le prescrizioni cultuali relative alla purezza, al digiuno e soprattutto all'osservanza del sabato, ciò che fu sufficiente – come detto in precedenza – ad attirargli la risentita ostilità dei farisei, anche perché, naturalmente, il rifiuto della tradizione orale non poteva non coinvolgere di fatto la Tora stessa, la Legge mosaica, rispetto alla quale le tradizioni dei padri pretendevano di essere solo delle interpretazioni; si pensi alle disposizioni della Tora sul cibo puro e impuro o al comandamento del sabato. Gesù prese posizione direttamente contro la Legge mosaica con la proibizione del divorzio, e la proibizione del giuramento, la proibizione della rappresaglia, l'esortazione ad amare i nemici.

La critica alla Legge viene ribadita dalla critica al culto. Per Gesù il Tempio non è, come per la maggior parte dei suoi conterranei, eterno: ne viene prevista la distruzione; è già pronto il nuovo Tempio di Dio, che nell'ora della salvezza sostituirà l'antico. Nel frattempo Gesù sottolinea, non solo in generale, il significato puramente secondario del culto sacrificale. Al sacrificio è anteposta la riconciliazione.

Non è possibile attutire gli effetti della critica di Gesù alla lettura farisaica della Legge: egli non si accontentò di darne una diversa interpretazione limitatamente a determinati punti. Né si accontentò, limitatamente ad altri punti, di inasprirla o radicalizzarla (già l'ira è omicidio, già il desiderio adultero è adulterio); questo lo fece anche il «maestro di giustizia» a Qumran. No, egli scavalcò la Legge con sorprendente autonomia e libertà, dove e quando gli parve opportuno. Anche ammesso che Gesù non le abbia personalmente pronunciate (un'esegesi esageratamente scettica ne mette in dubbio l'autenticità), le formule «ma io vi dico» nelle antitesi del discorso della montagna e «amen» in inizio di frase (secondo un uso che nessun altro conosce) riflettono la radicalizzazione, la critica, la volontà di riattivare la Legge a un livello superiore.

Nel contempo fanno nascere il problema dell'autorità di Gesù, un'autorità che viene qui rivendicata e sembra trascendere nettamente quella di un teologo della Legge e persino di un profeta. Anche chi accettava la Tora nel suo complesso come Legge di origine divina, eccettuando solo questo o quel versetto, che attribuiva non a Dio, ma a Mosè, si rendeva colpevole, nel giudizio dei suoi contemporanei, di vilipendio della parola di Jahvè. Possibile che esistesse una «giustizia migliore» di quella della Legge? Già all'inizio del primo Vangelo (quello di Marco) si racconta che gli ascoltatori di Gesù erano sconcertati nel sentirlo insegnare in modo diverso dagli scribi.

Non legalismo, ma volontà di Dio

Che cosa volle Gesù? È già emerso chiaramente: propugnare la causa di Dio. È ciò che egli intende col suo messaggio sull'avvento del regno di Dio. «Sia santificato il tuo nome» e «venga il tuo regno» si ampliano, nel Padre Nostro della versione di Matteo, nella frase «sia fatta la tua volontà». Deve avvenire in terra ciò che Dio vuole in cielo. Se lo si interpreta come un appello rivolto all'uomo qui e ora, il messaggio sull'avvento del regno di Dio significa: si compia *ciò che Dio vuole*. Questo vale per lo stesso Gesù persino nel momento della sua passione: sia fatta la sua volontà. La volontà di Dio è il criterio. E questo deve valere anche per i seguaci di Gesù: chi compie la volontà di Dio, è per lui fratello, sorella, madre. Non dire Signore, Signore, ma fare la volontà del Padre conduce nel regno dei cieli. È perciò innegabile, e lo conferma l'intero Nuovo Testamento: norma suprema è ciò che Dio vuole, *è la volontà di Dio*.

Il «fare la volontà di Dio» è diventato per molte persone pie una pia formula. Costoro hanno identificato tale volontà con la Legge. La radicalità dell'espressione appare solo nel momento in cui si riconosce che la volontà di Dio non si identifica semplicemente con la Legge scritta, né tanto meno con la tradizione che interpreta la Legge. E se è vero che la Legge può esprimere la Volontà di Dio, è anche vero che della Legge ci si può far scudo contro la volontà di Dio. La Legge conduce così, facilmente, a un atteggiamento *legalistico*. Un atteggiamento allora largamente diffuso, nonostante le dichiarazioni rabbiniche tendenti a presentare la Legge come espressione della grazia e del volere di Dio.

Una legge infonde sicurezza, perché si sa a che cosa ci si deve attenere. Cioè esattamente a quello che è stabilito: nulla di meno (e questo a volte può risultare gravoso), ma anche nulla di più (e questo a volte è piuttosto comodo). Devo fare solo ciò che è prescritto. E tutto ciò che non è vietato, è permesso. Quante cose si possono fare o tralasciare nei singoli casi, prima di entrare in conflitto con la legge! Non c'è legge che possa prevedere tutte le possibilità, contemplare tutti i casi, colmare tutti i vuoti. Si tenta sempre (nel campo della morale o della dottrina) di adattare artificiosamente alle nuove condizioni di vita disposizioni legali che appartengono al passato, che allora ebbero un senso, ma che nel frattempo l'hanno perduto; si tenta di estrarne artificiosamente qualcosa che risponda alla mutata situazione. Sembra essere questa l'unica via, quando si identifica la lettera della Legge con la volontà di Dio: un'interpretazione ed esplicazione della Legge che si traduce in un'accumulazione di leggi.

La Legge mosaica annoverava 613 prescrizioni (nel Codex Iuris Canonici romano si contano 1752 canoni). Ma quanto più finemente è tessuta la rete, tanto più numerosi si fanno i buchi. E quanto più si insiste ad affastellare comandamenti e divieti, tanto più si nasconde l'essenziale. Soprattutto, è possibile che si osservi la Legge nel suo complesso, o anche singole

leggi, solo perché così è prescritto e perché si temo-
no le eventuali conseguenze negative. Se non fosse
prescritto, non lo si farebbe. E, viceversa, è possibile che molto di ciò che propriamente andrebbe fatto
non si faccia solo perché non è prescritto e nessuno
può obbligare a farlo. Come il sacerdote e il levita
della parabola: lo vide e passò oltre. Ne risulta una
formalizzazione dell'autorità e dell'obbedienza: lo si
fa perché la Legge lo comanda. E a questa stregua
ogni comandamento o divieto viene ad avere, in linea
di principio, la medesima importanza. Non c'è più bisogno di una differenziazione tra ciò che è importante
e ciò che non lo è.

I *vantaggi del legalismo*, oggi come allora, sono cospicui. È facile comprendere perché tanti uomini, nei
loro rapporti con altri *uomini* preferiscono affidarsi
a una legge piuttosto che a una decisione di carattere personale: altrimenti, quante cose dovrei fare, che
non sono prescritte? E quante ne dovrei tralasciare,
che non sono affatto proibite? Meglio avere confini
ben tracciati. Nel singolo caso si può sempre discutere: se realmente c'è stata una trasgressione della legge,
se realmente si può già parlare di adulterio, se sussistono gli estremi di un giuramento falso, se si tratta
addirittura di omicidio... E se l'adulterio è proibito a
stretto rigore di legge, non è proibito tutto ciò che ad
esso prelude. E se non si deve giurare il falso, il divieto
non si estende a tutte le più innocenti forme di insin-
cerità. La condanna dell'omicidio non colpisce tutti
quei pensieri malevoli che notoriamente non pagano
pedaggio. Quello che io covo dentro di me, quello che
penso e desidero nel mio cuore, è affar mio.

Non meno facile è comprendere perché tanti uomini preferiscono attenersi a una legge anche nel lo-

ro rapporto con *Dio*: in questo modo so esattamente quando ho fatto il mio dovere. Per una determinata prestazione posso anche contare su una congrua ricompensa. E su un compenso straordinario qualora faccia più del mio dovere. Per questa via si addiviene a un bilanciamento tra i miei meriti e le mie colpe, le prestazioni straordinarie eccedenti compensano le note negative, e la paga finale riesce forse ad annullare il castigo. Un calcolo nitido, che elimina ogni possibile equivoco nel rapporto tra l'uomo e il suo Dio.

È proprio a tale atteggiamento legalistico che Gesù dà il *colpo di grazia*.

Non è la Legge in se stessa che egli prende di mira, ma quel legalismo da cui la Legge dev'essere mantenuta immune, il *compromesso* che contraddistingue quel pietismo legalistico. Gesù infrange il muro che ripara l'uomo e che da una parte coincide con la Legge di Dio, dall'altra con la prestazione legale dell'uomo. Non permette che l'uomo si trinceri nel legalismo dietro la Legge, e gli strappa di mano i suoi meriti. Misura la lettera della Legge sulla volontà di Dio e pone l'uomo direttamente al cospetto di Dio, in una forma liberatoria e consolante. Quello che lega l'uomo a Dio non è un rapporto giuridico codificato, dal quale l'uomo possa escludere la sua individualità. Non alla Legge deve consegnarsi l'uomo, ma direttamente a Dio, offrendosi a ciò che Dio vuole da lui su un piano strettamente personale.

Per questo Gesù rinuncia a svolgere dotte considerazioni su Dio, a proclamare princìpi morali di valore universale, a insegnare all'uomo un nuovo sistema, a fornire indicazioni valide per ogni sfera della vita umana. Gesù *non* è e non vuole essere *un legislatore*. Come non impone l'osservanza dell'antico ordinamento giuridico, così non detta una nuova legge che abbracci la vita in tutti i suoi aspetti. Non redige né una teologia morale né un codice di comportamento. Non emana norme morali o rituali, sentenziando come l'uomo debba pregare, digiunare, rispettare i tempi e i luoghi sacri. Lo stesso Padre Nostro, omesso dal più antico evangelista, non ci viene restituito in una sola versione alla quale si debba rimanere vincolati, ma in due diverse redazioni, rispettivamente di Luca (con ogni probabilità quella originale) e Matteo; a Gesù non preme una ripetizione letterale di preghiere. E lo stesso comandamento dell'amore non deve essere una nuova legge.

Con incisiva concretezza, lungi da ogni casistica e da ogni legalismo, in una forma non convenzionale di sicura presa, Gesù chiama il singolo a un'*obbedienza verso Dio* che deve involgere la vita intera. Appelli semplici, limpidi, liberatori, che rinunciano ad argomentare sulla base dell'autorità e della tradizione, per offrire piuttosto esempi, segni, sintomi di una vita rinnovata. Grandi, proficue direttive, non di rado spinte nella loro formulazione fino al limite del paradosso, senz'ombra di compromessi: se il tuo occhio ti è motivo di scandalo, strappalo! Il tuo parlare sia sì, sì e no, no! Riconciliati prima con tuo fratello! A ciascuno spetta effettuarne personalmente l'applicazione alla propria vita.

Il senso del discorso della montagna

A una seria, radicale disamina della volontà di Dio mira il *discorso della montagna* in cui Matteo e Luca hanno raccolto i precetti etici di Gesù – brevi sentenze e gruppi di sentenze che risalgono principalmente alla fonte Q. Questo discorso non ha mai cessato di rappresentare una sfida per cristiani e non-cristiani: per i giacobini della rivoluzione francese e il socialista Kautsky non meno che per Tolstoj e Albert Schweitzer. Qual è il senso del discorso della montagna?

Sia fatta la volontà di Dio: è questo il filo conduttore del discorso della montagna. Si tratta di un messaggio provocatorio.

Ogni possibilità di relativizzare la volontà di Dio viene lasciata alle spalle. Non è più tempo di pii entusiasmi, alla pura interiorità subentra l'obbedienza del sentimento e dell'azione. L'uomo va personalmente e responsabilmente incontro al Dio vicino, al Dio che viene. Solo con una decisa, coraggiosa attuazione della volontà di Dio si diviene partecipi delle promesse del regno di Dio. Ma il precetto liberatorio di Dio è radicale. Rifiuta il compromesso della casistica. Travalica e infrange le limitazioni mondane e gli ordinamenti giuridici. Gli esempi provocatori del discorso della montagna non vogliono tracciare una linea di demarcazione legale: la guancia sinistra, due miglia, il mantello – e qui finisce la comodità delle indicazioni precise. Il precetto di Dio fa appello alla grandezza dell'uomo, tende a un di più, all'incondizionato, all'illimitato, al tutto. Può Dio accontentarsi di un'obbedienza limitata, condizionata, formale – solo perché qualcosa è comandato o proibito? In tal caso si tralascerebbe un elemento ultimo, che tutte le disposizioni giuridiche e legali, per quanto minuziose, non riescono a cogliere e che tuttavia decide dell'atteggiamento dell'uomo. Dio vuole di più: non chiede una mezza volontà, reclama la volontà intera. Non chiede solo l'esteriorità controllabile, esige anche l'incontrollabile interiorità, il cuore dell'uomo. Vuole non solo frutti buoni, ma l'albero buono. Non solo l'agire, ma l'essere. Non qualcosa di me, ma me intero.

Questo significano le mirabili antitesi del discorso della montagna, in cui al diritto si contrappone la volontà di Dio: contro la volontà di Dio non sono solo l'adulterio, il giuramento falso, l'omicidio, ma anche ciò che la Legge non riesce ad afferrare, il sentimento adultero, il pensare e il parlare insincero, l'atteggiamento ostile. Ogni «solo» nell'interpretazione del discorso della montagna equivale a una riduzione e a un indebolimento della volontà incondizionata di Dio: «solo» una migliore osservanza della Legge, «solo» un nuovo modo di sentire, «solo» un prospetto di peccati alla luce dell'unico giusto Gesù, «solo» per i chiamati alla perfezione, «solo» per allora, «solo» per un breve periodo di tempo...

Quanto fosse difficile in seguito, per la Chiesa, conservare inalterati i precetti radicali di Gesù, lo si desume dalle *attenuazioni* che intervennero già nella comunità (palestinese-siriana?) di Matteo: secondo Gesù si deve reprimere ogni manifestazione di collera, secondo Matteo almeno certe ingiurie come «testa vuota», «senza Dio». Secondo Gesù ci si deve astenere dal giuramento e limitare al semplice sì o no, secondo Matteo vanno evitate almeno certe formule di giuramento. Secondo Gesù bisogna rimproverare al prossimo la sua mancanza e, se si pente, perdonarlo; secondo Matteo bisogna rispettare una precisa procedura. Secondo Gesù il divorzio – per tutelare la donna, che ne risulterebbe gravemente svantaggiata sul piano giuridico – dev'essere assolutamente vietato all'uomo; secondo Matteo si può fare eccezione almeno nel caso di flagrante adulterio della moglie.

Se non una vera e propria tendenza all'ammorbi-
dimento, in tutto ciò si deve per lo meno vedere lo
sforzo onesto di garantire la validità permanente dei
precetti incondizionati di Gesù in una vita quotidiana non più dominata dall'attesa a breve scadenza del
futuro regno di Dio. Si pensi per esempio al *divorzio*,
che Gesù, ponendosi in modo del tutto a-giudaico
contro la Legge mosaica-patriarcale, aveva rigorosamente proibito con la motivazione apodittica che Dio
suggella i matrimoni e non vuole che gli uomini sepa-
rino quello che egli ha congiunto. Per Gesù non aveva
nessun senso la violenta disputa accesasi tra gli eruditi
delle scuole di Shammai e Hillel, impegnati a discutere se per giustificare il ripudio della donna occor-
resse una mancanza di carattere sessuale (Shammai)
o se praticamente bastasse un motivo qualsiasi, ad
esempio una pietanza bruciata (Hillel; prassi corrente
secondo Filone e Flavio Giuseppe). Gesù guardava
all'essenziale. Certo che, ritardando la fine, diventava
incalzante un interrogativo: che fare quando, dissolta-
si l'armonia coniugale nonostante il precetto assoluto
di Dio, ci si trovava di fronte al dovere di continuare a
vivere? A questo interrogativo, rimasto senza risposta
da parte di Gesù, bisognava ora rispondere. L'esortazione incondizionata di Gesù a custodire l'unione
matrimoniale venne a questo punto intesa come una
norma giuridica che si doveva fissare in termini legali
sempre più rigorosi. Ricollegandosi al diritto ellenistico, si aggiunse al divieto per il marito di ripudiare
la moglie e alla proibizione per la moglie di contrarre
nuove nozze anche il divieto per la moglie di prendere
l'iniziativa del divorzio, assieme alla regola eccezionale per i matrimoni misti, e inoltre la proibizione per
entrambe le parti di risposarsi. Eccezionalmente, si

dovette riconoscere nell'adulterio una ragione sufficiente a motivare il divorzio. Sarebbe stata possibile una risposta diversa dalla soluzione, nuovamente ispirata alla casistica, dei singoli casi precisati da disposizioni giuridiche?

Gesù, che non era un giurista, si accontentò comunque dei suoi appelli incondizionati, da tradurre in pratica di volta in volta nelle diverse situazioni. Valga per tutti l'esempio della *proprietà*, a proposito della quale Gesù, come avremo occasione di vedere in seguito, non impose a tutti la rinuncia o l'adozione della proprietà collettiva: c'è chi vuole donare tutto ai poveri, chi vuole offrire la metà dei suoi averi, e chi vuole venire in aiuto con un prestito. Alcuni danno gli ultimi spiccioli per la causa di Dio, altri si dedicano al servizio e all'assistenza, altri ancora profondono in modo che appare insensato. Nulla essendo regolato giuridicamente, non c'è spazio neppure per eccezioni, giustificazioni, privilegi e dispense dalla Legge.

Evidentemente il discorso della montagna non mira a una superficiale etica della situazione, come se dovesse imperare la legge della situazione. Non è la situazione che deve determinare tutto quanto. Determinante è invece il precetto incondizionato di Dio, che vuole investire l'uomo interamente. Con lo sguardo all'«eschaton», alla realtà ultima e definitiva, al regno di Dio che viene, si attende una fondamentale trasformazione dell'uomo.

IV. La causa dell'uomo

Quel che si attende è un mutamento radicale: qualcosa come una rigenerazione dell'uomo, compresa solo da chi concorre a realizzarla in prima persona. Non quindi, come in Socrate, un mutamento derivante dal progredire del retto pensare in funzione del retto agire; o, come in Confucio, dalla formazione dell'uomo fondamentalmente buono; o ancora, come nel caso dell'asceta Siddhartha Gotama – divenuto attraverso lo sprofondamento e mediante un'illuminazione (*bodhi*) il Buddha, l'illuminato –, da un'illuminazione che guidi all'intuizione della causa, all'eliminazione del dolore e infine all'estinzione nel nirvana. Secondo Gesù, a un mutamento radicale si perviene tramite la dedizione dell'uomo alla volontà di Dio.

1. Umanizzazione dell'uomo

Gesù attende un uomo diverso, un uomo nuovo: una coscienza radicalmente trasformata, un atteggiamento fondamentalmente diverso, un orientamento completamente nuovo nel pensare e nell'agire.

La coscienza trasformata

Gesù non attende né più né meno che un radicale, *integrale orientamento della vita umana verso Dio*. Un cuore indiviso, al servizio di un solo padrone, non di due. Nel mondo e in mezzo agli altri uomini, l'uomo deve, nell'attesa del dominio di Dio, consacrare il suo cuore a Dio. A Dio e a nient'altro: non al denaro e ai beni materiali, non al diritto e all'onore e neppure ai genitori e alla famiglia. Qui, secondo Gesù, non si può parlare di pace, qui governa la spada. Di fronte a questa decisione di fondo anche i vincoli più stretti devono passare in secondo piano. Lungo questa via l'imitazione di Cristo precede gli stessi legami familiari: chi vuol essere discepolo di Gesù deve «odiare» padre, madre, fratelli e sorelle, moglie e figli, perfino se stesso. Sì, perfino se stesso! L'esperienza insegna che il vero nemico di una simile trasformazione sono proprio io, è il mio io. Conseguenza diretta: chi cerca di conservare la sua vita, la perderà; chi perde la sua vita, la guadagnerà. Un linguaggio duro? Una sostanziosa promessa. Risulta ora evidente che cosa si intende col concetto centrale (a noi già noto) di «metanoia», con la *conversione* o – come equivocamente la si chiamò in passato – «penitenza». Non un esteriore far penitenza in sacco e cenere. Non un'esperienza religiosa di tono intellettuale o sentimentale. Ma la decisiva trasformazione della volontà, una coscienza trasformata fin dalla radice: un nuovo atteggiamento di fondo, una diversa scala di valori. Una rimeditazione radicale, dunque, e un radicale mutar direzione dell'uomo intero, un'impostazione totalmente nuova della vita. Si badi, comunque: dall'uomo che vuole trasformarsi Gesù non attende una confessione dei peccati. Ben poco gli interessa quel passato problematico cui si devono volgere le spalle. Conta solo il futuro migliore che Dio promette e dona, un futuro al quale ci si dovrà dedicare irrevocabilmente, senza riserve, senza voltarsi indietro dopo aver posto mano all'aratro. L'uomo può vivere del perdono. In ciò consiste la conversione che scaturisce da quella irremovibile, incrollabile fiducia in Dio e nella sua parola cui già nell'Antico Testamento si era dato il nome di *fede*. Una fiducia ricca di fede e una fede ricca di fiducia, qualcosa di ben diverso da quella che è per Buddha, conforme alla filosofia indiana, l'intuizione, o per Socrate, conforme alla concezione greca, la dialettica del pensiero, o per Confucio, conforme alla tradizione cinese, la pietà.

Dio stesso col suo Vangelo e il suo perdono rende possibile una conversione radicata nella fede, un nuovo inizio. Non l'eroismo viene chiesto all'uomo: è sufficiente vivere della fiduciosa *gratitudine* di colui che ha trovato il tesoro nascosto nel campo, che ha comprato la perla preziosa. L'uomo non dev'essere assoggettato a una nuova pressione legale, a una nuova imposizione di prestazioni. Farà, questo è certo, il suo dovere, senza menarne vanto. Ma il modello, più che dal servo fedele, sarà offerto dal bambino: non già perché si debba trasfigurare e idealizzare in chiave romantica la sua presunta innocenza, ma perché, piccolo e privo di risorse, è naturalmente incline a lasciarsi aiutare, ad accettare doni e a darsi tutto con assoluta fiducia. L'esempio viene dalla riconoscenza infantile, che non guarda con la coda dell'occhio a una ricompensa – nemmeno a una ricompensa di grazia –, come per anni aveva fatto il figlio rimasto a casa e alla fine perduto. Premio e castigo non devono essere la molla dell'agire umano. Non devono diventare il movente dell'agire morale, secondo quell'eudemonismo primitivo che suscitò la legittima reazione di Kant. L'uomo deve agire, invece, nella consapevolezza della propria responsabilità, cosciente del fatto che sta andando incontro, con tutti i suoi pensieri, tutte le sue parole e le sue opere, al futuro di Dio, alla decisione ultima di Dio. E qualunque cosa abbia fatto o detto – fosse pure il semplice gesto di porgere un bicchiere d'acqua a un assetato o, per converso, una parola vana – rimane per Dio nel presente, anche se per l'uomo si è perduta in un lontano passato.

L'assunzione di questa responsabilità non ha nulla a che vedere con quell'assenza di gioia che affligge i pii sotto il giogo della Legge. L'invito di Gesù alla conversione è un invito alla *gioia*. E se, per ipotesi, il discorso della montagna cominciasse con un nuovo catalogo di obblighi? No, comincia con le beatitudini. Un santo triste è per Gesù un triste santo. Ai lavoratori salariati della vigna viene detto di non provare invidia per il fatto che Dio è buono. Il tanto corretto fratello del figliuol prodigo deve gioire e rallegrarsi. Il distacco dal passato peccaminoso e il ritorno dell'uomo intero nella casa di Dio sono per Dio e per gli uomini un avvenimento gioioso. E per il diretto interessato una vera liberazione. Poiché nessuna legge nuova gli viene imposta. Lieve è il peso e soave il giogo, e l'uomo li può portare con letizia quando si pone sotto il segno della volontà di Dio.

Ma ecco riemergere in primo piano una domanda che ci ha costantemente accompagnato fin qui e che ora, dopo aver tanto parlato della volontà di Dio come norma suprema dell'agire e del vivere umano, esige un'esplicita formulazione e una risposta: che cos'è in generale la volontà di Dio? Che cosa vuole Dio esattamente?

Ciò che Dio vuole

La volontà di Dio non è equivoca. E neppure è manipolabile. Tutto quanto si è detto finora sui precetti concreti di Gesù dovrebbe aver già messo in chiaro che Dio non vuole nulla per sé, nulla che torni a suo vantaggio, a sua maggiore gloria. Dio non vuole nient'altro che il vantaggio dell'uomo, la sua vera grandezza, la sua dignità suprema. Ecco cos'è la volontà di Dio: *il bene dell'uomo*.

La volontà di Dio, dalla prima all'ultima pagina della Bibbia, tende al bene dell'uomo a tutti i livelli, tende al bene definitivo e completo, in termini biblici alla «salvezza» dell'uomo e degli uomini. La volontà di Dio è una volontà di salvezza che si traduce in aiuto, risanamento, liberazione. Dio vuole la vita, la gioia, la libertà, la pace, la salvezza, la grande felicità ultima dell'uomo: del singolo e della collettività. È questo che significano il futuro assoluto, la vittoria, il regno di Dio secondo l'annuncio di Gesù: liberazione completa, redenzione, pacificazione, felicità dell'uomo. Nell'orizzonte della vicinanza di Dio, Gesù delinea una radicale identificazione della volontà di Dio col bene dell'uomo: qui non ci si accontenta di cucire una nuova pezza su un vestito vecchio, qui non si versa vino nuovo in otri vecchi. Qui si ha a che fare con qualcosa di effettivamente nuovo, che diventa pericoloso per l'antico.

Dio non viene visto senza l'uomo, l'uomo non viene visto senza Dio: è questa la grande, potente conseguenza in cui qualcuno, fraintendendo la libertà di Gesù, ha creduto di scorgere una forma di arbitrio. Non si può essere per Dio e contro l'uomo. Non si può voler essere pii e comportarsi in modo disumano. È una constatazione davvero tanto ovvia – allora, oggi?

Certo, Gesù non interpreta Dio in chiave di fratellanza umana, non lo riduce a fratellanza umana («Mitmenschlichkeit»). Una divinizzazione disumanizza l'uomo non meno di una schiavizzazione. Ma la benevolenza dell'uomo ha il fondamento nella benevolenza di Dio. Perciò dovunque il criterio ultimo dev'essere: Dio vuole il bene dell'uomo.

Alcune cose appaiono così in una luce diversa. Poiché *è in gioco l'uomo*:

Gesù, che in generale vive nel pieno rispetto della Legge, non rifugge da un comportamento contrario alla Legge;

Gesù rigetta la correttezza e la tabuizzazione rituali, chiedendo in luogo di un'esteriore purezza legale la purezza del cuore;

Gesù rigetta l'ascetismo del digiuno, preferendo lasciarsi tacciare, uomo tra uomini, di mangione e bevitore;

Gesù non solo non conosce l'angoscioso scrupolo del sabato, ma dichiara l'uomo stesso misura della Legge.

Tradizioni, istituzioni, gerarchie relativizzate

Ma non è venuto con ciò alla luce anche lo *scandalo* che turba ogni ebreo devoto, quell'enorme relativizzazione per cui un uomo ridimensiona le più sacre tradizioni e istituzioni del popolo? E non è già entrata nel campo visivo anche la causa dell'implacabile diffidenza e dell'odio propri soprattutto dei sacerdoti e dei teologi? Relativizzando l'ordine della Legge e del culto, un uomo mina le basi stesse della *gerarchia*, del «santo dominio», con conseguenze pesanti:

1. *Gesù relativizza la Legge*, vale a dire l'intero ordinamento religioso-politico-economico, l'intero sistema sociale: anche la Legge non è inizio e fine di tutte le strade di Dio. Anche la Legge non è fine a se stessa, non è un'ultima istanza.

– La tradizionale devozione alla Legge è dunque un capitolo chiuso. Il possesso della Legge e la sua corretta osservanza non garantiscono la salvezza. La Legge è in ultima analisi ininfluente per la salvezza. Abolita la presuntuosa religione della Legge, non si nega che la Legge di Dio rappresenti un buon patrimonio, purché prevalga la tesi, di per sé ovvia e tuttavia rivoluzionaria rispetto alla concezione tradizionale: il sabato esiste per l'uomo, e non l'uomo per il sabato.

– Ciò significa: al *servizio per l'uomo* va accordata la *priorità rispetto all'osservanza della Legge*. Norme e istituzioni non devono essere assolutizzate. L'uomo non dev'essere mai sacrificato a una norma o a un'istituzione che si presume assoluta. Non si tratta di valutare tutte le norme e le istituzioni, tutti i comandamenti e le leggi, tutti i regolamenti e gli statuti, tutti gli ordinamenti e le regole, tutti i dogmi e i decreti, tutti i codici e i paragrafi in base a un unico criterio: se esistono in funzione dell'uomo o meno. L'uomo è la misura della Legge. Adottando questo metro di valutazione, non è possibile distinguere criticamente che cosa è esatto o inesatto, essenziale o indifferente, costruttivo o distruttivo, quale ordinamento è buono e quale cattivo?

La *causa di Dio* non è la Legge, ma l'*uomo*. L'uomo stesso viene a prendere il posto dell'ordine assolutizzato della Legge: *umanità* invece di legalismo, istituzionalismo, giuridismo, dogmatismo. La volontà dell'uomo non sostituisce la volontà di Dio, piuttosto quest'ultima si concretizza alla luce della concreta situazione dell'uomo e del suo prossimo.

2. *Gesù relativizza il Tempio*, vale a dire l'intero ordine del culto, la liturgia, il servizio divino nel senso stretto del termine: anche il Tempio non è inizio e fine di tutte le strade di Dio. Anche il Tempio avrà una fine, neppur esso è eterno.

– La tradizionale devozione per il Tempio è dunque un capitolo chiuso. Il possesso del Tempio e la corretta pratica del culto non garantiscono la salvezza. Il Tempio è in ultima analisi ininfluente per la salvezza. Abolita la satura religione del Tempio, non si nega che il Tempio di Dio rappresenti un buon patrimonio, purché prevalga la tesi, anch'essa di per sé ovvia e tuttavia rivoluzionaria rispetto alla concezione tradizionale: prima riconciliati con tuo fratello e poi vieni a presentare la tua offerta.

– Ciò significa: alla *riconciliazione* e al *servizio quotidiano per il prossimo* va accordata la *priorità rispetto al servizio divino* e all'osservanza del giorno riservato al culto. Anche il culto, la liturgia, il servizio divino non devono essere assolutizzati. L'uomo non dev'essere mai sacrificato a un rito o a una consuetudine religiosa che si presumono vincolanti in modo assoluto. Non si tratta di abolire o revocare culto e liturgia. Si tratta di valutare ogni aspetto del culto e della liturgia, tutti i riti e le consuetudini, tutte le pratiche e le cerimonie, tutte le festività e le celebrazioni in base a un unico criterio: se esistono in funzione dell'uomo o meno. L'uomo è la misura anche del servizio divino. Adottando questo metro di valutazione, non è possibile distinguere criticamente che cosa, anche nel culto e nella liturgia, è esatto o inesatto, significativo o insignificante, quale servizio divino è buono e quale cattivo?

La *causa di Dio* non è il culto, ma l'*uomo*. L'uomo stesso viene a prendere il posto di una liturgia assolutizzata: *umanità* invece di formalismo, ritualismo, liturgismo, sacramentalismo. Il servizio umano non sostituisce quello divino. Ma il servizio divino non può mai esimere da quello umano, in cui trova anzi la propria affermazione.

Quando si dice che Dio, e quindi il servizio divino, è la realtà determinante per l'uomo, occorre subito ricordare che l'uomo col suo mondo è per Dio stesso la realtà determinante. Le direttive di Dio si propongono di aiutare e servire l'uomo. Di conseguenza non si può prendere in seria considerazione Dio e la sua volontà, senza prendere contemporaneamente in seria considerazione l'uomo e il suo bene. È l'umanità di Dio stesso a esigere quella dell'uomo. L'offesa all'umanità dell'uomo sbarra la strada al vero servizio divino. L'umanizzazione dell'uomo è premessa per il vero servizio divino. Non si può semplicemente ridurre il servizio divino a servizio umano e il servizio umano a servizio divino. Ma si può e si deve dire che un autentico servizio divino è già anche servizio umano e che un autentico servizio umano è già anche servizio divino.

3. Se si pondera tutto quanto è stato detto sulla trasformazione della coscienza, la volontà di Dio e la relativizzazione rivoluzionaria delle più sacre tradizioni e istituzioni, si comprende come – sulla linea dei profeti dell'Antico Testamento – la *combattività* sia caratteristica essenziale della personalità di Gesù. Gesù non si lascia assolutamente interpretare soltanto come una figura dolce, mite, arrendevole, quieta, umile e paziente. Anche l'immagine di Gesù di un Francesco d'Assisi ha i suoi limiti. E ciò vale a maggior ragione per l'immagine pietistica e in parte gerarchistica del XIX e XX secolo. Nietzsche, figlio di un pastore protestante, insorse giustamente contro questo scialbo ritratto risalente alla sua giovinezza, che egli non riusciva a conciliare con le testimonianze evangeliche relative a un Gesù in veste di critico aggressivo dei gerarchi e dei teologi. Arbitrariamente, senza alcun sostegno nelle fonti, attribuì nell'*Anticristo* il Gesù combattivo alla combattiva comunità primigenia, cui sarebbe appunto occorso un modello di combattività.

Le fonti, tuttavia, mostrano in modo chiaro come in Gesù siano compresenti *altruismo e consapevolezza di sé*, umiltà e durezza, mitezza e aggressività. E non nel senso del tanto raccomandato «fortiter in re – suaviter in modo». Anche il tono è spesso improntato a estrema asprezza. Parole melliflue non gli escono mai di bocca, accenti amari sovente. Ogni volta che contro l'opposizione dei potenti – persone, istituzioni, tradizioni, gerarchi – dovette difendere la volontà di Dio, Gesù lo fece con battagliera assolutezza: per amore degli uomini, sulle cui spalle non vanno caricati pesi inutilmente gravi. Di qui la relativizzazione delle più sacre istituzioni e tradizioni *e dei loro rappresentanti*: per amore di Dio, che vuole il bene completo, la salvezza degli uomini. Egli fu fermo e coraggioso anche di fronte alla gerarchia, «il santo dominio», i sommi sacerdoti.

Quanto poco il messaggio di Gesù abbia a che fare con la snervatezza decadente detestata da Nietzsche, risulta evidente solo che si introduca quella parola che a Nietzsche suonò sospetta e che noi – in pieno e consapevole accordo col Gesù della storia – abbiamo finora trattato con grande circospezione, poiché da parte cristiana e non cristiana se ne è abbondantemente abusato e se ne è fatto un comodo fattore discriminante tra chi è religioso e chi non lo è: amore.

2. Agire

Dal Gesù dei Vangeli sinottici le parole «amore» e «amare» nell'accezione di «amore per il prossimo», così come la stessa parola «prossimo», vengono pronunciate – tranne che nella formulazione del comandamento principale, ripresa dall'Antico Testamento – con estrema parsimonia. Nonostante ciò l'amore del prossimo è onnipresente nell'annuncio di Gesù. Proprio nel contesto dell'amore l'agire sovrasta per importanza il semplice dire. Non la parola, ma l'azione fa luce su cosa è l'amore. Il criterio è la prassi. E che cosa è l'amore per Gesù?

Dio e uomo nello stesso tempo

Una prima risposta: per Gesù l'amore è essenzialmente *amore di Dio e nello stesso tempo dell'uomo*. Gesù è venuto a completare la Legge, conferendo risalto alla volontà di Dio che tende al bene dell'uomo. Può dire perciò che tutti i comandamenti sono racchiusi nel duplice comandamento dell'amore. Anche il giudaismo parla sporadicamente di un amore su due piani. Gesù, però, perviene con semplicità e concretezza a una originalissima *riduzione* e *concentrazione* di tutti i comandamenti in questo duplice comandamento, annodando in unità indissolubile l'amore di Dio e l'amore dell'uomo. Da allora è impossibile gettare nel gioco Dio e l'uomo l'uno contro l'altro. L'amore diventa un precetto in grado di abbracciare tutta la vita umana senza restrizioni e di essere perfettamente valido in ogni circostanza. È caratteristico di Gesù il fatto che in tal modo egli assume l'amore a criterio della religiosità e dell'intero comportamento.

Amore di Dio e amore dell'uomo, tuttavia, *non* sono per Gesù *la stessa cosa*, in quanto, naturalmente, Dio e uomo non sono per lui la stessa cosa. A fare le spese di una umanizzazione di Dio e di una divinizzazione dell'uomo non è mai Dio, ma l'uomo. Dio resta Dio. Dio resta l'unico Signore del mondo e dell'uomo. Non lo si può sostituire con la fratellanza umana. Quale uomo potrebbe essere a tal punto esente da limiti e difetti, da diventare per me Dio, oggetto di un amore assolutamente incondizionato? Un romanticismo o una mistica dell'amore possono evocare magicamente un'immagine idealizzata dell'altro, possono mascherare o procrastinare conflitti, non certo eliminarli. Nella luce dell'amore incondizionato di Dio che tutto abbraccia, è invece possibile amare il prossimo radicalmente, così come è, con tutti i suoi limiti e difetti. È indubbio che per Gesù, proprio nell'interesse dell'uomo, *Dio* detiene *il primato assoluto*. Ecco la ragione dell'appello all'integrità dell'uomo: a tutta quanta la volontà, al cuore, all'intimo nucleo,

all'uomo stesso. Ecco, ancora, la ragione dell'attendere, dall'uomo che si converte e che ritorna a Dio
con fede fiduciosa, niente di più e niente di meno che
l'amore, un amore intero, indiviso: amerai il Signore
Dio tuo con tutto il tuo cuore, con tutta la tua anima,
con tutta la tua mente; questo è il massimo e primo
comandamento.

Un amore simile non sottintende però un'unione
mistica con Dio, in cui l'uomo cerchi di evadere dal
mondo, solitario tra gli uomini, una cosa sola con Dio.
Un amore di Dio senza amore dell'uomo è sostanzialmente privo di amore. E se è vero che Dio deve
mantenere il suo insostituibile primato e che l'amore di Dio non deve mai diventare strumento e cifra
dell'amore dell'uomo, vale anche il contrario: *l'amore
dell'uomo non* deve *mai* diventare strumento e *cifra
dell'amore di Dio.* Io devo amare il prossimo per amore del prossimo, non per amore di Dio. Quando mi ri-
volgo al prossimo, non devo guardare a Dio con la coda dell'occhio; quando si tratta di aiutarlo, non devo
fare discorsi pii. Il samaritano presta soccorso senza
andare alla ricerca di motivazioni religiose; le pietose
condizioni della vittima dei briganti bastano a farne in
quel momento il centro di tutti i suoi pensieri. I bene-
detti nel giudizio finale non immaginavano neanche
lontanamente di avere incontrato il Signore stesso in
coloro che avevano sfamato, dissetato, ospitato, rive-
stito, visitato. Da parte loro i dannati confessano che,
se solo avessero saputo di fare con ciò cosa gradita
al Signore, anch'essi avrebbero offerto al prossimo il
loro amore. Questo non è solo il falso amore di Dio, è
anche il falso amore dell'uomo.

«Amore dell'uomo» rimane tuttavia un'espressione
troppo generica. Umanità universale, certo, ma dob-

biamo essere più precisi. Nei discorsi di Gesù non c'è il minimo accenno a un: «"Abbracciatevi, moltitudini, questo bacio (vada) al mondo intero" come nel grande *Inno alla gioia* di Schiller e Beethoven. Un bacio del genere – a differenza del bacio al singolo malato, al carcerato, all'oppresso, all'affamato – non costa niente. L'umanitarismo si compra tanto più a buon mercato, quanto più si rivolge all'umanità intera e quanto meno si accosta al singolo uomo e alle sue necessità. È più facile impegnarsi per la pace nell'Estremo Oriente che non per quella nella propria famiglia o nel proprio campo d'influenza. L'europeo umanitario riesce più facilmente a «solidarizzare» con i poveri dell'America Latina o dell'Africa che con gli immigranti nel proprio paese. Quanto più lontano è il prossimo, tanto più agevole risulta una professione verbale d'amore.

Chi ha bisogno di me

A Gesù non interessa un amore generico, teorico o poetico. Amore non significa per lui principalmente parole, sensazioni, sentimenti. Amore significa per lui principalmente azione energica, coraggiosa. Gesù vuole l'amore pratico e quindi concreto. La nostra *seconda* risposta alla domanda sull'amore deve risultare più precisa: per Gesù l'amore *non è solo amore dell'uomo, ma essenzialmente amore del prossimo*. Non un amore dell'uomo in generale, un amore per chi è lontano, un amore a distanza, ma un amore tutto concreto per chi è vicino. Nell'amore del prossimo trova la propria affermazione l'amore di Dio, l'amore del prossimo dà l'esatta misura dell'amore di Dio: l'intensità del mio amore per Dio corrisponde all'intensità del mio amore per il prossimo.

E *come* devo amare il mio prossimo? Gesù, rifacendosi a un'isolata formulazione dell'Antico Testamento, risponde in modo lapidario e senza limitazioni di nessun genere: *come te stesso*. Una risposta ovvia, che nel pensiero di Gesù si allarga subito alla realtà intera, non lascia spazio a giustificazioni e scappatoie, segna insieme la direzione e la misura dell'amore. Si dà per scontato che l'uomo ami se stesso. Ed è questo atteggiamento naturale dell'uomo verso di sé che deve costituire il criterio – praticamente definitivo – dell'amore del prossimo. So fin troppo bene che cosa devo a me stesso; so anche, altrettanto bene, che cosa mi devono gli altri. È perfettamente naturale che noi tendiamo, in tutto ciò che pensiamo, diciamo e sentiamo, facciamo e soffriamo, a conservarci, a difenderci, a favorirci, a custodire e coltivare il nostro io. Identica applicazione e sollecitudine ci viene ora richiesta nei confronti del prossimo. Cade ogni barriera. Si prospetta per noi, egoisti per natura, una svolta radicale: assumere il punto di vista dell'altro; dare all'altro esattamente ciò che riteniamo di dovere a noi stessi; trattare il prossimo come desideriamo essere trattati da lui. E, come mostra lo stesso Gesù, nessuna fiacchezza o mollezza, nessuna rinuncia alla consapevolezza di sé, nessuna estinzione del proprio io in un devoto sprofondamento o in una intensa ascesi, l'uno in senso buddista, l'altra in senso «cristiano». Piuttosto, un orientarsi dell'io in direzione dell'altro: un essere vigili, aperti, disponibili per il prossimo, un'illimitata prontezza a venire in aiuto. Non vivere per sé, ma per gli altri: è qui che si costituisce, secondo la prospettiva dell'uomo che ama, l'unità indissolubile di un amore integrale di Dio e di uno sconfinato amore del prossimo.

Denominatore comune dell'amore di Dio e dell'amore del prossimo è quindi il *ripudio dell'egoismo*, la *volontà di dedizione*. Solo a patto di non vivere per me posso essere completamente aperto per Dio e illimitatamente aperto per il prossimo, al quale Dio risponde, come a me, in modo affermativo. Anche nell'amore Dio non si esaurisce nel prossimo. Io resto responsabile direttamente davanti a Dio, e nessun prossimo mi può esonerare da questa responsabilità. Dio, però, mi viene incontro – non esclusivamente, ma, in quanto sono uomo, soprattutto – nel prossimo, e qui attende la mia dedizione. Non mi chiama dalle nuvole, e nemmeno dal fondo della mia coscienza, ma soprattutto attraverso il prossimo: un appello che non si spegne mai, che ogni giorno torna a raggiungermi in mezzo alla mia vita quotidiana nel mondo.

Ma *chi* è il mio prossimo? Gesù non risponde con una definizione, con una individuazione particolareggiata, o addirittura con una legge, ma, come fa spesso, con un racconto, con una parabola. Il prossimo non è semplicemente chi di norma mi sta vicino: i componenti della mia famiglia, della mia cerchia d'amici, del mio ceto, del mio partito, del mio popolo. Il prossimo può anche essere l'estraneo, il più estraneo tra tutti, chiunque mi si faccia incontro. Il prossimo è imprevedibile. Lo dice il racconto dell'uomo incappato nei briganti: il prossimo è *chiunque ha bisogno di me*. All'inizio della parabola si domanda: chi è il mio prossimo? Alla fine, con una significativa inversione di prospettiva: per chi sono io il prossimo? Fulcro della parabola non è la definizione del prossimo – stabilire una regola generale dell'amore per il prossimo sarebbe impossibile –, ma l'urgenza con cui si attende da parte mia l'amore applicato al caso concreto, alla necessità concreta, al di là delle regole convenzionali della morale. E le necessità non mancano. Nel discorso del giudizio, in Matteo, vengono ripetute quattro volte sei delle più importanti opere di carità, non meno attuali oggi di allora, senza che con ciò si intenda istituire un nuovo ordine legale. Vi si esprime, piuttosto, come nella vicenda del samaritano, l'attesa di un comportamento attivo e creativo, di una fantasia produttiva e di un agire decisivo, che si adegui caso per caso alle varie situazioni.

Appare così chiaramente, nell'amore, ciò che Dio vuole, ciò che è essenziale anche nei comandamenti: non solo, come nell'islamismo, un'obbediente «sottomissione» (= «islam») alla volontà di Dio rivelata nella Legge. Alla luce dell'amore i *comandamenti* acquistano *un senso unitario*, ma vengono anche *circoscritti* ed eventualmente persino *annullati*. Chi guarda ai comandamenti nella prospettiva della Legge e non in quella dell'amore, incappa in continue collisioni di obblighi diversi. L'amore, invece, segna la fine della casistica: l'uomo non si orienta più meccanicamente secondo il singolo comandamento o divieto, ma secondo ciò che la realtà stessa esige e permette. Ogni comandamento o divieto ha quindi un suo criterio interno nell'amore del prossimo. L'ardito «Ama e fai quello che vuoi» di Agostino affonda qui le sue radici. Tale è infatti la portata dell'amore del prossimo.

Anche i nemici

Non sarà una portata eccessiva? Se il prossimo è chiunque ha bisogno di me, non corro il rischio di non potermi più arrestare? Secondo Gesù non mi devo affatto arrestare. E dopo le prime due risposte sul tema dell'amore, occorre, con la *terza*, portare il discorso alle sue estreme conseguenze: per Gesù l'amore non è solo amore del prossimo, ma *amore dei nemici*. Non l'amore dell'uomo, e neppure quello del prossimo, ma l'amore dei nemici è *caratteristico di Gesù*.

Solo in Gesù si trova il precetto programmatico dell'amore dei nemici. Già Confucio parla, se non proprio di «amore del prossimo», di «amore dell'uomo», inteso però semplicemente come una sintesi di rispetto, magnanimità, lealtà, solerzia, bontà. Nella Bibbia ebraica, come si è già osservato, si parla di rado anche dell'amore del prossimo. Come la maggior parte delle grandi religioni, anche il giudaismo conosceva, probabilmente per averla mutuata dal paganesimo greco-romano, la cosiddetta «regola aurea» nella sua formulazione negativa e (nel caso della diaspora ebraica) anche positiva: trattare il prossimo come si vorrebbe essere a nostra volta trattati. Il grande rabbi Hillel (intorno al 20 a.C.) giunse a definire questa regola aurea, peraltro nella sua formulazione negativa, come la «summa» della Legge scritta. Tale regola, tuttavia, si prestava anche a un'interpretazione astutamente egoistica, a un adattamento per cui il prossimo si riduceva a membro del proprio popolo o partito e l'amore del prossimo a uno degli infiniti comandamenti religiosi, morali e rituali. Confucio, che già conosceva la versione negativa della regola aurea, rifiutò esplicitamente l'amore dei nemici come ingiusto: la bontà è da contraccambiare con la bontà, il torto non con la bontà, ma con la giustizia. E nel giudaismo l'odio per i nemici era un sentimento relativamente lecito; il nemico personale era escluso dall'obbligo dell'amore. Ai pii uomini di Qumran viene espressamente comandato di odiare quanti stanno al di fuori della comunità, i figli delle tenebre, a riprova del fatto che le numerose analogie tra frasi dell'annuncio di Gesù da una parte e sentenze della letteratura sapienziale giudaica e dei rabbini dall'altra vanno viste nel contesto generale delle rispettive concezioni della Legge e della salvezza, dell'uomo e del prossimo. L'unicità di Gesù non si evidenzia nella singola proposizione, là dove sussiste la possibilità di frequenti paralleli, ma in quello che è un insieme davvero inconfondibile. Il programmatico «Amate i vostri nemici» appartiene a Gesù e caratterizza quel suo amore del prossimo che realmente a questo punto non conosce più limiti.

È tipico di Gesù il *non riconoscere* l'inveterata *discriminazione tra membri di una stessa comunità ed estranei*. Benché la sua missione risulti limitata ai soli ebrei (diversamente nella comunità primitiva non sarebbero nate tante e tali polemiche intorno alla missione tra i pagani), Gesù dà prova di un'apertura che infrange le rigide barriere dell'appartenenza al popolo e alla religione ebraici. Per lui il connazionale e correligionario non ha più la preminenza. Figura determinante è il prossimo, che ci può venire incontro in ogni uomo, anche nell'avversario politico e religioso, nel rivale, nell'antagonista, nell'oppositore, nel nemico. Questo è il concreto *universalismo di fatto* di Gesù: un'apertura non limitata ai componenti del proprio gruppo sociale, della propria stirpe, del proprio popolo, del proprio partito, della propria razza, classe e Chiesa, con esclusione di tutti gli altri; un'apertura illimitata, invece, e un superamento di tutte le barriere, ovunque si presentino. Non sono solo certi interventi particolari, speciali atti d'amore, «opere samaritane», ma è soprattutto il superamento di fatto dei confini esistenti – tra ebrei e non-ebrei, tra vicini e lontani, tra buoni e cattivi, tra farisei e pubblicani – a trovare la propria consacrazione in quel racconto che, dopo il fallimento morale del sacerdote e del levita, gli esponenti del ceto superiore, non eleva a modello neppure l'ebreo laico, ma (deludendo le aspettative degli ascoltatori di Gesù) l'odiato nemico del popolo, l'ibrido ed eretico samaritano. Giudei e samaritani si scambiavano pubbliche maledizioni durante le cerimonie religiose e non accettavano gli uni dagli altri eventuali offerte d'aiuto.

Nell'ultima antitesi del discorso della montagna Gesù apporta un'esplicita *correzione al comandamento veterotestamentario* «Amerai il tuo prossimo» e alla prescrizione qumranica «Odierai il tuo nemico», affermando: «Ma io vi dico: "Amate i vostri nemici e pregate per quelli che vi perseguitano"». E ciò, secondo Luca, vale anche per i perseguitati e i maledetti: «Fate del bene a quelli che vi odiano; benedite quelli che vi maledicono, pregate per chi vi offende».

Precetti del genere non sono eccessivi, non oltrepassano di gran lunga le possibilità dell'uomo medio? *Perché* tutto questo? Forse per quella natura umana che è comune a tutti? In nome di una filantropia che rinviene aspetti divini anche nella miseria? In nome di una pietà universale per tutti gli esseri che soffrono, una pietà che nello spettacolo dell'infinito dolore del mondo cerca di acquietare il proprio tenero cuore? In nome di un ideale di generale perfezione etica?

Gesù ha un'altra motivazione. La perfetta imitazione di Dio: poiché Dio lo si può intendere rettamente solo come Padre che non fa differenze tra amici e nemici, che fa splendere il sole e cadere la pioggia su buoni e cattivi, che dona il suo amore anche agli indegni (chi non lo è, del resto?). Con l'amore gli uomini devono dimostrarsi figli e figlie dello stesso Padre, divenendo, da nemici che erano, fratelli e sorelle. L'amore di Dio per tutti gli uomini è la ragione del mio amore per l'uomo che egli mette sulla mia strada: dell'amore per chi di volta in volta è il mio prossimo. L'*amore di Dio per i nemici* è quindi esso stesso la *ragione dell'amore dell'uomo per i nemici*.

Il discorso si può anche impostare in altro modo: non è solo a contatto con l'avversario che si manifesta la *natur* *amore vero*? Il vero amore non specula su un *bio* di amore, non ragiona in termini *non* attende una ricompensa. È im *calcolo* ed egoismo latente: *non è e* *eramente aperto verso l'altro*.

La radicalità autentica

Nell'allineamento della causa di Dio con la causa dell'uomo, della volontà di Dio col bene dell'uomo, del servizio divino col servizio umano, e nella conseguente relativizzazione della Legge e del culto, di tradizioni sacre, istituzioni e gerarchie, è da ricercare l'esatta posizione di Gesù entro il *sistema di coordinate* formato da establishment, rivoluzione, emigrazione e compromesso: ci si spiega così perché non lo si può inquadrare né nella classe dominante né nel gruppo dei ribelli politici, né nella categoria dei moralizzatori né nella moltitudine dei silenziosi. Gesù non sta né a destra né a sinistra, e nemmeno si colloca a metà strada con funzione mediatrice. Appunto perché *sta veramente al di sopra*: al di sopra di tutte le alternative, che tronca alla radice. Questa è la *sua radicalità*: la radicalità dell'*amore*, che nella sua sobrietà e nel suo realismo si differenzia nettamente dai *radicalismi* ideologizzati.

Sarebbe assolutamente sbagliato pensare che questo amore si leghi solo a grandi azioni, a grossi sacrifici: una rottura con i parenti necessaria in casi particolari, l'eventuale rinuncia ai propri beni, forse il martirio... Innanzitutto, e il più delle volte, si tratta di una *dimensione quotidiana*: chi saluta per primo, il posto che ci si sceglie intorno al tavolo del banchetto, non giudicare ma essere misericordiosi, sforzandosi di essere in ogni caso sinceri. Illustrano la portata dell'amore nel contesto della vita quotidiana tre formule che descrivono molto concretamente questo amore radicale, con riferimento sia alla sfera individuale sia a quella sociale dei rapporti tra gruppi, nazioni, razze, classi, partiti, Chiese.

1. *Amore vuol dire perdono*: la riconciliazione col fratello precede il servizio divino. Senza riconciliazione col fratello non esiste riconciliazione con Dio. Di qui la supplica del Padre Nostro: rimetti a noi i nostri debiti, come anche noi li rimettiamo ai nostri debitori. Ciò non significa che Dio attende dall'uomo speciali prestazioni per concedergli il perdono. È sufficiente che l'uomo si rivolga a lui con fiducia, che creda e sia coerente con la sua fede. Fatto ricorso a questo perdono di Dio e ricevutolo, deve infatti diventarne testimone, a sua volta concedendolo al proprio fratello. Non si può ricevere il grande perdono di Dio e poi negare al prossimo il piccolo perdono, com'è chiaramente significato dalla parabola del re magnanimo e del suo servo spietato.

– È caratteristica di Gesù una *disponibilità al perdono* che non conosce limiti: non sette volte, ma settanta volte sette, e cioè di continuo, all'infinito. E a chiunque, senza eccezioni. Altrettanto caratteristica – di nuovo in contraddizione con una diffusa teoria e prassi giudaica – è qui la proibizione di giudicare. L'altro non sottostà al mio giudizio. Tutti sottostanno al giudizio di Dio.

– Il precetto del perdono non va interpretato giuridicamente. Gesù non ha in mente una legge: quasi si dovesse perdonare settanta volte sette, ma non la successiva. Si tratta invece di un appello all'amore dell'uomo: perdonare sempre, per principio.

2. *Amore vuol dire servizio*: l'umiltà, il coraggio di servire è la via che conduce alla vera grandezza. È questo il succo della parabola del convito: all'autoesaltazione segue l'umiliazione, l'onta della degradazione. All'autoumiliazione segue l'esaltazione, l'onore dell'ascesa.

– È caratteristico di Gesù un servizio altruistico *che non conosce rapporti gerarchici*. Significativamente, la stessa sentenza relativa al servizio ci viene tramandata in diversi contesti (in occasione della disputa tra i discepoli, nell'ultima cena, al momento della lavanda dei piedi): il più grande dev'essere il servitore (servitore a tavola) di tutti. Ne consegue che tra i discepoli di Gesù non può esistere nessuna carica che, fondata soltanto sul diritto e sul potere, corrisponda alla carica dei detentori del potere statale, e neppure una carica che, fondata soltanto sulla dottrina e sulla dignità, corrisponda alla carica degli scribi.

– Il precetto del servizio non va inteso come una legge in base alla quale tra i discepoli di Gesù non possono esistere superiorità e subordinazione. Va inteso invece come un deciso appello perché anche i preposti servano i sottoposti: un appello, quindi, per un mutuo servizio di tutti.

3. *Amore vuol dire rinuncia*: si diffida dallo sfruttare i deboli. Si esige una ferma rinuncia a tutto ciò che ostacola la disponibilità per Dio e il prossimo. In termini paradossali: tagliare la mano, se questa induce in tentazione. Gesù, tuttavia, non attende solo la rinuncia alle realtà negative (brame e peccati), ma anche la rinuncia a realtà positive (diritto e potere).

– È caratteristica di Gesù la rinuncia volontaria senza contropartita, concretizzabile come:

Rinuncia a determinati diritti in favore dell'altro: percorrere due miglia con chi mi ha costretto ad accompagnarlo per un miglio.

Rinuncia al potere a proprie spese: cedere anche il mantello a chi mi ha tolto la tunica.

Rinuncia alla violenza in risposta alla violenza: porgere la guancia sinistra a chi mi ha percosso sulla destra.

– Proprio questi ultimi esempi dimostrano, con evidenza ancor maggiore rispetto a ogni precedente argomentazione, che i precetti di Gesù non devono essere erroneamente interpretati come leggi. Gesù non intende dire che la reazione è vietata se si è percossi sulla guancia, permessa se si è colpiti nello stomaco. Non c'è dubbio che nelle intenzioni di Gesù questi esempi non hanno una funzione meramente simbolica: sono casi-limite molto significativi (di frequente spinti, con una formulazione tipicamente orientale, sull'orlo del paradosso), che in qualunque momento possono trovare riscontro nella realtà. Non hanno comunque valore di legge, come se fosse obbligatorio comportarsi sempre e soltanto così. La rinuncia a una replica violenta *non* implica a priori la *rinuncia a ogni resistenza*. I Vangeli riferiscono che Gesù stesso, percosso su una guancia davanti al tribunale, non porse l'altra, ma protestò: «Se ho parlato male, dimostra il male che ho detto, ma se ho parlato bene, perché mi percuoti?». La rinuncia non va confusa con la debolezza. I precetti di Gesù non suggeriscono comportamenti etici o addirittura ascetici aventi di per se stessi un significato, ma consistono in drastici appelli per un radicale compimento della volontà di Dio, in tutte le circostanze a favore del prossimo. Ogni rinuncia è solo il lato negativo di una nuova prassi positiva.

In una simile prospettiva, persino i *dieci comandamenti* del Decalogo veterotestamentario appaiono «*superati*» nel triplice senso del termine hegeliano, cioè lasciati cadere e tuttavia preservati, perché innalzati a un piano superiore da quella che è la radicale «giustizia migliore» proclamata da Gesù nel discorso della montagna:

– non solo non avere altri dei all'infuori di lui, ma amarlo con tutto il cuore, con tutta l'anima e con tutta la mente, amare il prossimo e addirittura il nemico come se stessi;

– non solo non pronunciare invano il nome di Dio, ma neppure giurare su Dio;

– non solo santificare il sabato con il riposo, ma in quel giorno fare attivamente il bene;

– non solo onorare il padre e la madre per vivere a lungo sulla terra, ma, se necessario per una vita autentica, rispettarli anche nella forma della separazione;

– non solo non uccidere, ma evitare pensieri e discorsi dettati dall'ira;

– non solo non commettere adulterio, ma rifuggire da intenzioni adultere;

– non solo non rubare, ma rinunciare al diritto di restituire un torto subito;

– non solo non rendere falsa testimonianza, ma fare in modo che il sì sia con assoluta sincerità un sì e il no un no;

– non solo non desiderare la casa del prossimo, ma sopportare il male;

– non solo non desiderare la donna del prossimo, ma astenersi dal divorzio «legale».

Non aveva ragione l'apostolo Paolo – anche qui in evidente accordo col Gesù della storia – nel dichiararsi convinto che chi ama ha già adempiuto la Legge? Agostino, formulando un analogo pensiero, si spinge ancora più in là: «Ama, e fai quello che vuoi». Non una nuova Legge, ma una nuova libertà dalla Legge. E qui scatta una serie di interrogativi: Gesù si fermò ai discorsi, agli appelli? Fu, la sua, una pura e semplice teoria sulla prassi, una comoda teoria priva di impegnative conseguenze? Cos'ha fatto in definitiva Gesù? Che dire della sua prassi?

3. Solidarizzazione

Già la *parola* di Gesù fu eminentemente *azione*. La sua parola esigeva essa stessa un impegno totale. E tramite la sua parola si verificò il fatto determinante: la *situazione* venne *radicalmente cambiata*. Dopo di lui uomini e istituzioni, gerarchi e norme non tornarono più a essere quelli di prima. Con la sua parola liberatoria Gesù ha messo contemporaneamente sul tappeto la causa di Dio e la causa dell'uomo, schiudendo a quest'ultimo possibilità del tutto nuove, *la* possibilità di una nuova vita, di una nuova libertà, di un nuovo *senso della vita*: una vita conforme alla volontà di Dio, tesa al bene dell'uomo nella libertà dell'amore, che si lascia definitivamente alle spalle ogni legalismo, da quello dell'ordine sacro costituito (law and order) a quello dei radicalismi rivoluzionari e violenti o ascetici e lontani dal mondo, fino al legalismo di una morale che si barcamena con gli schemi della casistica.

La parola di Gesù, quindi, non fu pura «teoria», né si può dire in generale che la teoria gli stesse molto a cuore. Il suo annuncio lo mostra interamente rivolto e orientato verso la prassi. Pur in un clima di totale libertà, i suoi precetti crearono nuovi impegni ed ebbero, per lui stesso e per altri, conseguenze che – come si vedrà – furono di importanza addirittura vitale. Ma questo non è tutto.

Dalla parte degli svantaggiati

Se è vero che la parola di Gesù fu eminentemente azione, non si deve comunque ridurre il suo agire all'azione della parola, la sua prassi alla prassi della predicazione, la sua vita all'annuncio. In Gesù teoria e prassi convergono in un senso molto più ampio: al suo annuncio corrisponde il suo *intero comportamento*. E mentre la parola dell'annuncio motiva e giustifica il comportamento pratico, questo rende l'annuncio, nella prospettiva della prassi, inequivocabile e inoppugnabile: Gesù vive ciò che dice, e questo gli conquista il cuore e la mente dei suoi ascoltatori.

Gesù si rivolge con la parola e l'azione *ai deboli, ai malati, ai negletti*: ce lo ha già rivelato uno spiraglio aperto sulla sua vita concreta. Ed è, questa sua propensione, un sintomo di forza, non di debolezza. A chi secondo i criteri della società va emarginato in quanto debole, malato, ignobile, spregevole Gesù offre una possibilità di essere uomo. Venendo in soccorso all'anima e al corpo, ridona salute a uomini affetti da malattie fisiche e psichiche, forza ai molti deboli e speranza a tutti gli inetti: dovunque, un segno dell'approssimarsi del dominio di Dio. Egli si mette a disposizione dell'uomo *intero*: non solo della sua spiritualità, ma anche della sua corporeità e mondanità. Egli si mette a disposizione di *tutti* gli uomini: non solo dei forti, dei giovani, dei sani, ma anche dei deboli, degli anziani, dei malati, degli invalidi. In questo modo le azioni di Gesù dilucidano la sua parola, così come la parola spiega le sue azioni.

Ma questo comportamento non sarebbe bastato da solo a provocare tutto lo scandalo che di fatto provocò. C'era dell'altro. Che Gesù si interessasse a tal punto dei malati e degli «indemoniati» era qualcosa di insolito, su cui però si poteva ancora chiudere un occhio; dopo tutto non c'è epoca in cui l'ansia di miracoli non reclami uomini miracolosi. Certo che anche questo creava qualche problema: la mentalità del tempo faceva dei malati stessi i responsabili delle loro disgrazie, la malattia essendo un castigo per i peccati commessi; i lebbrosi, colpiti dal figlio primogenito della morte, non meritavano l'ingresso nella società; gli ossessi erano cavalcati dal demonio. A tutte queste persone socialmente bollate – non importa se a causa del destino, di una loro colpa o soltanto dei pregiudizi imperanti – Gesù guarda con una disposizione radicalmente positiva, escludendo, secondo l'attendibile testimonianza di Giovanni, l'esistenza di un nesso causale tra peccato e malattia, e condannando per principio ogni forma di ostracismo sociale.

Come aggravante – non ancora, forse, come fattore decisivo, sebbene meritasse attenzione – si aggiungeva alla noncuranza per usi e costumi l'appartenenza di Gesù a un *ambiente* che di per sé lo rendeva sospetto.

– Le *donne*, che nella società di allora non contavano nulla e che in pubblico dovevano evitare compagnie maschili: le fonti ebraiche del tempo grondano animosità nei confronti della donna, che per Flavio Giuseppe vale meno dell'uomo sotto ogni aspetto. Già con la propria moglie si consiglia di parlare poco, tanto meno con un'altra donna. Le donne vivevano il più possibile ritirate, nel Tempio avevano accesso solo fino all'apposito vestibolo, e quanto all'obbligo della preghiera erano equiparate agli schiavi. I Vangeli invece, qualunque sia la consistenza storica dei singoli dettagli biografici, non si fanno scrupolo di descrivere i rapporti tra Gesù e determinate donne. Ne risulta che Gesù, sbarazzatosi dell'usanza di segregare le donne, non solo dimostra di non disprezzarle, ma improntia i suoi contatti con loro a una sorprendente naturalezza: da un gruppo di donne si fa accompagnare insieme con i suoi discepoli dalla Galilea fino a Gerusalemme; non ignora una forma di simpatia personale nei confronti di certe donne; alla sua morte e alla sua sepoltura assistono delle donne. La posizione giuridicamente e umanamente precaria della donna nella società di quel tempo viene considerevolmente rivalutata dalla proibizione di divorziare fatta al marito, il solo coniuge che potesse presentare un libello di ripudio.

– I *bambini*, che non avevano diritti: Gesù accorda loro un trattamento preferenziale, li difende contro

i suoi discepoli, li accarezza e li benedice. Del tutto
a-giudaico è il modo in cui vengono proposti come
esempio agli adulti, per la loro prontezza ad accettare
un dono senza calcoli e secondi fini.

– Il *popolo religiosamente ignorante*: le tante persone umili che non potevano o non volevano curarsi
della Legge. Sono lodati i «semplici», gli incolti, gli
arretrati, gli immaturi, i non pii, persino i non intelligenti e i non sapienti, i «piccoli» o «miseri», anzi i
«più piccoli» o «più miseri».

Non una morale aristocratica, quindi, destinata ai
«nobili», quelli, per intenderci, che Confucio isola-
va dalla massa della gente comune. Né una morale
monastica elitaria per gli «intelligenti», quali sono i
membri di una comunità religiosa buddista. E meno
che mai, naturalmente, una morale per le «caste» superiori in senso induistico, una morale che, con tutte le altre discriminazioni, tolleri la sopravvivenza di
«paria» nella società. C'è tuttavia una domanda, che
conserva anche oggi tutta la sua importanza.

Quali poveri?

Con accentuazione provocatoria Gesù ha annunciato
il suo messaggio come una lieta novella per i *poveri*.
Ha loro rivolto la sua prima parola di incoraggiamen-
to, di consolazione, di salvezza, la sua prima beatitudine. Ma questi poveri chi sono?

Non è una domanda cui si possa rispondere con
facilità, dato che già nei Vangeli sinottici la prima beatitudine dà luogo a interpretazioni diverse. Matteo la
intende evidentemente in senso religioso: i poveri «in
spirito», gli *spiritualmente* poveri si identificano con
gli umili della terza beatitudine, che sono coscienti

della propria povertà spirituale come mendicanti al cospetto di Dio. Invece Luca – che non riporta l'aggiunta di Matteo – intende l'espressione in senso sociologico: la gente davvero povera. Così dovrebbe averla intesa lo stesso Gesù, al quale risalgono, in base alla più breve e certo più originale redazione di Luca, almeno la prima, la seconda e la quarta beatitudine dell'ampliata redazione di Matteo: si tratta di chi è *realmente* povero, di chi piange, di chi ha fame, degli svantaggiati, degli emarginati, dei derelitti, dei reietti, degli oppressi di questo mondo.

Gesù stesso fu povero. Qualunque sia in proposito l'opinione dello storico, la stalla di Betlemme ha un preciso valore emblematico. E della frase del filosofo marxista Ernst Bloch è esatta almeno la continuazione: «La stalla, il figlio del falegname, l'entusiasta tra gente umile, alla fine il patibolo, tutto questo è fatto di materia storica, non della materia aurea che la saga predilige». Di certo Gesù non fu un proletario, non appartenne al vasto strato inferiore della società: anche allora gli artigiani erano già qualcosa di meglio, costituivano un ceto piccolo-borghese. D'altra parte non c'è dubbio che durante la sua attività pubblica egli condusse un'esistenza liberamente nomade, improntata alla massima frugalità. E destinatari della sua predicazione erano tutti, in modo specifico i ceti più umili. S'è visto come i suoi seguaci facessero parte della massa dei «piccoli» o «semplici»: gli incolti, gli ignoranti, gli arretrati, che, privi di cultura religiosa e incapaci di un comportamento morale, venivano contrapposti agli «intelligenti e sapienti». Gli avversari di Gesù rientravano più che altro nel ristretto ceto medio (i piccolo-borghesi farisei) e nell'ancor più esiguo ceto superiore (di impronta prevalentemente sadducea), entrambi scossi dal suo messaggio nella loro coscienza non solo religiosa, ma anche sociale.

Non ci possono essere discussioni: Gesù si schierò *dalla parte dei poveri*, degli afflitti, degli affamati, degli uomini senza successo, senza potere e senza significato. I ricchi, che accumulano tesori corrosi dalla ruggine e dalle tignole ed esposti ai furti, i ricchi, il cui cuore è incatenato alla ricchezza, nonostante tutta la loro parsimonia vengono proposti come esempio deterrente. Successo e ascesa sociale sono parole che a Gesù non dicono nulla: chi si esalta sarà umiliato, e viceversa. Per Gesù sono degli estranei coloro che, al sicuro e al coperto, legano la propria vita ai beni transitori di questo mondo. Bisogna decidersi, non si possono avere due dei: ovunque la proprietà – grandi o piccoli che siano i risparmiatori – si interpone tra Dio e l'uomo, ovunque si è schiavi del denaro e se ne fa un idolo, là vale il «Guai a voi, o ricchi!» che Luca contrappone alla beatitudine dei poveri. Il monito di Gesù è oltremodo limpido: è più facile per un cammello passare per la cruna di un ago, che per un ricco entrare nel regno di Dio. Tutti gli artificiosi tentativi di attenuazione (invece di «cruna d'ago» una piccola porta, invece di «cammello» la gomena di una nave) non modificano la sostanza dell'avvertimento: la ricchezza è estremamente pericolosa agli effetti della salvezza. La povertà non è un male. In linea di principio, Gesù è a fianco dei poveri.

Eppure, nonostante tutto, Gesù *non* propaganda *lo spossessamento dei ricchi*, ovvero una specie di «dittatura del proletariato». Non si fa predicatore di vendetta contro gli sfruttatori, di espropriazione contro gli espropriatori e di oppressione contro gli oppressori, ma di pace e di rinuncia al potere. Neppure esige, come la comunità di Qumran, la cessione di ogni avere alla comunità. Chi rinuncia alle proprie sostanze, non deve riunirle a una proprietà collettiva, ma farne dono ai poveri. Gesù, comunque, non pretende che tutti i suoi seguaci rinuncino ai beni posseduti. Anche qui, come abbiamo visto, nessuna legge. Diversi tra i suoi seguaci (Pietro, Levi, Maria e Marta) nominano case di loro proprietà. Gesù approva che Zaccheo distribuisca solo una metà del suo patrimonio. Ciò che il giovane ricco si sente chiedere come condizione per poter seguire Gesù, non viene chiesto sistematicamente e rigidamente a ognuno in ogni situazione. Certo, chi voleva seguirlo doveva per forza lasciare tutto dietro di sé; non poteva però campare d'aria. Di che cosa vissero soprattutto, nel corso delle loro peregrinazioni, Gesù e i suoi discepoli? I Vangeli non ne fanno mistero: dell'assistenza di quelli, tra i suoi seguaci e soprattutto tra le sue seguaci, che disponevano di mezzi, non disdegnando talvolta gli inviti di ricchi farisei e di ricchi pubblicani. Solo Luca idealizzò a posteriori quella che era la situazione all'interno della comunità primitiva, giustificandola con frasi di Gesù, da lui stesso esasperate in senso rigoristico (come emerge dal confronto con Marco e Matteo), che suonano condanna di ogni proprietà. In realtà neppure la comunità primitiva conosceva una generale rinuncia ai beni materiali.

Da un lato, dunque, Gesù non è un entusiasta economicamente ingenuo, che faccia di necessità virtù e rivesta la povertà di una patina religiosa: l'indigenza insegna non solo a pregare, ma anche a imprecare. Gesù non trasfigura la povertà, così come non trasfigura la malattia; non somministra oppio. Povertà, sofferenza, fame significano miseria, non beatitudine.

Gesù non annuncia una spiritualità entusiastica, tale da sconfiggere l'ingiustizia soltanto nell'animo o da offrire una compensazione a buon mercato con la consolante prospettiva dell'aldilà. Dall'altro lato, Gesù non è neppure un rivoluzionario fanatico, intenzionato a eliminare repentinamente e violentemente certe forme di miseria, per lo più solo per crearne delle nuove. In lui i ricchi, pur con tutta la brutalità che li contraddistingueva nell'Oriente antico, non suscitano rancore. Non è uno di quei violenti consolatori del popolo che perpetuano, anziché spezzare, la spirale violenza-controviolenza. Di certo però la realtà sociale di fatto non trova Gesù consenziente. Solo, le sue soluzioni definitive sono diverse. Ai poveri, ai sofferenti, agli affamati egli lancia, in mezzo alla miseria del presente, il suo «Salvezza a voi!», «Beati, felici voi!».

Una *felicità dei poveri*, una felicità degli infelici? Non si deve intendere la beatitudine come una regola generale, a tutti comprensibile, dovunque e sempre valida: quasi che ogni povertà, ogni sofferenza, ogni miseria fosse automatica garanzia del cielo, se non addirittura del cielo sulla terra. La beatitudine dev'essere intesa come una promessa: una promessa che si avvera per chi, invece di ascoltarla impassibilmente, la fa fiduciosamente propria. Già irrompe, nella vita di costui, il futuro di Dio, portando con sé subito consolazione, eredità, appagamento. Ovunque egli vada, Dio lo precede, Dio è là. Nella fiducia in questo Dio precedente si trasforma già ora la sua situazione: già ora può vivere diversamente, diventa capace di una nuova prassi, di un'illimitata disponibilità all'aiuto, senz'ansia di prestigio e senza invidia per chi ha di più. L'amore non si risolve in un'attesa meramente passiva. Proprio perché sa che il suo Dio lo precede; il credente può impegnarsi in maniera concreta, dando prova, in ogni attività e impegno, di una sorprendente, superiore serenità: una serenità che – simile agli uccelli del cielo e ai gigli del campo – confida nel Dio provvidente e guarda al lieto futuro, senza angustiarsi per il cibo e il vestito, senza darsi pena per il domani.

Abbastanza diverso, naturalmente, era il suo significato nella terra e al tempo di Gesù, in cui clima e civiltà agraria riducevano al minimo il fabbisogno di vestiti, il problema dell'alloggio non era sentito come urgente, e in caso di necessità ci si poteva procurare il cibo dal suolo stesso. C'era davvero la possibilità di vivere alla giornata e di pregare: dacci oggi il nostro pane quotidiano, come in uno sforzo di imitazione letterale cercarono di fare Francesco d'Assisi e i suoi primi confratelli.

Si tratta, qualora lo si collochi – come già fece Matteo – in una più ampia dimensione, di un precetto valido per *ogni* uomo, anche per chi non fa assegnamento su un'imminente fine del mondo: povertà «in spirito» come fondamentale atteggiamento di una *vita sobria, senza pretese, vissuta con fiducia e serenità*; come antitesi a quell'ingordigia, a quell'immodesta, pretenziosa insolenza e a quell'affannosa inquietudine che non è raro trovare anche tra gente economicamente povera. Povertà in spirito come *libertà interiore dai beni materiali*, che dev'essere realizzata diversamente nelle diverse situazioni. Sempre, però, in modo tale che si imponga una nuova scala di valori il cui vertice non sia più occupato da quelli economici.

Gesù non intese rivolgersi solo a un determinato gruppo o ceto, sicuramente non solo a quei gruppi che si fregiavano dell'onorifico titolo religioso di «poveri» («umili», secondo i profeti e i salmi). Con i suoi radicali precetti egli investì ogni strato sociale e sferzò indifferentemente l'ingordigia del ricco e l'invidia del povero. Ebbe compassione del popolo, non soltanto per motivi economici. Vivere di solo pane è per tutti una tentazione. Come se per l'uomo non esistessero ben altre esigenze. Nella visuale del Vangelo di Giovanni – così il racconto della moltiplicazione dei pani – proprio dall'errata richiesta di pane si sviluppa la grande discussione in seguito alla quale i più si allontanano dal Maestro: la massa cerca solo pane e sazietà, non lui. Gesù non predica né una società del benessere né un comunismo utilitaristico. Non: «Prima viene il mangiare, poi la morale» (B. Brecht). Ma: «Prima il regno di Dio, poi tutto il resto». Anche ai condannati di questa terra egli rammenta che c'è qualcos'altro di più importante, che al di là della soddisfazione dei bisogni economici, essi restano, in senso ben più profondo, poveri, miseri, sfruttati, bisognosi.

In breve: ogni uomo si ritrova continuamente al cospetto di Dio e degli uomini come «povero peccatore», come mendicante che ha bisogno di misericordia, di perdono. Anche il piccolo servo può essere altrettanto spietato quanto il grande re. Già in Isaia, che Gesù cita nella sua risposta al Battista, i «poveri» («anavim») sono gli oppressi in senso lato: i vessati, i tribolati, gli avviliti, i disperati, i miseri. E tutti i miserabili e i perduti Gesù chiama a sé, siano essi vittime di un'indigenza esterna (Luca) o di un'intima pena (Matteo): tutti quelli, cioè, che sono affaticati e schiacciati da un peso, che può anche essere il peso della colpa. Di loro tutti egli si fa avvocato. Ed è qui che sta lo scandalo vero e proprio.

I *moralmente inadempienti*

Semplicemente imperdonabile, in Gesù, non appariva tanto il prodigarsi per i malati, gli storpi, i lebbrosi, gli ossessi, il tollerare la vicinanza di donne e bambini, il prendere le difese dei poveri, della gente modesta. Quanto l'avere contatti con persone *moralmente inadempienti*, palesemente *irreligiose* e *immorali*: gente moralmente e politicamente tutt'altro che irreprensibile, esistenze dubbie, equivoche, perdute, disperate, quali allignano, piaga inevitabile e inestirpabile, ai margini di ogni società. Fu questo l'autentico motivo di scandalo. Era proprio necessario spingersi fino a questo punto? In effetti un simile comportamento pratico differisce di molto dal comportamento religioso in generale, e in particolare dall'etica elitaria (monastica, aristocratica o connessa alle caste) delle religioni orientali, e ancor più dalla severa morale delle vere e proprie religioni della Legge (giudaismo, mazdeismo, islamismo).

Può darsi che sia stata la comunità a formulare, in chiave retrospettiva, quella teoria di carattere generale e programmatico secondo cui Gesù è venuto a cercare e a salvare ciò che era perduto, non a chiamare i giusti, ma i peccatori. Anche gli esegeti più critici ammettono comunque, a prescindere dalla questione della storicità di singole espressioni, che Gesù frequentò, con assiduità provocatoria, individui moralmente inadempienti, irreligiosi e immorali: quelli mostrati a dito, chiamati con disgusto «peccatori». All'epiteto ingiurioso di «mangione e beone», affibbiato a Gesù dai suoi denigratori e non certo escogitato dalla comunità, se ne aggiunge uno di ben maggior peso: «amico di pubblicani e peccatori».

Pubblicani erano all'epoca i componenti di una categoria professionale malfamata e detestata, subdoli imbroglioni arricchitisi al servizio della forza d'occupazione, collaborazionisti e traditori della causa nazionale in stato di permanente impurità, incapaci di penitenza perché non più in grado di sapere chi e in quale misura avessero frodato. Erano questi, come già detto, i peccatori per eccellenza. E Gesù doveva bazzicare proprio questi professionisti della truffa! Anche qui non è importante stabilire fino a che punto il racconto della scandalosa permanenza presso il capo dei pubblicani Zaccheo o quello dell'assunzione del pubblicano Levi nella cerchia dei discepoli di Gesù riflettano autentiche reminiscenze storiche: a priori tale radice storica non la si può né dare per scontata né d'altra parte – proprio cóme nel caso della vocazione di Levi, figlio di Alfeo, narrata già da Marco – escludere del tutto. Il fatto che i Vangeli citino per nome, tra i seguaci di Gesù, non meno di tre pubblicani, è più che sufficiente. In ogni caso viene riconosciuta storicamente certa la critica della parte avversa: costui accoglie i peccatori e mangia con loro.

Gesù non si sottrasse al contatto con i *peccatori*, con coloro che ignoravano o trasgredivano la Legge, benché naturalmente si presentassero a lui anche uomini giusti. Sostò in casa di pubblicani e di noti peccatori. «Se costui fosse un profeta, saprebbe chi e che specie di donna è quella che lo tocca»: non è più possibile verificare se l'episodio dell'omaggio davvero non convenzionale da parte della peccatrice conosciuta in tutta la città – certo una prostituta – che, incontrastata, gli cosparge i piedi di olio profumato, sia una leggenda o una reminiscenza o entrambe le cose insieme, cioè una narrazione stereotipa; altrettanto dicasi per il toccante racconto, di tradizione giovannea, della donna sorpresa in flagrante adulterio e da Gesù sottratta ai custodi della Legge. Tra gli elementi più sicuri della tradizione v'è comunque la provocatoria simpatia di Gesù per i peccatori e la sua solidarietà con i non-pii e i non-morali: uomini depravati e messi al bando dalla società, donne sessualmente sfruttate e per questo ripagate col disprezzo, tutte le vittime di una società di «giusti» avevano in lui un futuro. E le parole che accompagnano quelle scene sono parole che raggiungono il bersaglio: «I suoi molti peccati le sono perdonati, perché ha amato molto»; «Chi di voi è senza peccato, scagli la prima pietra».

Non si può dunque negare che Gesù si sia trovato «in cattiva compagnia» (A. Holl). Nei Vangeli vengono continuamente alla ribalta figure ambigue, colpevoli, dalle quali la gente perbene si tiene a prudente distanza. Contraddicendo quelle che erano le aspettative dei suoi contemporanei intorno al predicatore del regno di Dio, Gesù non accettò di recitare la parte del pio asceta che evita i banchetti e soprattutto determinate persone. Sarebbe senza dubbio sbagliato romanticizzare quella sua peraltro incontestabile «inclinazione verso il basso». Non vale, qui, la regola dell'«ogni simile ama il suo simile». Gesù non rivela nessun gusto proibito per la «dolce vita», non strizza l'occhio al demi-monde. Non giustifica l'«ambiente». Non scusa certe colpe. C'è però qualcosa su cui i testi evangelici non consentono di avanzare riserve: contro tutti i pregiudizi e le discriminazioni sociali, Gesù *si oppone* a che determinati gruppi o infelici minoranze *vengano squalificati socialmente*.

Che abbia ragione Günter Herburger quando nel suo romanzo vede Gesù a Osaka in mezzo a lavoratori

immigrati? Incurante delle chiacchiere che si facevano dietro le sue spalle, come di tutte le critiche mosse-
gli apertamente, Gesù entrò in contatto con esistenze
relegate ai margini della società, con uomini colpiti
da un ostracismo sociale, estromessi dalla comunità
religiosa, discriminati e declassati. Familiarizzò con
loro. In parole povere, li accettò. Non contento di
predicare un'apertura di amore verso tutti gli uomini,
ne diede un esempio pratico. Certo, non tentò di solidarizzare a tutti i costi, non prese parte alla caotica
attività di cerchie equivoche. Non si abbassò al loro
livello, le innalzò al proprio. E tuttavia non si limitò
a discutere con queste persone notoriamente di ma-
laffare, ma *si sedette* – letteralmente – *al loro stesso
tavolo*. Inconcepibile, si commentò con indignazione.

Che non si rendesse conto di quello che faceva?
Che non capisse quanto poteva essere comprometten-
te – allora come oggi – un pasto consumato insieme?
Eppure si riflette bene prima di fare o accettare un
invito. E prima di escludere qualcuno. Per un orientale doveva risultare ancora più evidente che l'*essere
seduti insieme a tavola* non significa semplicemente
gentilezza e affabilità, ma pace, fiducia, riconciliazione, fraternità. E questo – aggiungerebbe l'ebreo credente – non solo agli occhi degli uomini, ma anche
agli occhi di Dio: ancor oggi nelle famiglie ebraiche il
capofamiglia, spezzando un pane all'inizio del pasto,
recita una preghiera di benedizione, affinché ciascuno partecipi, mediante la sua porzione di pane, della
benedizione invocata sui presenti. Spartire la mensa
al cospetto di Dio con uomini che sono peccatori?
Proprio così. Come se la Legge non costituisse il criterio più preciso per stabilire con chi ci si debba mantenere in contatto, chi appartenga alla comunità dei pii.

Questo essere commensale di coloro che i pii tendevano a emarginare rappresentava per Gesù l'espressione non solo e non tanto di una tolleranza liberale e di una mentalità umanitaria, quanto della sua missione e del suo messaggio: pace, riconciliazione per tutti senza eccezioni, anche per i moralmente inadempienti. Le persone costumate ne trassero l'impressione di un attacco a ogni norma morale convenzionale, anzi di una demolizione della morale. Avevano torto?

Il *diritto della grazia*

Anche il giudaismo conosceva un Dio capace di perdonare. Ma di perdonare a chi? A chi si è trasformato, a chi ha riparato tutto, a chi ha fatto penitenza, a chi ha cancellato la colpa con opportune prestazioni (osservanza della Legge, voto, sacrificio, elemosina), mettendo in mostra una migliore condotta di vita. In breve: si perdona a chi da peccatore è diventato giusto. Non invece al peccatore: il peccatore incorre nel giudizio, nel castigo. Questa è giustizia!

Viene dunque a perdere il suo valore la sequenza prestazione-penitenza-grazia? Si deve considerare decaduto tutto questo sistema? La fedeltà alla Legge non viene più necessariamente ricompensata, non più necessariamente punita l'infedeltà, e quindi non valgono più le chiare indicazioni del veterotestamentario Deuteronomio e delle Cronache? Per questo amico dei pubblicani e dei peccatori Dio, il Dio santo, *perdona proprio ai peccatori*, ai non santi? Ma un tale Dio sarebbe un Dio dei peccatori! Un Dio che ama i peccatori più dei *giusti*!

A molti sembra che in questo modo s'imprima inequivocabilmente una *scossa alle fondamenta stesse*

della religione: qui si dà ragione ai traditori, agli imbroglioni e agli adulteri, a scapito degli uomini pii e
giusti. A chi lavora sodo nella casa del padre si antepone il fratello debosciato. Alla popolazione locale si
addita a esempio un odioso straniero, per giunta eretico. Finiranno poi tutti col ricevere lo stesso salario?
Perché tanti bei discorsi a favore del figlio perduto?
Chi si è macchiato di una colpa è forse più vicino a
Dio di chi si è conservato innocente? Che in cielo vi
sia per un solo peccatore che fa penitenza maggiore
contentezza di quanta non ve ne sia per novantanove
giusti che non hanno bisogno di penitenza, è semplicemente scandaloso. La concezione della giustizia ne
esce capovolta.

Non c'è da attendersi che un simile simpatizzante
dei fuorilegge, dei trasgressori, infranga egli stesso la
Legge? Che non osservi fedelmente le prescrizioni rituali e disciplinari, nel rispetto del comandamento di
Dio e della tradizione dei padri? Bella purezza di cuore! Banchetti invece di digiuni! L'uomo misura dei
comandamenti divini! Anziché punire, si festeggia!
Stando così le cose, come meravigliarsi che prostitute
e truffatori precedano i pii nel regno di Dio, che i
noncredenti delle più diverse provenienze precedano
i figli del regno? Che folle giustizia è questa, che fa
tabula rasa di tutti i più sacri criteri e sovverte ogni
ordine di priorità, stabilendo che i primi diventino gli
ultimi e gli ultimi i primi? Che razza di amore ingenuo e pericoloso è questo, che non conosce confini:
i confini tra connazionali e stranieri, tra compagni di
partito ed estranei al partito, tra vicini e lontani, tra
professioni decorose e indecorose, tra persone morali
e immorali, tra buoni e cattivi? Come se non fosse
assolutamente indispensabile mantenere le distanze.

Come se non si dovesse giudicare. Come se si potesse concedere il perdono.

Appunto, Gesù si è spinto fino a questo traguardo: *si può perdonare*. Perdonare all'infinito, settanta volte sette. E perdonare tutti i peccati; a meno che uno pecchi contro lo Spirito Santo, contro la realtà stessa di Dio, e non voglia il perdono. A *ognuno* viene palesemente offerta *una possibilità*, indipendentemente da frontiere sociali, etniche, politico-religiose. E ognuno, anzi, è già accolto prima ancora di convertirsi. Prima la grazia di Dio, poi la prestazione dell'uomo. Viene graziato il peccatore che ha meritato ogni sorta di castigo: basta che riconosca l'atto di grazia. Gli è donato il perdono: basta che lo accetti e si converta. Gli è concessa una vera e propria amnistia, gratuitamente: basta che ne tragga lo spunto per vivere pieno di fiducia. *La grazia prevale sul diritto*. O meglio: vale il diritto della grazia. Solo così diviene possibile la nuova giustizia migliore. In forza di un perdono senza riserve: unica condizione preliminare è la fiducia sorretta dalla fede o la fede sorretta dalla fiducia; unica conseguenza attesa è una generosa ritrasmissione del perdono. Chi deve al grande perdono la possibilità di vivere, non deve rifiutare agli altri il piccolo perdono.

Naturalmente, chi ha intuito la precarietà della propria situazione, sa anche che la decisione non ammette dilazioni. Là dove incombe la rovina morale dell'esistenza, dove è in gioco tutto quanto, si deve anche agire con coraggio, risolutezza e intelligenza. Seguendo l'esempio – scandalosamente irritante – di quello spregiudicato amministratore che sfrutta senza illusioni la sua ultima ora. Non è un'occasione qualsiasi, è l'occasione della vita: chi vuole guadagnare la sua vita, la perderà, e chi la perde, la guadagnerà. La

porta è stretta. Molti sono i chiamati, pochi gli eletti.
La salvezza dell'uomo resta un miracolo della grazia,
possibile solo per opera di quel Dio cui tutto, evidentemente, è possibile.

Il grande banchetto è così imbandito: imbandito
per tutti, anche per gli accattoni e gli storpi sparsi
per le vie della città, anche per quelli che stanno
fuori, lungo le strade di campagna. Quale immagine avrebbe potuto simboleggiare l'universalità
del perdono meglio di quei *pasti* di Gesù con tutti
coloro che volevano parteciparvi, compresi quelli
che normalmente restavano esclusi da riunioni con-
viviali di gente rispettabile? Fu, per queste persone altrimenti estromesse, una lieta constatazione:
invece della solita condanna, il diritto alla pietà.
Invece di uno sbrigativo giudizio di colpevolezza,
una misericordiosa assoluzione. Invece di uno stato
generale di disgrazia, la sorpresa della grazia. Una
vera liberazione. Un'autentica redenzione. Un modo estremamente pratico di dimostrare la grazia.
Questi pasti di Gesù rimasero perciò impressi nella
memoria delle comunità, venendo anzi interpretati,
dopo la sua morte, con tutt'altra profondità: come
segno mirabile, quasi come preludio, anticipazione
del banchetto escatologico della salvezza annunciato nelle parabole.

Restava da rispondere a una domanda: *come* giustificare tale grazia, perdono, liberazione e redenzione
per i peccatori?

Giustificazione dei peccatori?

Le parabole di Gesù forniscono chiari ragguagli. La
sua difesa consiste anzitutto in un contrattacco: i giu-

sti, che non hanno bisogno di penitenza, sono davvero così giusti e i pii sono davvero così pii? Compiacendosi della propria moralità e devozione non commettono una colpa? Sanno essi che cos'è il perdono? Non sono spietatamente insensibili nei confronti dei fratelli inadempienti? Non fingono di obbedire, mentre in realtà non lo fanno? Non si negano alla chiamata di Dio? C'è una colpa degli innocenti: pretendere di non essere rimasti in debito con Dio. E c'è un'innocenza dei colpevoli: affidarsi interamente a Dio nella propria perdizione. I peccatori, cioè, sono più veritieri dei pii, perché non dissimulano la propria condizione. Gesù dà ragione a loro e torto a quelli che dei propri peccati non vogliono prendere atto.

L'autentica giustificazione, l'autentica risposta di Gesù è comunque un'altra: perché perdonare invece di condannare, perché la grazia prima del diritto? Perché *Dio stesso* non condanna, ma *perdona*. Perché Dio stesso, liberamente, antepone la grazia al diritto, esercita il diritto della grazia. Tutte le parabole, nelle loro sempre nuove variazioni, concorrono a rappresentare Dio come il Generoso: il re che dispensa con magnanimità la sua misericordia, il creditore di manica larga, il pastore sulle tracce della pecora smarrita, la donna che cerca la dramma perduta, il padre che corre incontro al figlio, il giudice che presta ascolto al pubblicano. Immagini continuamente nuove di un Dio dalla misericordia sconfinata e dalla bontà che tutto trascende. L'uomo deve, per così dire, riprodurre nel proprio dare e perdonare il dare e perdonare di Dio. Solo da questo punto di vista si può comprendere la supplica del Padre Nostro: rimetti a noi i nostri debiti, come anche noi li rimettiamo ai nostri debitori.

Gesù annuncia tutto questo, come sempre, senza

schemi teologici, senza sviluppare una grandiosa teologia della grazia. La parola *«grazia»* non compare nei sinottici (a parte Luca, in contesti per lo più non originali) e neppure in Giovanni (a parte il prologo). «Perdono» ricorre prevalentemente in formule connesse col battesimo, il sostantivo «misericordia» è del tutto assente dai Vangeli. Frequenti, invece, i verbi «perdonare», «rimettere», «condonare». Ciò sta a denotare, con decisiva evidenza, che di grazia e perdono Gesù parla soprattutto come di qualcosa *in atto*. Che al figlio corrotto non venga inflitto un castigo, che, interrompendo la sua ammissione di colpa, il padre gli getti le braccia al collo, gli faccia portare la veste più bella, l'anello e i calzari, faccia macellare il vitello grasso e celebri una festa, è grazia in atto. E similmente il servo, il debitore, il pubblicano, la pecora smarrita ricevono generose attenzioni, perdono, misericordia, grazia. Un'accoglienza senza riserve, senza indagini sul passato e senza particolari condizioni, per cui l'uomo, liberato, può nuovamente vivere e – cosa che non solo per il pubblicano è la più difficile – accettare se stesso: grazia – una nuova occasione di vita.

Le parabole di Gesù furono quindi ben più che similitudini dell'idea eterna di un Dio Padre che ama. In queste parabole venne espresso a parole ciò che nell'azione di Gesù, nel suo modo di accogliere i peccatori, trovò concreta attuazione: il perdono. Nell'azione e nella parola di Gesù l'amore perdonante e liberante di Dio per i peccatori, si fece avvenimento. *Non castigo dei malvagi, ma giustificazione dei peccatori*: qui spunta già il regno di Dio, la sua futura giustizia.

Con tutto il suo insegnamento e la sua prassi Gesù mise dalla parte del torto quelli che, per quanto pii, erano meno generosi, meno misericordiosi, meno buoni di lui. Logico, dunque, che per costoro rappresentassero un grosso scandalo i riferimenti di Gesù a un Dio che ama i peccatori e li preferisce ai giusti, la sua audacia nell'anticipare il diritto divino della grazia e nel non limitarsi a un annuncio solo generico di questa grazia e misericordia, di questo perdono di Dio: giacché egli osò (la storicità di tale sua iniziativa è ammessa anche dai più critici tra gli esegeti) *concedere un perdono diretto all'individuo resosi colpevole.*

Quello che secondo il Vangelo di Marco fu il primo confronto di Gesù con i suoi avversari, un confronto contrassegnato da una sua caratteristica impronta, è imperniato su un simile perdono dei peccati: «Figlio mio, ti sono rimessi i tuoi peccati». Che Dio perdoni i peccati, lo crede anche l'ebreo devoto. Ma quest'uomo si arroga, qui e ora, il diritto di dichiararlo in modo ben preciso a una persona ben precisa. Accorda e garantisce il perdono dei peccati in una forma del tutto personale. Con quale diritto? *Con quale potere?* La reazione è immediata: «Perché costui parla così? Egli bestemmia. Chi può rimettere i peccati, se non Dio solo?».

Ora, per Gesù è proprio questa la premessa: è *Dio* che perdona. Precisamente a questo allude la costruzione passiva della frase tramandata («sono perdonati»). In ogni caso, per i contemporanei di Gesù la novità è evidente: c'è qualcuno che osa qualcosa che finora nessun altro, neppure Mosè e i profeti, ha mai osato fare: annunciare il perdono di Dio in modo ben diverso da come, nel giorno della riconciliazione, il sommo sacerdote lo annuncia a tutto il popolo riunito nel Tempio, attenendosi a un ordine espiatorio fissato, nella sua complessa articolazione, da Dio stesso. Osa annunciare il perdono a individui moralmente inadempienti nel contesto della loro situazione concreta, «sulla terra», per così dire sulla strada, in una forma del tutto personale, non limitandosi a predicare la grazia, ma esercitandola qui e ora con autorevolezza.

Che interpretazione si deve dare a tutto questo? A un'arbitraria giustizia del linciaggio si contrappone ora un'arbitraria giustizia della grazia? Un uomo anticipa qui il giudizio di Dio. Contro tutte le tradizioni di Israele, qualcuno sta qui facendo ciò che è riservato a Dio solo: la sua è un'ingerenza nella sfera divina, un'usurpazione del più divino tra i diritti divini. Di fatto, anche se il nome di Dio non viene maledetto, una *bestemmia*: un'arroganza che si traduce in una bestemmia. Chi crede di essere questo giovane uomo? La sua presunzione, già per altri versi inaudita, culmina in ciò che non può non scatenare indignazione e vibrate proteste: la pretesa di perdonare i peccati. Il conflitto – una questione di vita o di morte – con tutti quelli che Gesù ha messo dalla parte del torto, denunciando la falsità del loro comportamento, non è più evitabile. Molto presto – subito dopo aver riferito del perdono dei peccati, del banchetto con i pubblicani, dell'inosservanza del digiuno, della violazione del riposo in giorno di sabato – il Vangelo di Marco annota il conciliabolo tenuto dai suoi avversari, i rappresentanti della Legge, del diritto e della morale, per consultarsi su come liquidarlo.

V. Il conflitto

Scandalo: una piccola pietra nella quale si può inciampare. La persona di Gesù era diventata la pietra dello scandalo – tutto ciò che diceva e faceva: uno scandalo continuo, ininterrotto. Si pensi a quella sua identificazione singolarmente radicale della causa di Dio con la causa dell'uomo: a quali enormi conseguenze lo aveva condotto nella teoria e nella prassi! Gesù, così combattivo su tutti i fronti, era ora su tutti i fronti osteggiato. Non aveva assunto nessuno dei ruoli previsti: per la gente dell'«ordine e legge» si era rivelato un pericoloso provocatore. Col suo pacifismo alieno dalla violenza aveva deluso gli attivisti del movimento rivoluzionario, mentre la sua disinvolta adesione al mondo aveva scontentato gli asceti che al mondo si erano passivamente sottratti. I pii, che col mondo avevano trovato un accomodamento, criticavano la sua chiusura al compromesso. Per i silenziosi parlava troppo forte, per i chiassosi troppo piano, per i severi era troppo mite, per i miti troppo severo. Gesù venne così a trovarsi isolato nell'imperversare di un drammatico conflitto sociale che lo vedeva in contraddizione con lo status quo e con quelli che lo contraddicevano.

1. La decisione

Una pretesa così ambiziosa, e così poco che la suffragasse: nato da umili origini, privo dell'appoggio della sua famiglia, sprovvisto di un buon bagaglio culturale; senza soldi, impiego e cariche, senza un solido prestigio familiare, senza la copertura di un partito e senza una tradizione che lo legittimasse... Un uomo spoglio di qualunque potere rivendicava pieni poteri. Non era la sua, fin dal principio, una situazione disperata? Chi parteggiava per lui? Eppure a quest'uomo, che con il suo insegnamento e tutto il suo modo di comportarsi si esponeva ad aggressioni mortali, non mancarono spontanee attestazioni di fiducia e di amore. In breve: sulla sua persona gli animi si divisero.

Senza titoli e dignità

Quale atteggiamento assumere di fronte a questo messaggio, a questa condotta, a questa pretesa, in ultima analisi di fronte a questa persona? Un interrogativo che non è possibile eludere. Un interrogativo già prepasquale che percorre i Vangeli postpasquali ed è ancor oggi di palpitante attualità. Che ne pensate di lui? *Chi* è Gesù? Uno dei profeti? O più di un profeta?

Che «ruolo» svolge in rapporto al suo messaggio? Come si comporta nei confronti della sua «causa»? Chi è questo personaggio che non è certo un essere celeste dissimulatosi per qualche tempo sotto spoglie umane, ma un essere umano, pienamente umano, vul-

nerabile, storicamente tangibile? Questo personaggio
che come capo di un gruppo di discepoli viene non
a torto chiamato «Rabbi», «Maestro», mentre ad alcuni che lo sentono predicare il vicino regno di Dio
sembra piuttosto un «profeta», magari anzi l'atteso
profeta del tempo finale? I pareri dei contemporanei
sono discordi. È interessante notare che nei Vangeli
non si parla di una vera e propria vocazione profetica,
quale fu vissuta da Mosè e altri profeti, oltre che da
Zarathustra e Maometto, né di un'illuminazione analoga a quella di Buddha.

Alcuni cristiani fanno ruotare la fede cristiana intorno all'affermazione «Gesù è *figlio di Dio*». E alcuni
inquisitori, grandi e piccoli, pongono volentieri ai loro
contemporanei una domanda capziosa: è davvero Figlio di Dio? Qui tuttavia, alla luce delle fonti occorre
una riflessione più attenta. Al centro del suo messaggio Gesù ha collocato il regno di Dio e non il proprio
ruolo, la propria persona e dignità. Che la comunità
postpasquale, ferma ed energica assertrice della piena
umanità di Gesù di Nazaret, abbia insignito quest'uomo dei titoli di «Cristo», «Messia», «Figlio di Davide»,
«Figlio di Dio», è innegabile. Ed è comprensibile (e ne
dovremo rendere conto in seguito) che questa stessa
comunità abbia selezionato nel suo ambiente ebraico,
e poi anche ellenistico, i titoli più rilevanti e più pre-
gnanti per attribuirli a Gesù, del quale venivano così a
esprimere il significato per la fede cristiana. La natura
delle nostre fonti non permette di dare per certo ciò
che anzi è dubbio e richiede una verifica spregiudicata:
che Gesù si sia attribuito egli stesso questi titoli.

Se qui si tratta del centro della fede cristiana – e
così è, dal momento che la discussione verte su Gesù come il Cristo – si dovrà vigilare con raddoppiata

attenzione, affinché il pensiero criticamente responsabile non si lasci influenzare dall'assunto. Proprio qui si dovrà rammentare che i Vangeli non sono puri documenti storiografici, ma voci di un annuncio pratico della fede, che vogliono provocare e confermare la fede in Gesù come il Cristo. Proprio qui si dovrà tracciare una linea di demarcazione particolarmente netta tra storia accaduta e interpretazione della storia, tra resoconto storico e riflessione teologica, tra parola prepasquale e intuizione postpasquale.

Non solo sui detti del Risorto ed Elevato, ma già sui detti del Gesù terreno, soprattutto sulle affermazioni cristologiche che egli fece su se stesso, possono aver influito le giovani comunità cristiane, la loro liturgia e la loro predicazione, la loro disciplina e la loro missione, e così pure, trenta, quaranta, settant'anni dopo, i compilatori dei Vangeli. Per l'interprete odierno ciò significa: il teologo più ortodosso non è quello che propende per l'autenticità del *maggior numero* possibile di detti attribuiti a Gesù dalla tradizione evangelica; e d'altra parte il teologo più critico non è quello che restringe l'autenticità al *minor numero* possibile di detti evangelici. Questo problema centrale non si lascia mettere a fuoco né da una fede acritica né da una critica incredula. La vera critica non annienta la fede, la vera fede non ostacola la critica.

Non bisogna fare i conti con la circostanza che la professione di fede e la teologia delle comunità hanno particolarmente impregnato taluni *racconti messianici*?

Per esempio, le due *genealogie* già menzionate, che si propongono di presentare Gesù come Figlio di Davide e Figlio della promessa, ma che, significativamente, non trovano un corrispettivo nel Vangelo più antico e così poco concordano in Matteo e Luca, se si eccettua la convergenza in Davide;

oppure i *racconti dell'infanzia*, di taglio leggendario, che descrivono il mistero di questa origine, ma figurano anch'essi soltanto in Matteo e Luca, ben poco offrendo di storicamente verificabile;

oppure i *racconti del battesimo e delle tentazioni*, che, del pari segnati da un'inconfondibile impronta letteraria, tendono a mettere in risalto, didascalicamente, la missione di Gesù;

oppure il *racconto della trasfigurazione*, che fondendo già in Marco diversi strati di tradizione e motivi epifanici vuole evidenziare il ruolo e la dignità messianico-escatologica di Gesù.

Ovviamente non si intende sostenere che tutti questi racconti siano *solo* leggenda o mito. In più punti essi si riconnettono – valga l'esempio del battesimo di Gesù – ad avvenimenti storici. Ma gli elementi storici sono spesso difficilmente localizzabili e le affermazioni messianiche ad essi collegate andrebbero in ogni caso vagliate con somma attenzione. Questi racconti messianici hanno il loro significato, che tuttavia non si riesce a cogliere, finendo anzi col cadere frequentemente in contraddizione, quando ci si ostina ad analizzarli frase per frase, quasi fossero un rapporto storico.

Ogni serio esegeta riconosce oggi che la fede e la teologia della cristianità primitiva si esprimono con particolare efficacia nei *titoli messianici*. Una più accurata indagine può mettere in luce che Gesù non si attribuì personalmente nessun titolo messianico – né Messia né Figlio di Davide, né Figlio né Figlio di Dio. Dopo la Pasqua, invece, uno sguardo retrospettivo indusse a vedere l'intera tradizione di Gesù – non a torto, come si potrà constatare – in una luce messianica e a inserire la confessione del Messia nella narrazione della storia di Gesù. Anche i redattori dei Vangeli scrivono in questa visuale restrospettiva, ispirati *da una fede pasquale* per la quale la messianità – intesa ora in modo del tutto diverso – non costituisce più un problema, quell'antico problema che in precedenza effettivamente era.

Un risultato negativo? Sì, forse, per quanto riguarda la possibilità che l'attribuzione dei titoli sia stata opera di Gesù stesso. No, in ogni caso, per quanto riguarda la pretesa di Gesù. Giacché, evidentemente, *la sua pretesa non coincide con i suoi titoli*. Al contrario: da tale risultato critico il grande interrogativo (che cosa e chi egli sia) non solo non viene obliterato, ma anzi riproposto in maniera ancor più perentoria. Che cosa, dunque, e chi è quest'uomo che non mette sul piatto della bilancia una particolare origine, famiglia, cultura, autorità ereditaria, fazione, che probabilmente non annette valore a particolari titoli e dignità, e che tuttavia, come già si è rilevato, avanza una pretesa smisurata?

Non si deve dimenticare che i titoli qui in discussione erano – ciascuno a suo modo – *gravati* dalle diverse tradizioni e dalle aspettative più o meno politiche dei suoi contemporanei. Questo Gesù non rispondeva affatto alla diffusa attesa di un «Messia», di un «Figlio di Davide», di un «Figlio dell'uomo». E con ogni verosimiglianza non voleva neppure essere tale. Nessuno dei termini correnti, nessuno dei concetti usuali, nessuna delle cariche tradizionali, nessuno dei soliti titoli si prestava a esprimere la sua pretesa, a descrivere la sua persona e la sua missione, a diradare il mistero della sua essenza. Più ancora delle aspettative umane, fin troppo umane, dei sacerdoti e dei teologi, dei rivoluzionari e degli asceti, della piccola gente religiosa o irreligiosa, sono gli stessi titoli messianici a metterlo in evidenza: questo Gesù è diverso.

E proprio per tale motivo egli non lasciò nessuno indifferente. Divenuto un personaggio pubblico, aveva acceso la scintilla del conflitto con il suo ambiente. Confrontandosi con lui, i suoi contemporanei e in particolare la gerarchia si vedevano posti ineluttabilmente di fronte a qualcosa di ultimativo. Era una *decisione* ultima quella che Gesù provocava: non un sì o un no a un determinato titolo, a una determinata dignità, a una determinata carica o anche a un determinato dogma, rito o canone. Il suo messaggio e la comunione di vita con lui spingevano a domandarsi in quale direzione ed entro quale binario si volesse in ultima analisi incanalare la propria esistenza. Gesù pretendeva una decisione ultima per la causa di Dio e dell'uomo. In questa «causa» egli si immedesimava totalmente, senza esigere nulla per sé, senza fare del proprio «ruolo» o dignità il tema del suo messaggio. Il grande *problema* relativo alla sua *persona* era così posto in modo *solo indiretto*, e la rinuncia a ogni titolo infittiva il mistero.

L'accusa

Alcuni anni fa, a Gerusalemme, gli scavi hanno portato alla luce la strada fatta costruire da Erode che conduceva all'ingresso del Tempio, quella percorsa da Gesù. Ma non sono state rinvenute testimonianze del processo intentato contro di lui. Non si è mai cessato di considerare con stupore il fatto che le narrazioni evangeliche del processo adducono così pochi elementi atti a spiegare *perché* Gesù venne condannato a morte. Infatti, se c'è nella sua esistenza qualcosa di storicamente assodato, è la sua morte violenta. E tuttavia, anche non giudicando un'interpretazione postpasquale la domanda del sommo sacerdote sulla messianità di Gesù, se ci si limita a una semplice lettura del racconto della passione, la condanna a morte di Gesù resta largamente inesplicabile. Aspiranti al ruolo di Messia non mancarono nell'antica Palestina, ma nessuno fu per questa pretesa messianica condannato alla pena capitale. Si trattò forse solo di un tragico errore giudiziario, che sarebbe possibile cassare mediante una revisione del processo, sollecitata oggi da alcuni cristiani ed ebrei benpensanti? O fu la consapevole perfidia di un popolo ostinato, una colpa di ordine morale che in venti secoli di cristianità sarebbe costata la vita a un numero incalcolabile di ebrei? Fu soltanto uno dei tanti e ben noti arbitri dell'autorità romana, sola autentica responsabile, come si potrebbe sostenere a discolpa degli ebrei? O piuttosto un atto premeditato dei notabili ebrei, i quali istigarono un popolo innocuo e – come già insinuano gli evangelisti, scagionando il rappresentante di Roma – si servirono del procuratore romano, intimamente persuaso dell'innocenza di Gesù, come di un docile strumento? Alla domanda di Pilato «Che cos'ha fatto di male?» risponde nel Vangelo di Marco solo il grido, scandito a gran voce, «Crocifiggilo!».

Si possono però vedere le cose anche in modo diametralmente opposto, chiedendosi che cos'altro avrebbe dovuto fare di male Gesù perché la sua condanna fosse motivata a sufficienza. La motivazione della condanna di Gesù nel racconto della passione non potrebbe essere tanto sintetica proprio per il fatto che i Vangeli nel loro complesso offrono una documentazione ampia e davvero esauriente? Sulla base di tale documentazione non sembrerebbe difficile riuscire a formulare un atto d'*accusa*.

O è proprio necessario ripetere ancora una volta che quest'uomo ha violato pressoché tutto quanto quel popolo, quella società e i suoi rappresentanti avevano di più sacro: che, incurante della gerarchia, ha infranto, con la parola e con i fatti, i tabù cultuali, la consuetudine del digiuno e soprattutto il comandamento del sabato; che ha attaccato non solo determinate interpretazioni della Legge («tradizioni degli antichi»), ma la Legge stessa (in modo inequivocabile attraverso la proibizione del divorzio, il divieto della ritorsione, il comandamento dell'amore per il nemico); che non si è limitato a interpretare diversamente la Legge e in certi punti a inasprirla, ma l'ha trasformata, addirittura scavalcandola, con sconcertante indipendenza e libertà, quando e dove gli pareva opportuno nell'interesse dell'uomo; che ha proclamato una «giustizia migliore» di quella della Legge, come se una simile giustizia esistesse e la Legge di Dio non fosse l'ultima istanza?

Di fatto, anche senza annunciarlo programmaticamente, non ha quindi messo in discussione l'assetto della Legge ebraica e perciò l'intero sistema sociale? Di fatto, anche senza avere la minima intenzione di abolirli, non ha minato le norme e le istituzioni esistenti, i comandamenti e i dogmi vigenti, gli ordinamenti e le strutture, revocandone in dubbio la validità incondizionata con l'affermare che perfino il sabato esiste per l'uomo e non viceversa? Era fin troppo ovvio domandarsi: costui è forse *più di quel Mosè* che ci ha dato la Legge?

E ancora: non ha messo in discussione, sia pure sempre di fatto e non programmaticamente, il culto intero, la liturgia? Non ha praticamente stroncato, anche senza avere la minima intenzione di sradicarli, tutti i riti e le usanze, le solennità e le cerimonie, anteponendo il servizio umano al servizio divino? La domanda poteva essere riproposta in termini più drastici: costui è forse *più di quel Salomone* che ha costruito il Tempio?

E infine: identificando la causa di Dio con la causa dell'uomo, la volontà di Dio col bene dell'uomo, non ha fatto di quest'ultimo la misura dei comandamenti divini? Partendo da questa premessa, non impone a tutti i costi un amore dell'uomo, del prossimo, dei nemici, tale da non rispettare i confini naturali tra parenti e non-parenti, tra connazionali e non-connazionali, tra compagni e non-compagni di partito, tra amici e nemici, tra vicini e lontani, tra buoni e cattivi? Non relativizza il significato dei concetti di famiglia, popolo, partito, e persino di legge e morale? Non è inevitabile che così ecciti contro di sé l'ostilità dei governanti e dei rivoluzionari, della parte silenziosa e di quella rumorosa della popolazione? Non crollano tutte le distinzioni riconosciute, tutte le utili convenzioni e tutti gli argini sociali, quando si predica un perdono senza fine, un servizio senza rapporti gerarchici, una rinuncia senza contropartita, quando di conseguenza ci si mette del tutto irragionevolmente dalla parte dei deboli, dei malati, dei poveri, dei non privilegiati, e quindi contro i forti, i sani, i ricchi, i privilegiati, quando si blandiscono in modo indecoroso le donne, i bambini, il popolino, quando, contravvenendo a ogni norma morale, ci si compromette con individui senza fede e morale, senza Legge e contro la Legge, insomma senza Dio, privilegiandoli rispetto agli uomini pii, morali, ligi alla Legge, credenti in Dio? Questo amico di pubblici peccatori e peccatrici non si è avventurato tanto in là su questa via, da annunciare il perdono del malvagio anziché la sua punizione, e da arrogarsi qui e ora, con smisurata presunzione, il diritto di concedere in forma diretta a singole persone il perdono delle loro mancanze, come se il regno di Dio fosse già instaurato e come se egli stesso fosse il giudice, il giudice ultimo dell'uomo? Non si può fare a meno di chiedersi, in conclusione: costui è forse *più di quel Giona* che predicò la penitenza, è più di un profeta?

Gesù ha dunque corroso le basi, tutt'intera la teologia e l'ideologia della gerarchia. E ancora una volta si misurino le proporzioni del *contrasto*: un uomo qualunque di Nazaret, una località da cui «non può uscire nulla di buono», di umile estrazione, di famiglia insignificante, circondato da un gruppo di giovani uomini e da qualche donna, senza cultura, senza disponibilità finanziarie, cariche e dignità, privo del sostegno di un'autorità, dell'avallo di una tradizione e dell'assistenza di un partito – e nondimeno, una *pretesa* così inaudita. Un innovatore che si erge al di sopra della Legge e del Tempio, al di sopra di Mosè, al di sopra di sovrani e profeti, e che continua a pronunciare – non solo in Giovanni, ma già nella tradizione sinottica, donde la critica letteraria non consente di espungerla – la sospetta parola «io». Parola cui pienamente fanno eco – quand'anche li si volesse ipercriticamente ricondurre non a Gesù, ma alla comunità – tanto il «Ma io vi dico» del discorso della montagna quanto quell'«Amen» che, insolitamente usato al principio di molte frasi, denota la rivendicazione di un'autorità che trascende quella di un rabbi o anche di un profeta. Questa pretesa – che nei Vangeli trapela sia dai suoi discorsi sia dalle sue azioni – Gesù non la giustifica mai. Anzi, quando si discute sui poteri di cui dispone, rifiuta la giustificazione richiesta. Semplicemente, rivendica tali poteri. Li possiede e li esibisce, parla e agisce su questa base, senza richiamarsi a un'istanza superiore. Fa valere un'autorità che non gli è stata delegata da nessuno, ma è del tutto personale. Non è solo un *esperto, uno specialista* come i sacerdoti e i teologi; ma uno che, senza deleghe e motivazioni, annuncia in forza di un'autorità propria, attraverso la parola e l'azione, la volontà di Dio (= il bene dell'uomo), *si identifica con la causa di Dio* (= la causa dell'uomo) e ad essa interamente si dedica, divenendo così con tutta la sua persona, e senza appropriarsi di titoli e dignità, il pubblico *avvocato di Dio e dell'uomo.*

Un avvocato di Dio e dell'uomo

«Beato colui che non trova in me occasione di scandalo.» Ma come non scandalizzarsi?

– Un maestro della Legge che si mette contro Mosè non è un *maestro di falsità*?

– Un profeta che non si mantiene più nel solco di Mosè non è un *profeta di menzogne*?

– Chi si pone al di sopra di Mosè e dei profeti, chi riguardo al peccato si arroga addirittura la funzione di giudice supremo e così urta nella sfera che compete a Dio e a Dio solo, non è – per esprimersi con franchezza – un *bestemmiatore di Dio*?

– Non è Gesù tutt'altro che la vittima innocente di un popolo ostinato, non è piuttosto un fanatico e un eretico, e come tale un personaggio estremamente pericoloso, un perturbatore dell'ordine pubblico che minaccia molto concretamente la posizione della gerarchia, un sobillatore, un *seduttore del popolo*?

Solo proiettata su questo sfondo si rivela secondaria la questione se Gesù si sia o meno attribuito titoli particolari. Che gli siano stati attribuiti almeno posteriormente, è implicito in tutto il suo operare, anche se niente affatto ovvio dopo la sua morte e il suo fallimento. Tutta la sua condotta esprime una pretesa che, trascendendo il piano rabbinico e profetico, si innalza fino a quello messianico: a ragione o a torto, parlando e agendo egli si comporta di fatto come l'avvocato di Dio per l'uomo in questo mondo. Appare chiaro, al tempo stesso, quanto sarebbe erroneo definire la storia di Gesù una semplice storia non messianica, resa messianica in un secondo tempo. La pretesa e l'opera di Gesù furono tali che dal suo annuncio *e* da tutta la sua attività vennero risvegliate *attese messianiche* che trovarono anche credito, come distintamente traspare dalle parole dei discepoli di Emmaus: «Noi speravamo che egli fosse colui che avrebbe liberato Israele». Solo così si possono comprendere l'esortazione incondizionata a seguirlo, la vocazione dei discepoli e la scelta dei Dodici, tutto il movimento popolare, e d'altra parte anche la veemente reazione e la tenace, implacabile ostilità dei suoi avversari.

Quale pubblico avvocato di Dio e dell'uomo, Gesù era divenuto con la sua persona il grande *segno del tempo*. Tutta la sua esistenza poneva di fronte a una decisione: pro o contro il suo messaggio, la sua azione, la sua stessa persona; indignarsi o cambiare, credere o non credere, proseguire lungo la solita strada o convertirsi. Rispondesse affermativamente o negativamente, ognuno restava segnato per il regno imminente, per il giudizio definitivo di Dio; questo sottolineano i discorsi dalle tinte apocalittiche e le immagini del giudizio universale in cui il «Figlio dell'Uomo» è il giudice. Sulla persona di Gesù si proietta l'ombra del futuro di Dio, si riverbera la sua luce per l'uomo.

Se egli avesse ragione come avvocato di Dio e dell'uomo, starebbe realmente concludendosi il tempo antico e inaugurandosi una nuova era. Sarebbe allora alle porte un mondo nuovo, migliore. Ma chi può dire se abbia ragione? Un *uomo* debole, povero, insignificante compare alla ribalta con una simile pretesa, con simili poteri, con un simile significato, annulla praticamente l'autorità di Mosè e dei profeti e rivendica per sé l'autorità *di Dio*: come potrebbe essere ingiustificata la taccia di maestro di falsità, di profeta di menzogne, anzi di bestemmiatore di Dio e seduttore del popolo?

Certo, per tutto il suo agire e parlare Gesù si richiama a *Dio*. Ma di nuovo: se egli avesse ragione, come sarebbe Dio? L'intero annunciare, l'intero agire di Gesù pongono con estrema inevitabilità il problema di Dio: com'è e come non è, che cosa fa e che cosa non fa. È su Dio stesso che verte in ultima analisi tutta la disputa.

2. La disputa su Dio

Il Dio unico noto attraverso la storia di Israele, che parla nelle esperienze degli uomini e a cui gli uomini parlano nelle loro risposte e interrogazioni, invocazioni e bestemmie: sul fatto che questo Dio è un Dio dal volto umano, vivo e vicino, non c'era (e non c'è oggi tra cristiani ed ebrei) nessuna ragione di dissentire. Si può dire addirittura che Gesù ha solo ripreso con particolare purezza e coerenza la *concezione che Israele aveva di Dio*. Solo?

Rivoluzione nella concezione di Dio

Non si deve in effetti esagerare l'originalità di Gesù; la cosa ha oggi la sua importanza ai fini del dialogo con gli ebrei. Spesso si è preteso e si pretende che Gesù sia stato il primo a chiamare Dio *padre* e gli uomini suoi figli. Come se Dio non fosse chiamato padre nelle religioni dei popoli più disparati, non esclusi i greci: a livello di genealogia il fenomeno si registra già nei poemi omerici, dove Zeus, figlio di Crono, figura padre della famiglia degli dei. Segue un affinamento cosmologico dovuto alla filosofia stoica, che vede nella divinità il padre del cosmo permeato dalla ragione e degli uomini dotati di ragione, i quali, imparentati con tale divinità, sono oggetto delle sue premure.

Proprio i dati offerti dalla storia delle religioni mettono già in evidenza la *problematica di un'applicazione del nome di padre* a Dio, una problematica su cui si torna giustamente a puntare l'indice in quest'epoca di emancipazione della donna. È davvero tanto ovvio coinvolgere Dio nello schema della differenziazione sessuale? Dio uomo? Un Dio maschile, virile? Non si costruisce così un Dio a immagine dell'uomo o, per essere più precisi, del maschio? Nella storia delle religioni gli dei appaiono in generale sessualmente differenziati, benché già alle origini sembra non manchino divinità bisessuali o sessualmente neutre e benché anche in seguito continuino a manifestarsi caratteri propri di ambedue i sessi. Merita considerazione, comunque, il fatto che nelle culture matriarcali il posto del dio-padre è occupato dalla «gran madre», dal cui grembo sono uscite tutte le cose e gli esseri viventi e al cui grembo tutte le cose e gli esseri fanno ritorno. Se il matriarcato dovesse rivelarsi più antico del patriarcato – la questione non cessa di alimentare dibattiti tra gli storici –, il culto del dio-padre sarebbe stato preceduto cronologicamente da quello della divinità madre, che in Asia Minore, ad esempio, ha dato notevole impulso al successivo culto mariano.

Comunque si intenda risolvere questo problema storico, l'appellativo di padre per Dio non dipende solo dalla unicità di Jahvè. Esso risente anche di determinate condizioni sociali, appare cioè plasmato da una società di impostazione maschile. In ogni caso Dio non si può ridurre *a prototipo del maschio*.

Già nella Bibbia ebraica, presso i profeti, Dio palesa *tratti* femminili, *materni*. La prospettiva moderna ci offre però una visione ancor più nitida. L'appellativo di padre è sottratto a possibili equivoci solo se, invece di contrapporlo a «madre», lo si interpreta simbolicamente (analogicamente): «padre» come simbolo patriarcale – con lineamenti anche matriarcali – di una realtà ultima trans-umana, trans-sessuale. Il Dio unico sfugge, oggi più che mai, allo schema interpretativo virile-paterno, caro in passato a una teologia troppo spiccatamente maschile. In lui si dovrà riconoscere anche il momento femminile-materno. Così inteso, l'appellativo di padre non può più essere piegato a strumento di legittimazione religiosa per un paternalismo sociale lesivo della donna e, soprattutto, di permanente soffocamento dell'elemento femminile nella Chiesa e nei suoi ministeri.

A differenza di quanto si verifica in altre religioni, nella *Bibbia ebraica*, tuttavia, Dio non viene presentato come padre fisico di dei, semidei o eroi. Né mai semplicemente come padre di tutti gli uomini. Jahvè è il padre del popolo di Israele, chiamato infatti figlio primogenito di Dio. È poi in particolare il padre del re, considerato il figlio di Dio per eccellenza: «Tu sei mio figlio, oggi ti ho generato» è, in occasione dell'ascesa al trono, la «deliberazione di Jahvè», in cui non si allude a una miracolosa generazione terrena, ma all'insediamento del re nei suoi diritti filiali. In un giudaismo più tardo Dio è anche il padre promesso del singolo uomo pio e del popolo eletto del tempo finale: «Agiranno secondo i miei comandamenti, e io sarò il padre loro ed essi saranno i miei figli». Appare qui dovunque il simbolo del padre nei suoi aspetti indiscutibilmente positivi, al di là di ogni riferimento sessuale e di ogni paternalismo religioso: come espressione della potenza e insieme della vicinanza, della protezione, della sollecitudine.

Con *Gesù* si annunciano tuttavia significative differenze. Prese in se stesse, alcune sentenze che i Vangeli attribuiscono a Gesù potrebbero anche derivare dalla letteratura sapienziale, dove non mancano passi paralleli. Come spesso avviene in simili casi, è difficile dimostrare che tali sentenze risalgono in linea diretta a Gesù. Siano o non siano a lui direttamente riconducibili, esse traggono comunque la loro particolare colorazione dal contesto complessivo. Anzitutto si nota non senza sorpresa che Gesù non riferisce mai al popolo come tale la paternità di Dio. Come per Giovanni Battista, anche per lui l'appartenenza al popolo eletto non costituisce una garanzia di salvezza. Ancor più sorprendente è il fatto che Gesù, a differenza del Battista, riferisce la paternità anche ai reprobi e agli ingiusti, motivando con questa integrale paternità di

Dio quell'amore dei nemici che è specificamente suo. Che cosa sta accadendo?

Padre dei perduti

Non c'è dubbio che con l'accenno al «Padre» si allude sempre in primo luogo alla fattiva provvidenza e assistenza di Dio in tutte le cose: quella provvidenza che si prende cura di ogni passero e di ogni capello, che avverte i nostri bisogni prima ancora che esprimiamo la nostra richiesta, facendo apparire vane le nostre preoccupazioni. Il Padre che tutto conosce in questo mondo non certo integro, e senza il quale nulla si verifica: ecco la *risposta pratica ai problemi sollevati dalla teodicea sugli enigmi della vita*, sulla sofferenza, l'ingiustizia, la morte nel mondo. Un Dio nel quale si può incondizionatamente fidare e sul quale si può fare pieno assegnamento anche nella sofferenza, nell'ingiustizia, nella colpa e nella morte. Non più una lontananza inquietante, trascendente, ma una vicinanza che attesta un'incomprensibile bontà. Un Dio che non consola con la prospettiva dell'aldilà e non neutralizza l'oscurità, l'inutilità e l'assurdità del presente, ma che invita, in mezzo a tale oscurità, inutilità e assurdità, al rischio e al coraggio di sperare.

Il discorso non si esaurisce qui. Acquistano significato, a questo punto, certe pennellate incomparabilmente efficaci di quella parabola che ha come autentico protagonista non il figlio (o i figli), ma il padre: il padre che lascia al figlio la libertà di andarsene, non gli dà la caccia e non gli corre dietro, e tuttavia, quando questi ritorna, reduce da una disgraziata esperienza, gli si precipita incontro prima ancora di essere veduto, interrompe la sua ammissione di colpa, lo accoglie senza esigere un rendiconto, senza prestabilire un periodo di prova, senza porre condizioni, e celebra una grande festa – provocando il risentimento del figlio rimasto disciplinatamente a casa.

Che cosa si adombra qui con il personaggio del «padre»? Non solo, com'è evidente, che si fraintende Dio quando si suppone di dover difendere contro di lui la propria libertà. Non solo che teonomia e autonomia, opera di Dio e attività dell'uomo non si escludono a vicenda. Non solo che il problema, tanto discusso dai teologi, del «concorso» di predestinazione divina e libertà umana, di volontà divina e volontà umana è un problema fittizio... Ma esattamente ciò che questo «amico di pubblicani e peccatori», il quale ritiene di dover cercare e salvare chi è perduto e fuorviato, adombra anche in altre parabole, quando parla di Dio – già lo abbiamo visto – come della donna (!) o del pastore che si rallegrano di aver ritrovato quanto avevano perduto, come del re magnanimo, del creditore generoso, del giudice benevolo; mentre nel frattempo egli stesso si accompagna a persone moralmente inadempienti, irreligiose e immorali, cui riserva un trattamento preferenziale e accorda senza esitazione il perdono dei peccati. Che cos'altro significa tutto ciò, se non che Gesù presenta esplicitamente Dio come padre del «figlio perduto», come *padre dei perduti*?

Questo è dunque per Gesù l'unico vero Dio, accanto al quale non possono esistere altri dei, per quanto buoni siano: il Dio dell'Alleanza – compreso meglio. Un Dio che è evidentemente più che il supremo garante di una Legge da accettare senza discussioni, pur se suscettibile di astute manipolazioni. Un Dio che è anche più di quell'essere onnipotente-onnisciente che detta tutto dall'alto, dirige tutto e accentra tutto, che persegue i suoi obiettivi prestabiliti con inesorabile determinazione, eventualmente ricorrendo a «guerre sante» su vasta o piccola scala e alla dannazione eterna dei suoi nemici. Questo Dio-Padre non vuole essere il Dio temuto da Marx, Nietzsche e Freud, quel Dio che, insinuando nell'uomo fin dall'infanzia angosce e complessi di colpa e perseguitandolo implacabilmente con scrupoli moralistici, costituisce in realtà la mera proiezione di ansie prodotte da una certa educazione, di una volontà di supremazia, di una prepotente sete di potere e di vendetta. Questo Dio-Padre non vuole essere un Dio teocratico invocato a legittimare anche solo indirettamente i rappresentanti di sistemi totalitari, che, richiamandosi a un'ideologia religioso-ecclesiastica o irreligioso-atea, tentano comunque di occupare il suo posto e di esercitare i suoi diritti sovrani, quali dei, pii o empi, della dottrina ortodossa e della disciplina assoluta, della legge e dell'ordine, della dittatura che spregia l'uomo e della pianificazione...

No, questo Dio-Padre vuole essere invece un Dio che va incontro all'uomo come *Dio dell'amore e della salvezza*. Non il troppo virile Dio dell'arbitrio o della Legge. Non il Dio fatto a immagine dei re e dei tiranni, dei gerarchi e di chi monta in cattedra. Ma – peccato che questa grande espressione si sia così banalizzata – il *buon Dio*, che solidarizza con gli uomini, le loro necessità e le loro speranze. Che non pretende ma dà, che non abbatte ma risolleva, che non fa ammalare ma guarisce. Che risparmia quanti offendendo la sua santa Legge offendono lui stesso. Che invece di condannare perdona, che invece di punire redime, che invece del diritto esercita una clemenza senza riserve. Il Dio, quindi, che si rivolge non ai giusti, ma ai nongiusti. Che predilige i peccatori: che preferisce il figlio perduto a quello rimasto sotto il suo tetto, il pubblicano al fariseo, gli eretici agli ortodossi, le prostitute e le adultere ai loro giudici, i trasgressori della Legge o i senza Legge ai custodi della Legge.

Si potrà ancora sostenere che il nome di Padre è soltanto un'eco dell'esperienza terrena della paternità? Una proiezione che vale a sublimare rapporti terreni di paternità e di sovranità? No, *questo* Dio-Padre è diverso. Non è un Dio dell'aldilà a spese dell'aldiqua, a spese dell'uomo (Feuerbach). Non è un Dio dei governanti, della consolazione e della coscienza deformata (Marx). Non è un Dio generato da risentimenti, vertice di una meschina morale di bene e male a uso di fannulloni (Nietzsche). Non è un tirannico super-io, l'ideale rispondente a illusorie esigenze della prima infanzia, un Dio del rituale coatto, frutto di un complesso di colpa associato a un complesso paterno (Freud).

È un ben diverso Dio e Padre quello al quale si appella Gesù per giustificare il suo scandaloso modo di parlare e di comportarsi: un Dio strano, anzi pericoloso, un Dio – a ben vedere – improbabile. O si dovrebbe veramente credere che Dio stesso giustifichi le trasgressioni della Legge? Che Dio stesso non tenga in nessuna considerazione la giustizia della Legge e lasci proclamare una «giustizia migliore»? Che egli stesso consenta una messa in discussione non solo dell'ordine legale vigente e quindi dell'intero sistema sociale, ma addirittura del Tempio e di tutta la liturgia? Che egli stesso faccia dell'uomo la misura dei suoi comandamenti, che egli stesso, tramite il perdono, il servizio e la rinuncia, abolisca in nome dell'amore i confini naturali tra compagni e non-compagni, tra lontani e vicini, tra amici e nemici, tra buoni e cattivi, in tal modo mettendosi dalla parte dei deboli, dei malati, dei poveri, dei non-privilegiati, degli oppressi e persino dei religiosamente e moralmente inadempienti? Sarebbe questo un nuovo Dio: un Dio che si è affrancato dalla sua stessa Legge, un Dio non degli osservanti della Legge, ma dei trasgressori della Legge, anzi – dal momento che solo un paradosso può esprimere tutta la contraddittorietà e la scandalosità della situazione – non un Dio dei timorati di Dio, ma un *Dio dei senza Dio*! Una *rivoluzione nella concezione di Dio* davvero inaudita!

Una «rivolta contro Dio», non nella stessa direzione dell'ateismo antico e moderno, dell'amoralismo e dell'anomismo, ma contro il Dio dei devoti: si dovrà realmente pensare, si potrà realmente credere che Dio stesso, il Dio vero, appoggia un innovatore di così inaudita protervia, che, più rivoluzionario di tutti i rivoluzionari, si innalza al di sopra della Legge e del Tempio ergendosi nientemeno che a giudice del peccato e a dispensatore del perdono? Dio non si metterebbe in contraddizione con se stesso, se si avvalesse di un simile avvocato? Se un uomo del genere potesse rivendicare a buon diritto l'autorità e la volontà di Dio contro la Legge e il Tempio di Dio, se a buon diritto potesse attribuirsi il potere di tenere simili discorsi e una simile condotta? Un Dio dei senza Dio, e un bestemmiatore di Dio quale suo profeta?

L'appellativo non ovvio

Infaticabilmente, con ogni mezzo, Gesù si sforza di chiarire che Dio è realmente così, realmente un padre dei perduti, realmente un Dio dei falliti sul piano morale, dei senza Dio. E non dovrebbe essere questa un'enorme liberazione per quanti si sentono schiacciati dal peso tormentoso della colpa? Motivo di gioia e di speranza per tutti? Non è un Dio nuovo quello che Gesù annuncia; è pur sempre il Dio dell'Alleanza. Ma questo antico Dio dell'Alleanza è ora immerso in una luce decisamente nuova. Dio *non* è *un altro*, *però* è *diverso*: non un Dio della Legge, ma un Dio della grazia. E a chi volge indietro lo sguardo il Dio della grazia, il Dio della benevolenza permette anche di valutare meglio, più approfonditamente, appunto più benevolmente, il Dio della Legge: la Legge è già un'espressione della grazia.

Per l'uomo, senza dubbio, tutto questo non rappresenta qualcosa di ovvio. Occorre infatti un ripensamento con tutte le sue conseguenze, una coscienza davvero nuova, una vera e propria conversione interiore fondata su quella incrollabile fiducia che si chiama fede. L'intero messaggio di Gesù è un unico invito a non adirarsi, ma a trasformarsi: a contare sulla sua parola e a fidare nel Dio della grazia. La sua parola costituisce per l'uomo l'unica garanzia che Dio è realmente così. Chi non crede a questa parola sospetterà che nelle sue azioni si celi qualcosa di demoniaco. Senza la sua parola le sue azioni restano equivoche. Solo la sua parola le rende inequivocabili.

D'altra parte, a chiunque si mette in comunione con Gesù e il suo messaggio si manifesta anche colui che Gesù chiamava il *«Padre mio»*. Con l'appellativo «Padre» – così come lo intendeva Gesù (non in contrapposizione a «madre») – si entra nel vivo del conflitto. Ce ne danno una sorprendente conferma le risultanze dell'analisi linguistica: considerando la dovizia di epiteti divini di cui disponeva il giudaismo antico, è quanto meno singolare che Gesù abbia scelto l'appellativo «Padre mio». Nella Bibbia ebraica ci si imbatte in rare affermazioni su un Dio che è padre. Finora, però, non si è riusciti a localizzare nella letteratura dell'antico giudaismo palestinese nessun passo in cui ci si rivolga individualmente a Dio con l'appellativo ebraico equivalente a «Padre mio». Solo in ambito ellenistico, sotto un evidente influsso greco, vige una sia pur scarsamente documentata usanza di appellarsi a Dio con il termine greco «Pater».

Ancor più straordinari sono i dati relativi all'aramaico «Abba» (= Padre). Secondo le testimonianze disponibili sembra che Gesù, rivolgendosi a Dio, lo abbia sempre chiamato «Abba». Solo così si può spiegare il persistere di questa inusitata forma aramaica anche in comunità di lingua greca. Viceversa, in tutto l'ampio arco dell'antica letteratura ebraica fino al medioevo non è testimoniato, per quanto riguarda la preghiera liturgica e privata, neppure un caso in cui Dio sia invocato con l'appellativo «Abba». Che spiegazione si può dare al fenomeno? Finora se ne è trovata una sola: «abba» – del tutto analogo al nostro «papà» – era originariamente un balbettio del bambino, che al tempo di Gesù veniva usato dai figli adulti nei rapporti con i rispettivi padri e ricorreva inoltre come espressione di cortesia riservata a persone anziane degne di rispetto. Impiegare, nel rivolgersi a Dio, questa voce così affettuosa e così poco virile del linguaggio infantile, questa espressione di cortesia della vita quotidiana, dovette sembrare ai contemporanei di Gesù un atteggiamento irriverente, tanto confidenziale da risultare irritante, come se oggi chiamassimo Dio «babbo» o «paparino».

Per Gesù, invece, si tratta di un atteggiamento tanto poco irrispettoso quanto lo può essere quello del figlio che si rivolge familiarmente a suo padre. La confidenza non esclude il rispetto. L'ossequio resta per Gesù il fondamento della sua concezione di Dio. Non ne è però il centro: l'uomo deve parlare al Padre celeste come un figlio al padre terreno, con rispetto e dimostrandosi pronto all'obbedienza, ma soprattutto con un senso di sicurezza e di completa fiducia. Con questa fiducia che include il rispetto Gesù insegna ai suoi discepoli a pregare Dio: «Padre nostro – nei cieli». Chiamare Dio con l'appellativo di «Padre» è l'espressione più ardita e più semplice di quella fiducia incondizionata che reputa il buon Dio capace di ogni bene, in lui confida e a lui si affida.

Il *Padre Nostro*, pervenutoci in due redazioni – l'una (di Matteo) più breve dell'altra (di Luca) –, è una supplica che rispecchia la normalità di una vita quotidiana estranea alla sfera del sacro, sottratta all'obbligo di una devozione pedissequamente letterale. Senza raccoglimenti e purificazioni mistiche, ma anche senza nessuna rivendicazione di meriti: unica condizione, la disponibilità al perdono. Per le singole invocazioni è agevole istituire paralleli con certe preghiere ebraiche, come quella delle diciotto petizioni. Nell'insieme, tuttavia, il Padre Nostro è, per la sua brevità, precisione e linearità, inconfondibile. Un nuovo modo di pregare, al di là della sacralità ufficiale, non nella lingua sacra ebraica, ma nella madrelingua aramaica, senza i consueti pomposi appellativi rituali di Dio. Un pregare molto personale, che però crea un'intensa unione spirituale degli oranti mediante l'invocazione «Padre nostro». Una supplica estremamente semplice, tutta concentrata sull'essenziale: sulla causa di Dio (sia santificato il suo nome, venga il suo regno, sia fatta la sua volontà), che è indissolubilmente legata alla causa dell'uomo (la sua preoccupazione per le necessità fisiche, la sua colpa, la tentazione e la violenza del male).

Una realizzazione esemplare di ciò che Gesù ha inteso dire in precedenza criticando la prolissità nella preghiera: non si deve credere di poter essere esauditi a forza di parole, come se il Padre non sapesse già di che cosa abbiamo bisogno. Non è, questa, un'esortazione a tralasciare la supplica per limitarsi alla lode, secondo il programma religioso che gli stoici credettero di poter dedurre dall'onniscienza e onnipotenza di Dio. È invece un'esortazione a insistere con umana perseveranza, con incrollabile fiducia e piena consapevolezza della vicinanza di Dio, prendendo esempio dall'amico sfrontato nel cuore della notte o dalla vedova impavida di fronte al giudice. L'ipotesi di una preghiera inesaudita non è neppure presa in considerazione; l'esaudimento è garantito. L'esperienza del mancato esaudimento non deve spingere al silenzio, ma al rinnovo della supplica. Sempre accompagnata, tuttavia, dalla premessa che dev'esser fatta la volontà di Dio e non la nostra: qui sta il mistero dell'esaudimento della preghiera.

Gesù ha raccomandato di pregare lontano dagli occhi della gente, addirittura nel segreto di una dispensa. Così ha pregato Gesù stesso: anche se la maggior parte dei passi sinottici in questione sono inserimenti redazionali di Luca nel Vangelo di Marco, questo stesso Vangelo racconta già di ore intere dedicate da Gesù alla preghiera indipendentemente dall'orario liturgico, in solitudine. Gesù stesso ha ringraziato: lo si legge in un contesto la cui autenticità è messa in dubbio limitatamente alla seconda parte, dove quel conoscersi reciproco del Padre e del Figlio ha sapore giovanneo, mentre è indiscussa per quanto riguarda l'iniziale preghiera di ringraziamento, intesa a lodare il Padre, malgrado tutti gli insuccessi, perché ha nascosto «queste cose» ai sapienti e agli intelligenti e le ha rivelate ai semplici, agli incolti, ai piccoli, agli umili.

Suo Padre e nostro Padre

Ed ecco una nuova sorprendente constatazione. Sono numerosi i passi in cui Gesù dice «il Padre mio (che è nei cieli)» e anche «il Padre tuo» o «il Padre vostro». Ma nei quattro Evangeli non c'è un solo passo in cui Gesù si accomuni ai suoi discepoli nell'invocazione di un «Padre nostro». Si inquadra forse nello stile cristologico della comunità questa fondamentale *distinzione tra Padre «mio» e «vostro»*? Almeno altrettanto plausibile è la supposizione che questo preciso uso linguistico sia così costante nell'intero Nuovo Testamento per il fatto che, come mostrano chiaramente i Vangeli, era già peculiare dello stesso Gesù, esprimendo il senso della sua missione.

La dimensione quotidiana della parola «abba» non deve indurre a una sua sopravvalutazione. Gesù non si definisce mai semplicemente «il Figlio». È anzi esplicito nel rifiutare una diretta identificazione con Dio, una divinizzazione: «Perché mi chiami buono? Nessuno è buono, se non Dio solo». Inoltre non dice mai, come i profeti veterotestamentari: «Così parla il Signore» o «Parola di Jahvè». Sono invece caratteristici del suo modo di esprimersi quell'«io» enfatico e soprattutto quel «Ma io vi dico» che non trovano riscontro in ambito giudaico e vengono giustamente ricondotti al Gesù prepasquale. Consente un attento vaglio delle fonti di sfuggire alla conclusione che questo messaggero del Dio-Padre è vissuto e ha agito in virtù di uno straordinario legame con lui? Che una particolare esperienza di Dio ha sorretto il suo messaggio sul regno e la volontà di Dio? Che la sua smisurata pretesa, la sua sovrana sicurezza e la sua naturale immediatezza non sono concepibili senza uno specialissimo *rapporto diretto con Dio*, suo e nostro Padre?

Evidentemente, quindi, Gesù è pubblico *avvocato di Dio* non solo in senso esteriore-giuridico, non solo in qualità di delegato, plenipotenziario, patrocinatore della sua causa; ma anche in senso profondamente interiore-esistenziale, in qualità di inviato personale, fiduciario, confidente, amico di Dio. In lui l'uomo viene posto a confronto, senza nessuna forma di coartazione, ma anche senza nessuna possibilità di sottrarvisi e per via diretta, con quella realtà ultima che lo impegna a una decisione sui criteri e gli obiettivi ultimi. Da questa realtà ultima Gesù appare ispirato in tutto il suo vivere e agire: nei confronti del sistema politico-religioso e dello strato sociale a lui superiore, nei confronti della Legge, del culto e della gerarchia, nei confronti delle istituzioni e della tradizione, nei confronti della sua famiglia e del suo entourage. Ma anche nei confronti delle vittime di questo sistema, dei tanti che soffrono, che sono emarginati e calpestati, che si rendono colpevoli e falliscono: uomini per i quali prende misericordiosamente posizione. Da questa realtà ultima la sua vita appare come irraggiata: quando annuncia Dio come Padre, quando si rifiuta di condividere i timori e i pregiudizi religiosi del suo tempo, quando solidarizza col popolo religiosamente sprovveduto. Anche quando si rifiuta di trattare i malati come fossero peccatori e non vuole vedere Dio Padre sospettato di essere nemico della vita, quando libera dalle coercizioni psichiche gli ossessi e spezza il circolo vizioso di squilibrio mentale, credenza nel demonio e messa al bando sociale. Di questa realtà egli sembra vivere interamente: quando annuncia la sovranità di questo Dio e non ammette rapporti di potere tra gli uomini, quando si oppone a che le mogli sottostiano all'arbitrio dei mariti, quando prende le difese dei fanciulli contro gli adulti, dei poveri contro i ricchi, e in generale dei piccoli contro i grandi. Quando si impegna a favore di chi coltiva una fede eterodossa, di chi è politicamente compromesso, di chi difetta di moralità, di chi subisce uno sfruttamento sessuale e di chi è relegato ai margini della società, accordando a tutti costoro il suo perdono. Quando si mantiene aperto verso tutti i gruppi e non sottoscrive acriticamente le dichiarazioni con cui gli esponenti della religione ufficiale e i loro esperti sentenziano che cosa è infallibilmente vero o falso, buono o cattivo.

In questa realtà ultima che egli chiama Dio, suo Padre e nostro Padre, è quindi radicato il suo atteggiamento di fondo: in una parola, la sua *libertà*, un germe contagioso che schiude al singolo e alla società, prigionieri della loro unidimensionalità, una *dimensione diversa* per davvero, una reale alternativa, un altro sistema di valori, norme e ideali. Un vero salto qualitativo incontro a una nuova coscienza, una nuova meta, un nuovo itinerario esistenziale, e perciò anche una nuova società fondata sulla libertà e la giustizia. Un vero trascendere, che non può essere appunto un trascendere senza trascendenza, ma è un *trascendere in forza della trascendenza nella trascendenza*.

Il rapporto col Padre ci introduce al mistero ultimo di Gesù. Le fonti non ci consentono di lanciare uno sguardo nell'intimo di Gesù. Psicologia e filosofia della coscienza non ci danno ulteriori lumi. Una cosa si può però tenere per certa: se Gesù non ha rivendicato per sé l'appariscente titolo di Figlio e se non è lecito inserire nei testi prepasquali una cristologia postpasquale del «Figlio di Dio», non si può nemmeno ignorare che *la definizione postpasquale di «Figlio di Dio» trova un suo reale supporto nel Gesù prepasquale.* Tutto l'annuncio e il comportamento di Gesù costituivano un'interpretazione di *Dio.* Ma sullo sfondo di questo Dio annunciato diversamente, non era inevitabile che lo stesso *Gesù* si mostrasse in una luce diversa? Chiunque si accostava a Gesù con incrollabile fiducia, constatava una trasformazione, inopinata e liberatoria, in colui al quale aveva fin allora guardato come a «Dio». E non era inevitabile, inversamente, che chi tramite Gesù si accostava a questo Dio e Padre, constatasse una trasformazione in colui al quale aveva fin allora guardato come a Gesù?

Era un fatto oggettivo: l'annuncio e l'invocazione di Dio come Padre, così singolarmente nuovi, si riverberavano su chi lo annunciava e lo invocava con così singolare novità di accenti. E come già allora non si poteva parlare di Gesù senza parlare di questo Dio e Padre, così in seguito sarebbe stato difficile parlare di questo Dio e Padre senza parlare di Gesù. La decisione di credere nell'unico vero Dio non dipendeva da determinati nomi o titoli, ma dall'approccio con questo Gesù. Nel contatto con Gesù si decideva quale atteggiamento assumere verso Dio, quale opinione farsi di lui, quale Dio avere come proprio Dio. Gesù ha parlato e ha agito in nome e in forza del Dio unico di Israele. E per lui, da ultimo, si è anche lasciato uccidere.

3. La fine

Su quasi tutti i temi vitali – matrimonio, famiglia, nazione, rapporto con l'autorità, relazioni con altri uomini e gruppi – Gesù professa idee diverse da quelle correnti. Il conflitto sul sistema, sulla Legge e l'ordine, sul culto e le tradizioni, sull'ideologia e la prassi, sulle norme imperanti, sui confini da rispettare e sulla gente da evitare, la disputa sul Dio ufficiale della Legge, del Tempio, della Nazione, la pretesa di Gesù spingono incontro alla fine. Bisognava vedere chi aveva ragione. Era diventata una questione di vita o di morte. E il giovane combattente così provocatorio nella sua grandiosa libertà e spontaneità si sarebbe trasformato in un uomo silenzioso e paziente.

Un'ultima cena

Gesù, che con il suo parlare e il suo agire aveva fatto di tutto per meritare la pena di morte, dovette attendersi una fine violenta. Non nel senso che direttamente provocò o volle la propria morte. Non ebbe il desiderio struggente di morire, ma *visse al cospetto della morte*. Morte che accettò liberamente – nel segno di quella grande libertà che riunisce fedeltà a se stesso e fedeltà alla propria missione, senso di responsabilità e obbedienza –, perché vi riconobbe la volontà di Dio: non si trattava solo di patire la morte, ma di dare in olocausto la propria vita. Ciò va tenuto presente nell'affrontare quella scena, svoltasi alla vigilia della crocifissione, cui la liturgia specificamente cristiana si ricollega da duemila anni a questa parte: l'ultima cena.

Gesù, al pari di almeno alcuni tra i suoi discepoli,

era battezzato, ma egli stesso, e secondo i Vangeli sinottici anche i suoi discepoli, sicuramente non battezzò prima della Pasqua; quanto all'ordine di battezzare impartito dal Signore pasquale, non se ne ricavano elementi storicamente verificabili: questa è la linea critica sulla quale si è oggi generalmente attestata l'esegesi. Generalmente si è altresì dell'avviso che non ci fu ai primordi della Chiesa un periodo in cui non si sia amministrato il battesimo, e che anzi nella comunità primitiva si cominciò a battezzare già a breve distanza dalla Pasqua. La contraddizione è solo apparente e trova la sua spiegazione nel fatto che la comunità poteva ritenere di compiere con l'amministrazione del battesimo la volontà di Gesù, anche senza una sua precisa direttiva in tal senso e addirittura senza l'«istituzione» di un rito battesimale. Semplicemente riallacciandosi al battesimo amministrato da Giovanni e approvato da Gesù. Riallacciandosi al battesimo stesso di Gesù e dei discepoli. Non attuando un preciso mandato di Gesù, ma ispirandosi al senso generale del suo messaggio, che chiama alla conversione e alla fede e promette perdono dei peccati e salvezza. In tal modo la comunità battezza nello spirito di Gesù: in adempimento della sua volontà, in risposta al suo messaggio e quindi in suo nome.

Che qualcosa di analogo sia avvenuto per la *Cena*? Che Gesù non abbia personalmente celebrato una tale «cena», che sia stata la comunità postpasquale a celebrarla «in sua memoria», nel senso e nello spirito di Gesù, e quindi per sua delega? Per la celebrazione della Cena da parte della Chiesa sarebbe questa una giustificazione altrettanto valida quanto quella del battesimo. Qui, tuttavia, la situazione è più complessa. Da un punto di vista storico, battesimo e Cena non si possono collocare sullo stesso piano. Certo, si può legittimamente dubitare che Gesù abbia «istituito» una Cena; l'invito a rinnovare la celebrazione, che ricorre due volte in Paolo, manca anche in Marco. Le fonti non consentono però di dubitare con altrettanta facilità del fatto che Gesù *celebrò* con i suoi discepoli una cena di commiato, un'ultima cena.

Un'ultima cena, un banchetto d'addio di Gesù può essere visto nella giusta luce solo sullo sfondo di una lunga *serie di pasti*, continuata dai suoi discepoli anche dopo la Pasqua. L'osservazione è già sufficiente a far comprendere che con questa cena Gesù non volle istituire una nuova liturgia. Si trattava di ripristinare un'ultima volta, nell'attesa del vicino Regno e del proprio distacco dai discepoli, la comunione conviviale con coloro che per tanto tempo lo avevano accompagnato nei suoi spostamenti, dividendo con lui la mensa.

Cena pasquale o meno: le particolari *parole di Gesù* non piovvero, per così dire, dal cielo, quali sacre parole istitutive di una liturgia inedita (che è il presupposto di chi concepiva l'ultima cena come un episodio isolato). Esse si inscrivevano agevolmente nel rituale – ancor oggi parzialmente in vigore in certe famiglie ebraiche – di un solenne banchetto ebraico. Le parole del pane in connessione con la preghiera intorno al tavolo che inaugura il pasto principale: il capofamiglia pronuncia la formula di lode sull'unico pane piatto e rotondo, lo spezza e ne distribuisce ai commensali i frammenti. Le parole del vino in connessione con la preghiera di ringraziamento che conclude il pasto: il capofamiglia fa circolare il calice contenente il vino, invitando ciascuno a berne. Un gesto di comunione, che ogni uomo dell'antichità poteva comprendere anche senza un corredo di formule esplicative.

Gesù, quindi, non dovette fondare un nuovo rito; gli bastò associare al rito tradizionale un nuovo annuncio e una nuova interpretazione, in base alla quale riferì a se stesso il pane e – almeno secondo la versione di Marco – anche il vino. Facendo del pane e del vino due segni profetici della sua morte incombente, alluse altresì con essi a tutto ciò che egli era, a tutto ciò che aveva fatto e voluto: al suo olocausto, all'offerta della sua vita. Come questo pane, così anche il suo corpo sarà spezzato; come questo vino rosso, così anche il suo sangue sarà versato: questo è il mio corpo, questo è il mio sangue. Col che si intende, entrambe le volte, la persona intera e la sua offerta. E come il capofamiglia rende partecipi della benedizione della mensa quanti mangiano il pane e bevono il vino, così Gesù rende partecipi i suoi di quel suo corpo destinato alla morte (in ebraico o aramaico, «corpo» e «carne» significano sempre l'uomo intero) e di quel suo sangue versato per «molti» (in senso comprensivo = tutti).

I discepoli vengono così assunti nel destino di Gesù. Nel segno della Cena si instaura una comunione nuova, permanente, di Gesù con i suoi, viene conclusa una *«nuova alleanza»*. Il concetto della Nuova Alleanza è posto maggiormente in risalto dalla (più originaria?) versione di Paolo («Questo calice è la nuova alleanza nel mio sangue») che non da quella di Marco: è l'Alleanza che, prefigurata nell'Alleanza del Sinai (la cui conclusione viene sancita dall'aspersione con sangue e dalla consumazione di un pasto), e preannunciata da Geremia per il tempo della salvezza, all'epoca di Gesù svolse un ruolo importante anche nella comunità di Qumran, dove è appurato che si consumava quotidianamente un pasto comunitario con benedizione del pane e del vino. Il sangue versato di Gesù, il suo corpo immolato sono segni, quindi, della Nuova Alleanza intervenuta tra Dio e il suo popolo.

Senz'altro oziosa è la questione, tanto dibattuta nell'età della Riforma, circa il significato dell'«è», dal momento che né la comunità né Gesù stesso conoscevano il nostro concetto di sostanza. Non ci si domandava che cosa fosse una certa cosa, ma a che servisse. Non in che consistesse, ma quale fosse la sua funzione. Può sembrare paradossale, ma questa parola che scatenò dispute secolari, nell'originale formulazione aramaica della frase di Gesù con ogni probabilità non compariva. In aramaico si diceva infatti semplicemente: «Questo – il mio corpo».

Lo svolgimento e le parole della Cena confermano quindi la preesistenza di un'*antica comunione*, e al tempo stesso promettono una *nuova comunione*: «koinonia», «communio» con Gesù e tra i partecipanti. Questa comunione conviviale si perpetuerà oltre l'annuncio ai discepoli della separazione dal loro Maestro: fino al suo rinnovarsi nel regno di Dio. I discepoli dovranno rimanere uniti anche durante l'assenza del Maestro. Non per nulla, all'ultima cena di Gesù si è in seguito associata l'idea della comunità ecclesiale.

L'arresto, il processo, la condanna

Non intendiamo qui ripercorrere l'intera *vicenda della passione*. Più semplice risulterà una sua rilettura in uno dei Vangeli, meglio se dando la precedenza a quello di Marco. Per quanto riguarda la successione degli avvenimenti, persino Giovanni, che deve avere utilizzato un più antico resoconto della passione, concorda una volta tanto con i tre sinottici: tradimento di Giuda, ultima cena con individuazione del traditore, arresto e interrogatorio, processo dinanzi a Pilato e crocifissione. A questi cardini del racconto, che anche in Giovanni si succedono nel medesimo ordine, si aggiungono la lavanda dei piedi ai discepoli, l'episodio del Getsemani e il rinnegamento di Pietro insieme con la sua anticipazione.

Appena prima della solennità pasquale avvenne l'*arresto*, dai testi evangelici unanimemente ambientato fuori della città, oltre la valle del Cedron, sul Monte degli Ulivi, in un podere chiamato *Getsemani*. Nulla di storico è dato sapere sulla tentazione e la drammatica preghiera di Gesù, cui non assistettero testimoni. Per la storia dei dogmi è rimasta di non poca importanza l'espressività con cui vengono rappresentati, diversamente che in storie di martiri ebrei o cristiani, l'orrore e l'angoscia di Gesù. Non è, questo, il soffrire di uno stoico superiore a ogni miseria umana o addirittura di un superuomo, ma di un uomo nel senso più completo della parola, tentato e tormentato, del tutto incompreso da parte dei suoi più stretti confidenti, che si sono frattanto addormentati.

Nottetempo, nel corso di un'azione di sorpresa guidata da *Giuda Iscariota*, cui erano ben note le abitudini del Maestro, Gesù viene arrestato da un manipolo di suoi avversari. Storicamente di difficile spiegazione, il bacio di Giuda a colui che egli, alla maniera dei discepoli, saluta con l'appellativo «Rabbi», è rimasto il simbolo del più abietto tradimento. È tuttora *poco chiaro chi abbia dato l'ordine* e chi abbia preso parte all'arresto. Quasi certamente un distaccamento di sacerdoti del Tempio, per iniziativa dei supremi organi sacerdotali in contatto col sinedrio. Può darsi che fosse già stata raggiunta un'intesa tra autorità ebraiche e romane. Ciò spiegherebbe sia l'accenno alla presenza di una coorte romana (naturalmente a fianco della polizia ebraica del Tempio) da parte di Giovanni, il quale per il resto lascia la partecipazione romana in secondo piano, sia la sbrigativa condanna da parte di un Ponzio Pilato noto per essere un governatore ben poco accomodante. La successiva collaborazione tra autorità ebraiche e romane non può essere messa in dubbio. Secondo tutti i resoconti, comunque, Gesù fu preso anzitutto in consegna dalle autorità ebraiche.

È significativo che l'arresto sia avvenuto *senza resistenza alcuna* da parte di Gesù e dei suoi discepoli. Il maldestro, ridicolo colpo di spada di uno sconosciuto e la leggenda della guarigione dell'orecchio reciso non fanno che confermare tale circostanza. A partire da questo momento Gesù, abbandonato da tutti i seguaci, viene a trovarsi in assoluta solitudine. Come sull'arresto, così anche sulla *fuga dei discepoli* si riferisce in termini concisi, senza accampare scuse; non è possibile dubitarne. Luca è il solo che tenti di velare questo increscioso episodio, innanzitutto passandolo sotto silenzio e successivamente accennando ai conoscenti che assistono da lontano. Giovanni accentua apologeticamente la libera volontà di Gesù trasferendo la scena su un piano mitologico: di fronte a lui gli uomini stramazzano come dinanzi all'apparizione della divinità, per poi arrestarlo non appena egli ha congedato i discepoli.

Alla fedeltà di Gesù (davanti al tribunale) si contrappone con particolare evidenza l'infedeltà (davanti a una serva) di quel discepolo che gli aveva solennemente giurato fedeltà fino alla morte: noto come *rinnegamento di Pietro*, tale episodio, raccontato dai quattro Vangeli con attendibile semplicità – in origine, forse, un nucleo narrativo omogeneo e autonomo –, potrebbe essere stato messo a disposizione della comunità dallo stesso Pietro. In ogni caso dovrebbe corrispondere – tranne che nella drammatica conclusione, certo dovuta a Marco, con il secondo canto del gallo (a quanto pare, i polli erano banditi da Gerusalemme) – alla realtà storica, dato che all'interno della comunità non v'è traccia alcuna di animosità nei confronti di Pietro.

Nonostante ogni più meticolosa analisi critica, la possibilità di ricostruire *un procedimento giudiziario* del quale non abbiamo né atti originali né dirette testimonianze dovrebbe essere esclusa.

Chiaro è comunque che Gesù venne *condannato a morte* dall'azione congiunta delle autorità religiose e politiche: i resoconti evangelici ci restituiscono un uomo politico, Pilato, in qualche misura imbarazzato dal fatto di non riuscire a raccogliere contro Gesù, che egli riteneva un capo zelota, elementi concreti rispondenti all'imputazione. Pur prendendo atto della tendenza degli evangelisti a dipingere il rappresentante di Roma come teste a favore dell'innocenza di Gesù e a scagionarlo, c'è da credere che egli abbia davvero ventilato un proscioglimento di Gesù – naturalmente in via del tutto eccezionale, essendo inverosimile un'usanza annuale in tal senso –, prima di cedere alle pressioni di un popolo istigato e rimettere in libertà il rivoluzionario zelota Barabba (figlio di Abba). È quanto concordemente riferiscono le fonti, mentre solo in Matteo figura l'intercessione della moglie di Pilato, solo in Luca l'infruttuoso interrogatorio davanti a Erode Antipa, solo in Giovanni l'interrogatorio di fronte al sommo sacerdote

Anna e la dettagliata successione di domande da parte di Pilato. Paradossalmente, condannando come «re (= messia) dei Giudei» questo Gesù che mai aveva rivendicato titoli messianici, Pilato ne fece pubblicamente il Messia crocifisso. Il che si sarebbe rivelato importante per la fede postpasquale e la sua concezione del Gesù prepasquale. Può darsi che l'ironia dell'iscrizione sulla croce fosse consapevolmente voluta dal governatore romano. Che così almeno l'abbiano sentita gli ebrei – per i quali un Messia crocifisso rappresentava uno scandalo atroce –, lo dimostra la controversia sulla formulazione.

La crocifissione

Prima di essere giustiziato, Gesù – anche per questo particolare non mancano riscontri storici – rimase esposto allo scherno e al sarcasmo della soldatesca romana. La *derisione* di Gesù come re da commedia conferma che la condanna gli venne inflitta per presunte ambizioni messianiche. Normale, prima della crocifissione, la feroce *flagellazione* con fruste di cuoio in cui erano infissi piccoli frammenti metallici. Che Gesù sia crollato sotto il peso della traversa di legno e che si sia costretto quel Simone nativo dell'africana Cirene ad aiutarlo, è cosa assai probabile, anche a prescindere dall'accenno ai figli di Simone. La Via Crucis non coincide con l'odierna Via dolorosa. Conduce infatti dal palazzo di Erode – questo e non la torre Antonia era la residenza di Pilato a Gerusalemme – al luogo dell'esecuzione, su un modesto colle al di fuori di quello che era allora il perimetro delle mura, un colle chiamato, verosimilmente per la sua forma, Golgota (= cranio).

Impossibile descrivere l'*esecuzione* più concisamente dell'evangelista. «Poi lo crocifissero.» A quel tempo tutti conoscevano benissimo il terribile supplizio (ideato probabilmente dai persiani) che i romani riservavano agli schiavi e ai ribelli politici: si inchiodava il condannato a una traversa di legno che veniva quindi fissata a un palo in precedenza conficcato nel terreno (a questo palo si facevano aderire i piedi per mezzo di chiodi o funi). La tavoletta che pendeva dal collo del condannato lungo il cammino verso il luogo dell'esecuzione veniva affissa alla croce, in modo che ognuno potesse leggere la motivazione della condanna. Percosso a sangue e appeso alla croce, solo dopo una lunga agonia che a volte si protraeva fino al giorno successivo l'infelice moriva, dissanguato o soffocato, vittima di un supplizio tanto crudele quanto discriminatorio. Un cittadino romano poteva essere decapitato, mai crocifisso.

I Vangeli *non si diffondono nei particolari*. Non si descrivono dolori e tormenti, non si suscitano emozioni o istinti aggressivi. L'intento non è di ritrarre il comportamento di Gesù nell'ora della morte. Ma di evidenziare con ogni mezzo – citazioni e allusioni veterotestamentarie, segni prodigiosi – il significato di questa morte: la morte di questo Gesù che, dopo avere destato tante speranze, viene ora dai nemici deriso e liquidato, dagli amici e, sì, da Dio stesso abbandonato. Già nel Vangelo di Marco tutto sfocia inevitabilmente nel dilemma della fede: in questa agonia atroce e infamante si vuole vedere, con i derisori, la morte di un fanatico illuso e fallito, che vanamente invoca l'aiuto di Elia? Oppure, con il centurione romano – primo riconoscimento da parte di un pagano –, la morte del Figlio di Dio?

Perché dovette morire?

Ciò che nella rappresentazione dei Vangeli figura meta e coronamento del cammino terreno di Gesù di Nazaret, dovette apparire ai contemporanei una fine assoluta. Forse qualcuno aveva fatto agli uomini promesse più consolanti? E ora questo fiasco completo e una morte obbrobriosa!

Chi trova che tutte le religioni e i loro «fondatori» siano uguali, ne esamini comparativamente le morti, e constaterà notevoli *differenze*: Mosè, Buddha, Confucio morirono tutti in età avanzata, all'apice del successo nonostante tutte le delusioni, circondati dai propri discepoli e seguaci, «sazi di vita» come i patriarchi di Israele. Secondo la tradizione, Mosè morì al cospetto della Terra Promessa, in mezzo al suo popolo, all'età di centovent'anni, senza che la sua vista si fosse annebbiata e la sua freschezza fosse appassita. Buddha si spense ottantenne, serenamente, per avvelenamento da cibo, nella cerchia dei suoi discepoli, dopo aver riunito come predicatore itinerante una grande comunità di monaci, monache e seguaci laici. Confucio morì anch'egli carico d'anni, dopo il suo ritorno a Lu (ministro della giustizia, ne era stato cacciato), avendo dedicato l'ultimo scorcio della sua vita alla formazione di un gruppo di discepoli per lo più nobili, destinati a custodire e continuare la sua opera, e alla trascrizione degli antichi testi del suo popolo, che sarebbero pervenuti ai posteri solo nella sua redazione. Maometto, infine, fu raggiunto dalla morte nel suo harem, tra le braccia della moglie favorita, non prima di aver goduto, nei suoi ultimi anni, la posizione privilegiata di dominatore politico dell'Arabia.

Ed eccoci a Gesù: respinto dalla società, tradito e

rinnegato dai suoi discepoli e seguaci, schernito e oltraggiato dai suoi avversari, abbandonato dagli uomini e da Dio, un giovane uomo sui trent'anni, con alle spalle non più di tre anni, se non addirittura pochi mesi di attività, muore secondo un rituale tra i più efferati e raffinati che la crudeltà umana abbia mai escogitato.

Di fronte al fatto culminante della morte, i problemi storici irrisolti di questo avvicinamento alla croce scivolano in secondo piano. Qualunque scintilla abbia provocato l'aperta deflagrazione del conflitto, qualunque sia stato il movente del tradimento, comunque si debbano ricostruire le circostanze dell'arresto e le modalità del processo, dovunque si debbano individuare i colpevoli, comunque si debbano collocare nel tempo e nello spazio le singole stazioni di questo itinerario, se sua madre si trovasse ai piedi della Croce (no, secondo il Vangelo più antico): la morte di Gesù non fu un caso, non fu un tragico errore giudiziario e nemmeno un puro atto d'arbitrio, ma una necessità storica (che include in sé la colpa dei responsabili). L'avrebbe potuta scongiurare solo un ripensamento totale, una reale «metanoia» delle persone che vi furono implicate, una nuova coscienza, la rinuncia a un inveterato atteggiamento di chiusura, il ripudio della presunzione e della sicurezza fondate sull'osservanza della Legge, una conversione che si risolvesse in un fidente, radicale abbandono al Dio della grazia incondizionata e dell'immenso amore annunciato da Gesù.

La fine violenta di Gesù rientra *nella logica del suo annuncio e del suo comportamento*. La passione di Gesù si spiega come reazione dei custodi della Legge, del diritto e della morale alla sua azione. La morte che egli subì passivamente, l'aveva attivamente provocata.

Solo il suo annuncio giustifica la sua condanna. Solo il suo agire illumina il suo patire. Solo la sua vita e la sua opera nel loro complesso chiariscono che cosa distingue la croce di quest'Uno dalle croci di quei combattenti della resistenza giudaica che i romani giustiziarono in massa, pochi decenni dopo la morte di Gesù, davanti alle mura della capitale assediata, dalle 7000 croci di schiavi romani erette ai margini della via Appia dopo la fallita rivolta di Spartaco (lui stesso non crocifisso, ma caduto in battaglia), e in generale dalle innumerevoli croci, grandi o piccole, di tutti i martirizzati o seviziati nel corso della storia.

La morte di Gesù fu, per così dire, la ricevuta della sua vita. Nulla ha però in comune con l'uccisione – conseguente a uno sfortunato tentativo di farsi sovrano – del politico Giulio Cesare per mano di Bruto, così come la descrisse con passione storica e poetica Plutarco e come la tradusse in forma drammatica Shakespeare. Ben altra dimensione ha la morte del pacifico Gesù di Nazaret, che non ambì al potere politico, ma si impegnò unicamente per Dio e l'attuazione della sua volontà. E il racconto evangelico della passione non ha bisogno di una trasposizione drammatica o storiografica, poiché è la sua stessa sublime essenzialità a suscitare l'interrogativo circa le ragioni per cui si condannò proprio quest'uomo a una così smisurata sofferenza.

Ebbene, se si prende in esame non solo il racconto della passione, ma i Vangeli nel loro insieme, unico sfondo su cui tale racconto appare comprensibile, risulta chiarissimo perché si sia giunti a tanto, perché Gesù sia morto non per avvelenamento, per infarto, per un incidente o di vecchiaia, ma vittima di un omicidio. O forse la gerarchia avrebbe dovuto lasciare via libera a questo radicale che annunciava in forza di un'autorità propria, senza delega e giustificazione, la volontà di Dio?

Questo *maestro di falsità* che stendeva un velo di indifferenza sulla Legge e l'intero ordinamento sociale e religioso, portando confusione in mezzo al popolo politicamente e religiosamente ignorante?

Questo *profeta di menzogne* che profetizzava la distruzione del Tempio e relativizzava l'intero apparato cultuale, generando perplessità proprio negli uomini che per tradizione erano più profondamente religiosi?

Questo *bestemmiatore di Dio* che in nome di un amore senza confini accoglieva tra i suoi seguaci e amici persone religiosamente e moralmente instabili, trasgressori della Legge e senza Legge, che per una forma di sotterraneo rancore verso quest'ultima e il Tempio degradava il Dio sommo e giusto della Tora e del Tempio a Dio di questi senza Dio e senza speranza, che si permetteva, elargendo e garantendo personalmente qui e ora la remissione dei peccati, la mostruosa arroganza di ingerirsi nella sfera dei privilegi più esclusivi di Dio?

Questo *seduttore del popolo* che impersonava una sfida senza precedenti all'intero sistema sociale, una provocazione dell'autorità, una ribellione contro la gerarchia e la sua teologia, tutti atteggiamenti che potevano determinare non solo sconcerto e insicurezza, ma veri e propri tumulti, dimostrazioni, insomma una nuova insurrezione popolare, il divampare di quel grande conflitto sempre incombente con l'esercito di occupazione, e l'intervento armato della potenza romana?

Il nemico della Legge è anche – sotto un profilo teologico-politico – un nemico del popolo. Il sommo sacerdote Caifa non drammatizzò certo la situazione quando – secondo Giovanni, sovente così acuto – nella seduta decisiva del sinedrio fece osservare: «Voi non capite nulla e non considerate come sia meglio che muoia un solo uomo per il popolo e non perisca la nazione intera».

Il processo politico e la crocifissione di Gesù come delinquente politico da parte dell'autorità romana non furono quindi un mero equivoco e un assurdo destino, poggianti solo su un trucco politico o su una grossolana falsificazione dell'autorità romana. Il carattere politico dell'accusa e della condanna dipese in larga misura dalla situazione politica, religiosa e sociale del tempo. Tale situazione non consentiva *una facile separazione di religione e politica*. Non erano concepibili né una politica areligiosa né una religione apolitica. Chi portava disordine nel campo religioso, portava disordine anche in quello politico. Agli occhi dell'autorità religiosa come di quella politica Gesù rappresentava un rischio per la sicurezza. E *tuttavia*: se non si vuole avere un'immagine distorta della vita e della morte di Gesù, *non* si deve mettere la *componente politica sullo stesso piano di quella religiosa*. Il conflitto politico con l'autorità romana non è che una conseguenza (di per sé non necessaria) del conflitto religioso con la gerarchia giudaica. Occorre qui una rigorosa distinzione:

l'*imputazione religiosa*, secondo cui Gesù si era preso una libertà sovrana nei confronti della Legge e del Tempio, aveva messo in discussione l'ordine religioso consacrato dalla tradizione e si era arrogato poteri inauditi con l'annuncio della grazia di Dio Padre e con la personale concessione del perdono dei peccati, rispecchiava la *verità*. Da tutti i Vangeli traspare la sua fondatezza: secondo la logica della religione tradizionale della Legge e del Tempio, la gerarchia giudaica non poteva non entrare in azione contro il maestro di falsità, il profeta di menzogne, il bestemmiatore di Dio, il seduttore del popolo, a meno di compiere una svolta radicale, prestando fede al Messaggio e accettandone tutte le conseguenze.

L'*imputazione politica*, secondo cui Gesù aveva aspirato al potere politico, aveva incitato a rifiutare il pagamento delle tasse alla forza d'occupazione e a ribellarsi, e si era inoltre presentato come il messia-re politico dei giudei, era *falsa*. I Vangeli tutti la fanno apparire pretestuosa e calunniosa: come abbiamo visto in dettaglio a proposito di Gesù e la rivoluzione e verificato di volta in volta in tutti i capitoli successivi, Gesù non fu un politico attivamente impegnato, non fu un agitatore e rivoluzionario sociale, non fu un oppositore militante della potenza romana.

Questo significa che venne condannato come rivoluzionario politico, pur non essendo tale. Fosse stato più diplomatico, avrebbe avuto qualche chance in più. L'imputazione politica mascherava l'odio e l'«invidia» di natura prettamente religiosa della gerarchia e dei suoi teologi di corte. Secondo il diritto ebraico vigente, la pretesa di essere il Messia non costituiva di per sé un reato, si poteva lasciare che si risolvesse in un successo o in un fallimento; si poteva però anche, con facilità irrisoria, travisarla a uso dei romani, trasformandola in una rivendicazione di potere politico. Apparentemente giustificata dalle circostanze, un'accusa del genere dovette sembrare plausibile a Pilato. Era tuttavia non soltanto tendenziosa, ma sostanzialmente falsa. Per cui nella comunità «re dei Giudei» non poté essere impiegato in funzione di titolo cristologico. Dal punto di vista dell'autorità romana, Ponzio Pilato non era affatto tenuto a intervenire contro *questo* «re dei Giudei», e ne fa fede quell'esitazione di cui il procuratore viene generalmente accreditato. Stando alle fonti, anche in occasione del conflitto politico non si può parlare di una costante «dimensione» politica nella storia di Gesù. È evidente che l'autorità romana entra in scena solo all'ultima ora e non di propria iniziativa: chiamata in causa, secondo tutti i Vangeli, solo dalla denuncia e da un preciso intrigo politico della gerarchia giudaica.

Morto invano?

La morte di Gesù significò per quei tempi una vittoria della Legge. Da Gesù messa radicalmente in discussione, la Legge ha restituito il colpo, uccidendolo. La sua legittimità è salva. Il suo potere si è imposto. La sua maledizione è giunta a segno. «Chiunque pende dal legno è maledetto da Dio»: la sentenza veterotestamentaria contro i malfattori appesi all'albero poteva essere applicata a Gesù. In quanto crocifisso, egli è un maledetto da Dio: per ogni ebreo – ancora lo mostra il dialogo di Giustino con il giudeo Trifone – era questo un argomento decisivo contro la messianità di Gesù. La sua morte sulla croce rappresentava l'*avveramento della maledizione della Legge*.

Il dolore sofferto remissivamente e la morte subita passivamente, nel segno della maledizione e dell'infamia, furono per i nemici, e anche per gli amici, il segno infallibile che la sua avventura era finita e che egli non aveva nulla a che fare con il Dio vero. Gesù ha avuto torto, su tutta la linea: col suo messaggio, con la sua condotta, con tutto il suo essere. La sua *pretesa* è ora *smentita*, la sua autorità dileguata, l'erroneità della sua vita accertata. Chi non lo vede? È condannato il maestro di falsità, sconfessato il profeta di menzogne, smascherato il seduttore del popolo, ripudiato il bestemmiatore di Dio. La Legge ha trionfato su questo «evangelo»: basta con questa «giustizia migliore» fondata su una fede che si oppone alla giustizia della Legge, a sua volta fondata sulle opere giuste. Causa di Dio è e resta la Legge, cui ci si deve sottomettere senza riserve, e con la Legge il Tempio.

Il Crocifisso tra i due malfattori crocifissi è, visibilmente, la personificazione (condannata) dell'illegalità, dell'ingiustizia, dell'empietà: «annoverato tra gli scellerati», «fatto peccato» il *peccato personificato*. Il rappresentante, letteralmente, di tutti quei trasgressori della Legge e senza Legge per i quali si era battuto e che in fondo meritano la sua stessa sorte: il *rappresentante dei peccatori* nel senso più spregevole del termine. Non meno fondata dello scherno dei nemici appare la fuga degli amici: per essi questa morte significa la fine delle speranze legate alla sua persona, la confutazione della loro fede, la vittoria dell'assurdo.

Ecco il tratto distintivo di questa morte: Gesù morì *non solo abbandonato dagli uomini* – in una solitudine in qualche modo temperata da Luca e Giovanni –, *ma anche assolutamente abbandonato da Dio*. E solo qui si esprime la profondità più profonda di questo morire, una profondità che lo distingue dalla «bella morte» – tanto spesso addotta come termine di paragone – di quel Socrate che venne condannato per empietà e corruzione della gioventù, o di qualche saggio stoico. Gesù fu preda – totalmente – della sofferenza. Nei Vangeli non si parla di serenità, di libertà interiore, di superiorità, di grandezza d'animo. Non si parla di una morte umana, sopraggiunta dopo settant'anni di placido progresso verso la maturità filosofica e prodotta dall'azione indolore della cicuta. Ma di un lancinante supplizio, di una morte prematura che tutto troncò e coprì di obbrobrio: una morte segnata non da una superiore tranquillità, bensì da un estremo, incomparabile abbandono. Ma proprio per questo: c'è una morte che più abbia scosso e forse anche esaltato l'umanità nella sua lunga storia, di questa morte così infinitamente umana-disumana nell'immensità della sofferenza che la contraddistinse?

La straordinaria comunione in cui Gesù riteneva di trovarsi con Dio si convertì nel suo straordinario abbandono da parte di Dio. Questo Dio e Padre, col quale egli si era pienamente identificato fino alla fine, alla fine non si identificò con lui. E così tutto sembrò di colpo *vanificato*, come se non fosse mai accaduto. Colui che di fronte al mondo intero aveva annunciato pubblicamente la vicinanza e la venuta di Dio, suo Padre, morendo in questo desolato abbandono si rivelò pubblicamente, di fronte al mondo intero, un senza Dio: un uomo da Dio stesso giudicato, e liquidato una volta per tutte: «Eloì, Eloì, lemà sabactàni?, che significa: Dio mio, Dio mio, perché mi hai abbandonato?». E poiché alla sua persona era indissolubilmente legata la causa per la quale aveva vissuto e lottato, crollò con la sua persona anche la sua causa. Non esisteva una causa indipendente da lui. Come si sarebbe potuto credere alla sua parola dopo il suo grido straziante verso il cielo, il suo ammutolire, il suo spirare?

Il Crocifisso non viene sotterrato secondo la prassi consueta per i giustiziati ebrei. La tradizione romana prevedeva la possibilità che il cadavere venisse consegnato ad amici e parenti. Non un discepolo, narrano i Vangeli, ma un simpatizzante, il membro del sinedrio Giuseppe d'Arimatea, che compare solo qui e a quanto sembra non entrò a far parte della comunità, provvede a seppellire il cadavere nel suo sepolcro privato. Del fatto sono testimoni solo alcune donne, che avevano assistito da lontano alla crocifissione. Già Marco dà risalto alla constatazione ufficiale della morte. E non solo lui, ma anche l'antica professione di fede tramandata da Paolo pone l'accento sul fatto della sepoltura, un fatto di cui non è possibile dubitare. Stranamente, sebbene a quel tempo un vivo interesse religioso circondasse i sepolcri dei martiri e dei profeti ebrei, intorno al sepolcro di Gesù non sorse un culto. Perché?

VI. La nuova vita

Siamo giunti al punto più problematico del nostro discorso su Gesù di Nazaret. Chi finora ci ha seguito e compreso, qui potrebbe arenarsi. Perché questo – lo sentiamo con particolare intensità – è anche il punto più problematico della nostra personale esistenza.

1. Il nuovo inizio

Il punto dove tutte le previsioni e i progetti, le interpretazioni e le identificazioni, le azioni e le passioni urtano contro una barriera assoluta, insormontabile: la morte, con cui tutto finisce.

La morte è la fine di tutto?

Tutto finisce? O forse con la morte di Gesù non tutto finì? Proprio qui occorre la massima cautela. Non dev'essere convalidato il sospetto di proiezione affacciato da Feuerbach, per il quale la risurrezione di Gesù non è che l'appagamento dell'aspirazione umana ad acquisire un'immediata certezza della propria immortalità personale. Né a posteriori si deve ricorrere ad artifici teologici per negare che Gesù di Nazaret sia realmente morto di una morte umana. Questa sua morte nell'abbandono *non* va *reinterpretata*, mistificata, mitizzata, come se fosse avvenuta solo a metà. Richiamandosi alla divinità immortale di Gesù, i primi gnostici arrivarono a metterne in dubbio la morte; gli scolastici medievali abolirono più o meno esplicitamente la condizione di abbandono del morente, asserendo, senza fondamento biblico, che Gesù godé contemporaneamente di una beatificante visione di Dio; e oggi, di nuovo sulla base di pregiudizi dogmatici, singoli esegeti interpretano frettolosamente la morte di Gesù come un «essere presso Dio» e il grido che accompagna il suo spirare come un «canto di fiducia». La morte, questa fortissima non-utopia, diventa allora essa stessa un'utopia. La morte di Gesù fu reale, manifesto il suo abbandono da parte degli uomini e di Dio, svalutati il suo annuncio e la sua condotta, completo il suo fallimento: una catastrofe, come la può provocare nella vita e nell'opera di un uomo soltanto la morte.

A questo punto è anche un dato di fatto storicamente avallato: *solo dopo la morte di Gesù prese concretamente l'avvio il movimento* che a lui si richiama. Almeno in questo senso non si può dire che tutto sia finito con la sua morte: la sua «causa» si è perpetuata. E chi vuole comprendere il corso della storia, chi vuole spiegare l'inizio di una nuova era mondiale, chi vuole chiarire l'origine di quel movimento storico di dimensioni universali chiamato cristianesimo, si vede posto di fronte a *problemi* non eludibili e tra loro concatenati:

– Come fu possibile, dopo una fine così catastrofi-
ca, un nuovo inizio? Come germinò, dopo la morte di
Gesù, questo movimento a lui ispirato, così gravido di
conseguenze per le future vicende del mondo? Come
si sviluppò una comunità che si riallaccia proprio al
nome di un Crocifisso? Come si giunse alla formazione di una «Chiesa» cristiana? Ovvero, se si vuole
formulare la domanda in termini più precisi:

– Com'è possibile che questo maestro di falsità condannato sia assurto a Messia di Israele, a «Cristo»,
questo profeta sconfessato a «Signore», questo seduttore del popolo smascherato a «Redentore», questo
bestemmiatore di Dio ripudiato a «Figlio di Dio»?

– Com'è possibile che, dopo essere fuggiti, i seguaci di quest'uomo morto nella più squallida solitudine
non soltanto siano rimasti fedeli al suo messaggio sotto l'influsso della sua «personalità», delle sue parole e
delle sue azioni, riprendendo animo a breve distanza
di tempo dalla catastrofe e proseguendo ad annunciare il messaggio del regno e della volontà di Dio –
per esempio il «discorso della montagna» –, ma anzi,
abbiano immediatamente fatto di lui stesso il vero e
proprio contenuto del messaggio?

– Com'è possibile che si sia creata questa situazione per cui essi annunciarono non solo il Vangelo di
Gesù, ma Gesù stesso come il Vangelo, in modo tale
che l'Annunciatore divenne improvvisamente l'Annunciato e il messaggio del regno di Dio il messaggio
di Gesù in quanto Cristo di Dio?

– Come si può dunque spiegare che non malgrado, ma proprio a causa della sua morte questo Gesù, ovvero il Crocifisso, sia diventato il contenuto
centrale del loro annuncio? La morte non aveva definitivamente compromesso ogni sua pretesa? Non

era miseramente abortito il suo velleitario tentativo di puntare ai massimi traguardi? E nella situazione politico-religiosa di allora poteva opporsi alla perpetuazione della sua causa un ostacolo socio-psicologico più grande di questa sua infamante catastrofe pubblica?

– Perché mai, quindi, si annodarono tante speranze a questa fine disperata, si proclamò Messia di Dio il condannato da Dio, si dichiarò segno di salvezza la croce del disonore, si fece di una evidente bancarotta del movimento l'inizio di una sua fenomenale rigenerazione? Non avevano dato per persa la sua causa, così strettamente legata alla sua persona?

– E quelli che, quasi subito dopo un simile insuccesso, vennero alla ribalta come suoi inviati e non indietreggiarono di fronte a fatiche e avversità di ogni genere, di fronte alla morte stessa, donde trassero la forza per portare questa «buona» novella tra gli uomini, sino ai confini dell'Imperium?

– Come si formò quel legame col Maestro, così diverso dal legame di altri movimenti con la personalità del loro fondatore o iniziatore, per esempio quello che unisce i marxisti a Marx o taluni freudiani entusiasti a Freud: quello per cui Gesù non è solo venerato, studiato, seguito come fondatore e maestro vissuto tanti anni fa, ma è – specie nell'assemblea liturgica – annunciato come vivente e sperimentato come un operatore nel presente? Donde è scaturita la singolare idea che sia egli stesso, tramite il suo Spirito, a guidare i suoi, la sua comunità?

Si tratta, in poche parole, dell'*enigma storico della genesi*, dell'inizio, dell'origine *del cristianesimo*. Quanta diversità rispetto alla tranquilla, graduale diffusione delle dottrine di Buddha e Confucio, i saggi cui arrise il successo; quanta diversità rispetto alla diffusione in parte violenta della dottrina del vittorioso Maometto (si noti che tutto ciò avvenne mentre erano vivi)! Ecco nascere, subito dopo il completo fallimento di Gesù e la sua morte disonorevole, e quasi in maniera esplosiva diffondersi, appunto nel nome di un fallito, questo messaggio e questa comunità: quale fu, dopo il catastrofico epilogo di quella vita, la scintilla che accese la miccia di uno straordinario sviluppo storico su scala mondiale? Come poté trarre origine dal patibolo di un uomo ignominiosamente appeso a una croce una «religione universale» davvero capace di trasformare il mondo?

Con la psicologia si può spiegare molto di ciò che accade nel mondo, non tutto. E anche la situazione politico-sociale non è una chiave interpretativa di sicura efficacia. Comunque sia, se si vuole vedere sotto un'angolazione psicologica la storia iniziale del cristianesimo, non si potrà semplicemente congetturare, postulare e ipotizzare con saccenteria, ma si dovranno anche interrogare, senza preconcetti, coloro che si fecero iniziatori del movimento e che ci hanno lasciato testimonianze di grande rilievo. Testimonianze dalle quali risulta chiaro: quella *storia della passione* con esito catastrofico – perché la si sarebbe dovuta consegnare alla memoria dell'umanità? – venne tramandata solo in quanto esisteva nel contempo una *storia della Pasqua* tale da far apparire quella della passione (e la storia dell'azione che sta sullo sfondo) in una luce completamente diversa.

Ma le difficoltà non finiscono certo qui, cominciano anzi soltanto adesso. La morte: il passaggio da questa a un'altra vita, il confine, per così dire, tra tempo ed eternità? Qui è opportuno procedere con estrema cautela nella riflessione e nell'argomentazione, facendo le dovute distinzioni.

Le difficoltà del credere alla risurrezione

Chi, invece di ricorrere a interpretazioni psicologiche, desideri accettare testualmente e con assoluta semplicità di fede questi cosiddetti racconti della risurrezione e della Pasqua, incontrerà, se riflette e non smarrisce del tutto la ragione, ostacoli apparentemente insormontabili. L'esegesi storico-critica, poi, non ha fatto che accrescere l'imbarazzo, dopo che, due secoli fa, il più acuto polemista della letteratura classica tedesca, Gotthold Ephraim Lessing, portò a conoscenza di un pubblico sconcertato i celebri «Frammenti di un Anonimo» (da identificarsi con l'illuminista amburghese H.S. Reimarus, morto nel 1768), tra cui quelli «Dello scopo di Gesù e dei suoi discepoli» e «Sulla storia della risurrezione». Se come uomini del XXI secolo si è intenzionati a credere con onestà e convinzione, non con scarsa partecipazione sentimentale, per così dire, con la coscienza sporca, in un fenomeno come una risurrezione, si dovranno esaminare le difficoltà con acume e senza pregiudizi dettati dalla fede o dall'incredulità. Solo così esse scopriranno anche il loro *rovescio*. E si riveleranno superabili.

Prima difficoltà: ciò che vale per i Vangeli nel loro complesso, vale in modo del tutto particolare per i racconti della Pasqua: *non* sono *resoconti imparziali* di osservatori neutrali, ma testimonianze di uomini profondamente coinvolti e impegnati, testimonianze che con grande intensità di fede prendono posizione a favore di Gesù. Documenti piuttosto teologici che storici:

non protocolli o cronache, ma testimonianze di fede. La fede pasquale, che fin dal principio ha contribuito a influenzare l'intera tradizione di Gesù, influenza naturalmente anche i racconti pasquali, e questo già a priori complica la prospettiva di una verifica storica. Il messaggio pasquale va ricercato *nei* racconti pasquali.

Il rovescio: è proprio in questa luce che emerge il significato centrale della fede pasquale per la cristianità primitiva. Almeno per la cristianità primitiva va detto che la fede cristiana si regge sulla testimonianza della risurrezione di Gesù, senza cui la predicazione cristiana è vuota, così com'è vuota la fede. La Pasqua si configura perciò – risulti comodo o meno – non solo come la cellula germinale, ma anche come il permanente nucleo costitutivo della professione di fede cristiana. Già le più antiche formule cristologiche delle lettere paoline appaiono imperniate, quando suggeriscono più di un semplice titolo, sulla morte e risurrezione di Gesù.

Seconda difficoltà: se ci si sforza di comprendere i numerosi racconti di miracoli del Nuovo Testamento prescindendo dall'*ipotesi indimostrabile di un «intervento» soprannaturalistico* sulle leggi della natura, rappresenta un illegittimo e sospetto ritorno a concezioni ormai superate l'improvvisa postulazione, a proposito del miracolo della risurrezione, di un simile «intervento», contrario sia a tutto il pensiero scientifico sia a tutte le convinzioni ed esperienze quotidiane. In tal senso, anzi, nella risurrezione (come anche nella nascita verginale, nella discesa agli inferi e nell'ascensione) l'uomo moderno tende piuttosto a sentire un peso per la propria fede.

Il rovescio: potrebbe darsi che la risurrezione abbia un suo particolare carattere che non consente di metterla senz'altro sullo stesso piano di altri elementi miracolosi o anche leggendari dell'antichissima tradizione cristiana. La nascita verginale, la discesa agli inferi e l'ascensione figurano insieme con la risurrezione nella cosiddetta professione di fede «apostolica», risalente alla tradizione romana del IV secolo, ma nel Nuovo Testamento ricorrono, a differenza della risurrezione, solo in passi isolati e, regolarmente, in posteriori strati letterari. Il più antico testimone neotestamentario, l'apostolo Paolo, mentre non fa menzione della nascita verginale, della discesa agli inferi e dell'ascensione, situa con inesorabile determinazione il centro della predicazione cristiana nel risuscitamento del Crocifisso. Il messaggio della risurrezione non è l'esperienza particolare di alcuni entusiasti, la dottrina particolare di alcuni apostoli. Al contrario: appartiene già agli strati più antichi del Nuovo Testamento. È senza eccezioni comune a tutti gli scritti neotestamentari. Si rivela centrale per la fede cristiana e al tempo stesso fondamentale per ogni ulteriore affermazione di fede. Per lo meno ci si dovrà dunque chiedere se nella risurrezione, diversamente che nella nascita verginale, nella discesa agli inferi e nell'ascensione, non si esprima una realtà ultima, un «eschaton» per il quale non si può più ragionevolmente parlare di un intervento contro le leggi della natura secondo lo schema soprannaturalistico. È un punto che dovremo approfondire.

Terza difficoltà: non esistono *testimonianze dirette* di un risuscitamento. In tutto il Nuovo Testamento non c'è nessuno che pretenda di essere stato testimone della risurrezione. Invano si cercheranno passi che la descrivano. Unica eccezione, il Vangelo apocrifo di Pietro, redatto intorno al 150, che si chiude con il racconto della risurrezione, ingenuamente drammatizzato mediante l'inserimento di motivi leggendari, i quali poi, naturalmente, come spesso ciò che è apocrifo, si infiltrarono nei testi pasquali della Chiesa, nelle celebrazioni pasquali, nei canti pasquali, nelle prediche pasquali, nelle immagini pasquali, mescolandosi così variamente con le credenze popolari sulla Pasqua. Anche eccezionali capolavori artistici, come l'insuperata risurrezione dipinta da Grünewald nel Polittico di Isenheim, possono in qualche misura fuorviare.

Il rovescio: proprio la reticenza dei Vangeli e delle lettere neotestamentarie sul tema della risurrezione desta semmai fiducia. La risurrezione non è né rappresentata né descritta, solo presupposta. Gli apocrifi difettano di credibilità per le esagerazioni e la mania di dimostrare, cui indulgono in modo caratteristico. Le testimonianze pasquali neotestamentarie non vogliono essere testimonianze del risuscitamento, bensì testimonianze del Risuscitato e Risorto.

Quarta difficoltà: affiorano, attraverso un'analisi accurata dei racconti pasquali, inemendabili *discrepanze e contraddizioni*. Benché si sia continuamente cercato di costituire, mediante una serie di combinazioni armonizzanti, una tradizione unitaria, manca in effetti l'accordo per quanto riguarda, in sintesi, (1) le persone coinvolte: Pietro, Maria Maddalena e l'altra Maria, i discepoli, gli apostoli, i Dodici, i discepoli di Emmaus, 500 fratelli, Giacomo, Paolo; (2) la localizzazione degli avvenimenti: Galilea (una montagna o il lago di Tiberiade), Gerusalemme (presso il sepolcro di Gesù o in un luogo di convegno); (3) la cronologia delle apparizioni: al mattino e alla sera della domenica di Pasqua, otto giorni e quaranta giorni dopo.

Ogni tentativo di armonizzazione appare destinato al fallimento, se non si è disposti ad alterare i testi o a minimizzare le divergenze.

Il rovescio: evidentemente non occorrevano e non si desideravano uno schema unitario e una perfetta armonia, né tanto meno una specie di biografia del Risorto. Il fatto che gli autori neotestamentari non si dimostrano interessati a un'esposizione esauriente, a una precisa successione cronologica e in generale a una verifica storico-critica delle diverse notizie, denota che altri elementi stavano in primo piano nei singoli racconti: anzitutto, come chiaramente si nota in Paolo e Marco, la vocazione e la missione dei discepoli. Poi, in Luca e Giovanni, anche e sempre più la reale identità tra il Risorto e il Gesù prepasquale (esperienza dell'identità; da ultimo persino la prova dell'identità mediante la dimostrazione della corporeità e la consumazione di un pasto comune, mentre sempre più si insiste sul superamento del dubbio da parte dei discepoli). Si delinea intanto una particolarità: ogni «come», «quando» e «dove» dei racconti è secondario rispetto al «che», ovunque indiscusso nelle varie fonti, di una risurrezione la quale – pur con tutte le innegabili connessioni – non si identifica inequivocabilmente con la morte e la sepoltura. Si rende perciò opportuna una messa a fuoco del contenuto autentico del messaggio, che permetterà poi di tornare a soffermarsi sulle dissonanze storiche.

Il risuscitamento è un evento storico, immaginabile, corporeo?

Occorre risalire dai *racconti pasquali* dei Vangeli al *messaggio pasquale*. Mentre il racconto del sepolcro

vuoto si trova solo nei Vangeli, anche altri scritti neotestamentari, in particolare le lettere di Paolo, attestano che Gesù si incontrò come persona viva con i
discepoli. Mentre i racconti pasquali degli evangelisti
inclinano a una rappresentazione di colore leggendario, altre testimonianze neotestamentarie parlano il
linguaggio della professione di fede. E mentre i racconti del sepolcro non sono avallati da testimoni diretti, nelle lettere di Paolo (che precedono i Vangeli
di decenni) si leggono dichiarazioni dello stesso Paolo che riferisce di «apparizioni» o «rivelazioni» del
Risorto (certamente visioni e audizioni). La famosa
professione di fede da Paolo esplicitamente «presa in
consegna» e «affidata» alla comunità di Corinto all'atto della sua fondazione – una professione che esce
probabilmente, per linguaggio, autorità e cerchia di
persone, dalla prima comunità gerosolimitana, risa-
lendo in ogni caso al periodo tra il 35 e il 45, allorché Paolo divenne cristiano e missionario – riporta
in appendice una lista di testimoni della risurrezione
facilmente controllabile da parte dei contemporanei:
testimoni ai quali il Risorto «si fece vedere», «apparve», «si rivelò», testimoni che lo incontrarono e che
per la maggior parte erano ancora in vita e interroga-
bili negli anni 55-56, quando la lettera venne scritta
a Efeso.

Nella lista dei testimoni autorevoli (una lista che riflette la storia della comunità primitiva?) troviamo al
vertice Pietro, significativamente indicato col suo nome aramaico «*Cefa*»: proprio in quanto primo testimone del Risuscitato egli può essere anche l'«uomo-
pietra», «colui che conferma i fratelli» e il «pastore
di pecore». Ma una riduzione di tutte le apparizioni
avute dai Dodici (il collegio direttivo centrale in Ge-

rusalemme), da Giacomo (il fratello di Gesù), dagli apostoli tutti (la più ampia cerchia dei missionari), dagli oltre 500 fratelli e da Paolo stesso alla sola apparizione di fronte a Pietro, come se quelle altro non fossero che una conferma di questa, non è giustificata né da questo né da altri testi. C'è troppa disparità di persone e avvenimenti, di luoghi e tempi, e troppo differenti sono anche i modi dell'annuncio del Cristo in Pietro, Giacomo e Paolo.

Prima di determinare il contenuto autentico del messaggio pasquale, comunque, sarà meglio abbozzare qualche chiarimento che valga a sgombrare il campo, già a priori, da inutili fraintendimenti di questo messaggio. Nel Nuovo Testamento, infatti, per riferirsi all'evento pasquale si fa uso di vari concetti e varie formulazioni che, se rettamente intesi, possono essere d'aiuto nel proseguire l'esame del problema concreto: «risuscitamento» e «risurrezione», «elevazione» e «glorificazione», «rapimento» e «ascensione». Come si devono intendere oggi questi concetti tradizionali?

1. Risurrezione o risuscitamento? Oggi si parla con troppa naturalezza di risurrezione, quasi che si abbia in mente un'azione autonoma di Gesù. Volendo però intendere la risurrezione secondo lo spirito del Nuovo Testamento, non si può che interpretarla come *risuscitamento da parte di Dio.* Si tratta fondamentalmente di un atto di Dio avente per oggetto Gesù, il Crocifisso, Morto, Sepolto. Il termine «risuscitamento» (passivo) dovrebbe essere anche nel Nuovo Testamento più originario e in ogni caso più generale del termine «risurrezione» (attivo). Parlando di «risuscitamento» si pone decisamente al centro del discorso l'azione esercitata da Dio su Gesù: è solo per l'intervento vivificante di Dio che la passività mortale di Gesù si trasforma in attività rivivente. Solo in quanto risuscitato (da Dio) egli è (in sé) il Risorto. In tutto il Nuovo Testamento la risurrezione come azione di Gesù viene costantemente intesa nel senso di un risuscitamento come opera del Padre. Secondo quell'antica formulazione: Dio lo fece risorgere, sciogliendolo dalle angosce della morte. Se non di rado propendo consapevolmente per l'impiego di «risuscitamento» e «Risuscitato», lo faccio non per escludere gli altri termini, ma per evitare gli equivoci mitologici che a questi facilmente si accompagnano.

2. Risuscitamento: un fatto storico? Poiché secondo la fede neotestamentaria il risuscitamento consiste in un'azione di Dio nelle dimensioni di Dio, *non* può trattarsi di un avvenimento *storico* in senso stretto, di un avvenimento, cioè, verificabile con metodo storico da parte della scienza storica. Risuscitamento non significa un miracolo tale da infrangere le leggi naturali e constatabile a livello intramondano, non significa un avvenimento soprannaturale localizzabile nello spazio e databile nel tempo. Di fotografabile e registrabile non ci fu nulla. Storicamente accertabili sono la morte di Gesù e, successivamente, la fede e il messaggio pasquali dei discepoli. Né il risuscitamento né il Risuscitato si lasciano invece fissare, obiettivare con metodo storico. Alla scienza storica – che, come quella chimica, biologica, psicologica, sociologica e teologica, coglie sempre *uno solo* dei molteplici aspetti della realtà – si chiede qui troppo, dal momento che le sue specifiche premesse la portano a escludere deliberatamente proprio quella realtà che sola è in questione per un risuscitamento, così come per la creazione e il compimento del mondo: la realtà di Dio.

Ma proprio perché la fede neotestamentaria vede nel risuscitamento l'azione di Dio, si tratta di un evento non fittizio o immaginario, bensì *reale* nel senso più profondo dell'aggettivo: non si può certo dire che non sia accaduto nulla. Senonché ciò che è accaduto travalica i confini della storia. Si tratta di un avvenimento che segna il trascendere dalla morte umana alla dimensione incommensurabile di Dio. Risuscitamento significa un modo di esistere totalmente nuovo nel modo di esistere del tutto diverso di Dio, descritto con un linguaggio immaginoso che richiede un'interpretazione. Che Dio intervenga là dove umanamente tutto è finito, questo è – nella piena salvaguardia delle leggi naturali – il vero miracolo della risurrezione: il miracolo del cominciamento dalla morte di una nuova vita. Non un oggetto di conoscenza storica, ma un appello e un'offerta alla fede, che sola può accedere alla realtà del Risuscitato.

3. Un risuscitamento immaginabile? Si dimentica troppo facilmente che con «risurrezione» e «risuscitamento» ci troviamo in un particolare campo metaforico. L'immagine evocata da questi termini è quella di un «ridestare» e di un «levarsi» dal sonno. Un'immagine tanto comprensibile quanto equivocabile, simbolo, metafora di ciò che attende il defunto: non, come uscendo dal sonno, un ritorno alla condizione antecedente, alla precedente vita terrena e mortale; bensì il radicale trapasso a una condizione del tutto diversa, a una vita nuova, inaudita, definitiva, immortale: totaliter aliter!

A tutti coloro che spesso e volentieri domandano

come ci si debba immaginare questa vita così completamente diversa, bisogna rispondere soltanto: non la
si deve immaginare affatto. Qui non c'è nulla da trat-
teggiare, da raffigurare, da oggettivare. Non sarebbe
una vita completamente diversa, se ce la potessimo
rappresentare con immagini e concetti desunti dalla
nostra vita. A nulla ci giovano i nostri occhi e la nostra
fantasia, che anzi ci possono solo fuorviare. La realtà
del risuscitamento come tale è del tutto *imperscrutabile* e *inimmaginabile*. Risuscitamento e risurrezione
sono espressioni del linguaggio figurato, emblemi,
metafore, simboli, che rispondevano agli schemi mentali di quel tempo e che naturalmente si possono mol-
tiplicare, riferiti a qualcosa che in sé è imperscrutabile
e inimmaginabile e di cui – come di Dio stesso – noi
non abbiamo nessuna conoscenza diretta.

Certo, possiamo tentare di descrivere questa nuova
vita imperscrutabile e inimmaginabile non solo figura-
tivamente, ma anche concettualmente (così come, per
esempio, la fisica tenta di descrivere la natura della
luce – che nel campo atomico è al tempo stesso onda
e corpuscolo e come tale non è scrutabile e immaginabile – traducendola in formule). Anche il linguaggio
incontra qui un limite preciso. E non ci resta altro
da fare che parlare per formule e paradossi, associan-
do, nel riferirci a quella vita completamente diversa,
concetti che in questa vita hanno valori contrastanti.
Così nei racconti evangelici delle apparizioni, al limite estremo dell'immaginabile: non un fantasma e
tuttavia qualcosa di inafferrabile, un conoscibile-in-
conoscibile, visibile-invisibile, palpabile-impalpabile,
materiale-immateriale, immanente e trascendente rispetto a spazio e tempo. «Come gli angeli nei cieli»
aveva già osservato Gesù stesso nel linguaggio della

tradizione giudaica. E Paolo, con grande cautela e discrezione, servendosi di simboli paradossali che conducono fin sull'orlo dell'ineffabile: un «corpo spirituale» incorruttibile, un «corpo glorioso» emerso, attraverso una radicale «trasformazione», dal corpo animale corruttibile. Con ciò Paolo non pensa grecamente a uno spirito-anima (liberato dal carcere del corpo), che anche la moderna antropologia non può più concepire isolato. Pensa ebraicamente all'intero uomo corporeo (rimodellato e pervaso dallo spirito vivificante di Dio), in armonia molto maggiore con la moderna concezione integrale dell'uomo e con il significato fondamentale della sua corporeità. L'uomo non viene quindi – platonicamente – redento *dalla* sua corporeità. Viene redento *con* e *in* questa sua ora glorificata, spiritualizzata corporeità: una ri-creazione, un uomo nuovo.

4. *Risuscitamento corporeo?* Sì e no, se mi è consentito rifarmi a un colloquio personale con Rudolf Bultmann. No, se per «corpo» si intende ingenuamente l'organismo umano da un punto di vista fisiologico. Sì, se «corpo» significa, analogamente al «soma» neotestamentario, la realtà personale identica, *lo stesso io* con tutta la sua storia. In altri termini, non si deve supporre una continuità del corpo: problemi scientifici (dove vadano a finire le molecole eccetera) non si pongono affatto. Invece di una continuità del corpo, una identità della persona: si pone dunque il problema del significato permanente di tutta la sua vita e del suo destino. In ogni caso, non un essere menomato, ma un essere pienamente maturato. Degna di nota e di riflessione, nella misura in cui implica un passaggio in dimensioni non spazio-temporali, la concezione di

pensatori orientali secondo i quali sopravvivono alla morte le sole opere, non l'io. Essa è tuttavia insufficiente: se la realtà ultima è Dio, allora la morte non è tanto distruzione quanto metamorfosi, non tanto diminuzione quanto compimento.

Se il risuscitamento di Gesù non rappresenta un evento inserito nello spazio e nel tempo umani, non è neppure *soltanto* l'espressione del significato della sua morte. Si tratta piuttosto di un avvenimento non storico (cioè non verificabile con gli strumenti della scienza storica), ma (per la fede) reale. Di conseguenza non si tratta neppure *soltanto* della «causa» propugnata da Gesù, una causa che progredisca e rimanga storicamente legata al suo nome mentre egli stesso non è e non vive più, è e resta morto. Nulla di assimilabile alla «sopravvivenza» che il defunto signor Eiffel deve alla torre che ne porta il nome, o all'«immortalità» di un Goethe che, sebbene morto, «parla ancor oggi» attraverso la sua opera e il ricordo che ne serbiamo. Si tratta invece della *persona* e *perciò* della causa del Gesù vivente. Non si può prescindere dalla realtà del Risuscitato. Della causa di Gesù, che i suoi discepoli avevano dato per persa, decide Dio stesso con la Pasqua: la causa di Gesù ha senso e progredisce, poiché Gesù stesso, dopo il suo fallimento, non è rimasto nella morte, ma vive pienamente legittimato da Dio.

La Pasqua è quindi un evento non *solo* per i discepoli e la loro fede: Gesù non vive *grazie* alla loro fede. La fede pasquale non è una funzione della fede dei discepoli. Gesù non era semplicemente troppo grande per poter morire, come ritenevano alcuni gnostici: è morto. La Pasqua è un evento primariamente per Gesù stesso: egli rivive *grazie a Dio – per la loro fede.* Presupposto della nuova vita è il «prae», il «prima», non già temporale ma reale, dell'intervento di Dio. Solo così viene resa possibile, viene fondata quella fede in cui il Vivente si manifesta come tale. È questo il senso di una formula che lo stesso Bultmann giudica equivoca: «Gesù è risorto nel kerygma [annuncio]». Gesù – anche per Bultmann – non vive perché è annunciato, ma è annunciato perché vive. Ben diversa è dunque la situazione rispetto all'oratorio di Rodion Ščedrin, composto in epoca sovietica, «Lenin nel cuore del popolo», dove sul letto di morte di Lenin il soldato della guardia rossa canta: «No, no, no! Non può essere! Lenin vive, vive, vive!». Qui sopravvive solamente (e non sopravvisse a lungo) la «causa di Lenin».

5. *Elevazione?* Negli antichi testi del Nuovo Testamento l'«elevazione» (o «rapimento») di Gesù non è che un'espressione alternativa, diversamente accentuata, per designare il suo risuscitamento (o risurrezione). Che Gesù è risuscitato, non vuole dire altro, nel Nuovo Testamento, se non che egli nel risuscitamento venne elevato fino a Dio: elevazione come compimento della risurrezione.

Ma elevazione non significa assunzione in *cielo*? Su un piano metaforico non è in effetti illegittimo usare questa locuzione, essendo oggi pacifico che il firmamento, non più interpretabile biblicamente come parete esterna della sala del trono di Dio, va riguardato come simbolo o immagine visibile del cielo autentico, cioè dell'invisibile sfera («spazio vitale») di Dio. Il cielo della fede non è il cielo degli astronauti, come hanno testimoniato gli astronauti stessi recitando dal cosmo il racconto biblico della creazione. Il cielo della fede è la regione nascosta, invisibile-impalpabile di Dio, che nessun volo spaziale potrà mai raggiungere.

Non un luogo, ma un modo di essere: che certo non sottrae alla terra, ma porta a buon compimento in Dio e rende partecipi della sua sovranità.

Gesù è dunque assunto nella gloria del Padre: investito, quindi, della sua dignità celeste, divina, ciò che tradizionalmente viene di nuovo espresso con un'immagine alludente al figlio o rappresentante del sovrano: «Siede alla destra del Padre». Il più vicino, cioè, al suo potere, un potere esercitato in funzione rappresentativa, a parità di dignità e di posizione. Nelle più antiche formule cristologiche, quali per esempio ci sono tramandate dalle prediche degli apostoli negli Atti, Dio, risuscitandolo, ha costituito Gesù, umiliato come uomo, Signore e Messia. Non ancora del Gesù terreno, ma solo del Gesù elevato si affermano messianità e filiazione divina.

Ciò è importante per una retta comprensione delle *apparizioni* pasquali, comunque le si debba intendere in ultima analisi: da questa sua posizione di potere e da questa sua gloria celeste, divina, Gesù «appare» a coloro che vuole fare suoi «strumenti», come ha sperimentato Paolo e come con estrema naturalezza si presuppone nelle circostanze delle apparizioni narrate nei Vangeli di Matteo e Giovanni e nell'appendice di Marco, in cui non si fanno osservazioni su donde venga e dove vada colui che si rivela. Le apparizioni pasquali sono sempre manifestazioni di colui che è già elevato. È sempre questo Elevato che si manifesta provenendo da Dio: sia che chiami dal cielo, secondo l'esperienza di Paolo, sia che, come in Matteo e Giovanni, appaia sulla terra.

Dopo queste delucidazioni, una domanda riassuntiva: in tutte le accennate evoluzioni e – in parte – complicazioni, qual è il contenuto autentico di quel messaggio che ha tenuto in vita la fede e la liturgia di duemila anni di cristianità, che costituisce sia l'origine storica sia il fondamento concreto della fede cristiana?

Cosa significa dunque risuscitamento?

Il messaggio con tutte le sue difficoltà, le sue concretizzazioni e sfumature legate ai tempi, con tutti gli ampliamenti, le rielaborazioni e le nuove accentuazioni dettate dalle situazioni contingenti, mira in definitiva a qualcosa di semplice. *Il Crocifisso vive per l'eternità presso Dio – come impegno e speranza per noi*: su questo concordano i vari testimoni del primo cristianesimo, Pietro, Paolo e Giacomo, le Lettere, i Vangeli e gli Atti degli Apostoli, al di là di ogni dissonanza e contraddizione tra le diverse tradizioni in ordine a luoghi e tempi, personaggi e vicende. Gli uomini del Nuovo Testamento sono sorretti, affascinati dalla certezza che l'Ucciso non è rimasto nella morte, ma vive, e che quanti lo seguono con perseveranza vivranno anch'essi. La vita nuova, eterna dell'Uno è stimolo e speranza reale per tutti.

Questo è dunque il messaggio pasquale, questa la fede pasquale – assolutamente inequivocabile nonostante le ambiguità delle molteplici narrazioni e rappresentazioni incentrate sulla Pasqua. Un messaggio davvero sconvolgente, e tuttavia già allora, come oggi, facilmente rifiutabile: «Su questo ti ascolteremo un'altra volta», dissero degli scettici all'apostolo Paolo nell'Areopago di Atene, secondo il resoconto di Luca. La marcia trionfale del messaggio, comunque, non ne venne arrestata.

Il Crocifisso *vive*? Che cosa significa qui «vivere»?

Che cosa si nasconde dietro i diversi modelli concettuali propri dell'epoca e le diverse forme narrative di cui si serve il Nuovo Testamento per esprimere questa realtà? Cerchiamo di delineare questo «vivere» con due puntualizzazioni negative e una positiva.

1. *Non un ritorno a questa vita spazio-temporale*: la morte non viene revocata, ma vinta in modo definitivo. Nel dramma «La meteora» di Friedrich Dürrenmatt si assiste alla rianimazione di un cadavere (ovviamente finto), che ritorna a una vita terrena del tutto immutata – esattamente il contrario di ciò che il Nuovo Testamento intende per risurrezione. Il risuscitamento di Gesù non va confuso con i risuscitamenti sporadicamente attribuiti dalla letteratura antica a taumaturghi (magari con l'avallo di testimonianze rese da medici) e in tre casi allo stesso Gesù (figlia di Giairo, giovinetto di Nain, Lazzaro). Anche a prescindere dalla credibilità storica di tali racconti leggendari (Marco non conosce la sensazionale risurrezione di Lazzaro), proprio questa provvisoria rianimazione di un cadavere non ha nulla a che vedere con la risurrezione di Gesù. Egli – anche in Luca – non è soltanto ritornato alla vita biologico-terrena, per poi morire di nuovo come quelle persone risvegliate dalla morte. No, secondo la concezione neotestamentaria Gesù ha la morte, quest'ultimo confine, definitivamente dietro di sé. Ha varcato la soglia di una vita tutta diversa, incorruttibile, eterna, «celeste»: la soglia della vita di Dio, per la quale nel Nuovo Testamento si fa ricorso, come abbiamo visto, a formule e immagini quanto mai varie.

2. *Non una continuazione di questa vita spazio-temporale*: già il parlare di «dopo» la morte è inesatto,

perché l'eternità, mentre esclude rapporti di anteriorità e posteriorità, presuppone una nuova vita che, trascendendo le dimensioni dello spazio e del tempo, si svolge nella sfera invisibile, incorruttibile, incomprensibile di Dio. Non soltanto un «continuare» (a vivere, fare, andare) senza fine. Ma qualcosa di definitivamente «nuovo»: nuova creazione, nuova nascita, uomo nuovo e mondo nuovo. Qualcosa che interrompe una volta per tutte il ritorno di un sempre uguale «muori e divieni». Essere definitivamente presso Dio e avere così la vita definitiva, è questo che si intende. E tutto ciò che si colloca al di là del tempo e dello spazio, secondo Immanuel Kant non è territorio della ragion pura, teoretica.

3. *Un'assunzione nella realtà ultima*: se non si vuole parlare per immagini, bisogna vedere risuscitamento (risurrezione) ed elevazione (rapimento, ascensione, glorificazione) come un evento unico, identico. Qualcosa che avviene, in connessione con la morte, nell'imperscrutabile segreto di Dio. Il messaggio pasquale, in tutte le sue tanto diverse varianti, significa semplicemente che Gesù, morendo, non è scomparso nel nulla. Nella morte e dalla morte è stato *assunto* in e da quella *realtà ultima impalpabile e onnicomprensiva* che designiamo con il nome di *Dio*. Là dove l'uomo raggiunge il suo eschaton, il momento estremo della sua vita, che cosa lo attende? Non il nulla, lo proclamerebbero anche i credenti nel nirvana. Ma quel Tutto che per ebrei, cristiani e musulmani è appunto Dio. La morte è trapasso a Dio, è ingresso nel segreto di Dio, è assunzione nella sua gloria. Che con la morte *tutto* sia finito, può affermarlo, a rigore, solamente un ateo.

Con la morte l'uomo viene sottratto al tessuto di relazioni che lo avvolge e lo determina. Nella prospettiva del mondo, per così dire dall'esterno, la morte implica una totale assenza di rapporti. Nella prospettiva di Dio, per così dire dall'interno, la morte implica invece un rapporto del tutto nuovo con Dio come realtà ultima. Con la morte viene offerto all'uomo nella sua integrale e indivisa umanità un nuovo eterno avvenire. Una vita diversa da tutto quanto è sperimentabile, nelle dimensioni incorruttibili di Dio. Non nel nostro spazio e nel nostro tempo: «qui» e «ora» nell'«aldiqua». Ma neppure semplicemente in un altro spazio e in un altro tempo: un «dall'altra parte» o «lassù», un «al di fuori» o «al di sopra», un «aldilà». L'itinerario ultimo, decisivo, del tutto diverso dell'uomo non conduce fuori, nell'universo o al di là di esso. Conduce invece – se si preferisce restare in un campo metaforico – dentro, nell'intimo fondamento, sostegno e senso ultimo dell'uomo e del mondo: dalla morte nella vita, dal visibile nell'invisibile, dall'oscurità mortale nell'eterna luce di Dio. Morendo, Gesù è entrato in Dio, è giunto a Dio: assunto in quella sfera che trascende ogni nostra facoltà immaginativa, che nessun occhio umano ha mai scrutato, che sfugge a ogni nostro tentativo di afferrare, comprendere, riflettere e fantasticare. Solo questo sa il credente: non lo attende il nulla, bensì suo Padre.

Da queste precisazioni consegue: *morte* e *risurrezione* formano un'*unità differenziata*. Se non si vogliono interpretare le testimonianze neotestamentarie contro le loro intenzioni, non si deve ridurre la risurrezione a semplice «strumento interpretativo», a mezzo per esprimere la fede in funzione della croce.

Risurrezione è entrare con la morte in Dio: morte e

risurrezione sono legate da un rapporto strettissimo. Il risuscitamento avviene con la morte, nella morte, dalla morte. È quanto evidenziano con la massima efficacia antichi inni prepaolini in cui l'elevazione di Gesù sembra iniziare già dalla croce. E in particolare il Vangelo di Giovanni, dove con l'«elevazione» di Gesù si intendono a un tempo la sua crocifissione e la sua «glorificazione», entrambe convergenti nell'unico ritorno al Padre. Ma nel resto del Nuovo Testamento l'elevazione è un momento successivo, distinto dall'umiliazione della croce.

Questo entrare con la morte in Dio non è un'ovvietà, uno sviluppo naturale, un desideratum della natura umana il cui esaudimento sia comunque garantito: morte e risurrezione vanno viste nella loro obiettiva, anche se non necessariamente cronologica, diversità, com'è sottolineato dall'antico ragguaglio, stringere più teologico che storico, «risuscitato il terzo giorno» («tre» non secondo il calendario, ma secondo un computo soteriologico per indicare un giorno di salvezza). La morte è dell'uomo, la risurrezione può essere solo di Dio: Dio come realtà ultima, che tutto abbracciando non si lascia abbracciare, che accoglie l'uomo in sé, lo chiama, lo ospita, cioè lo assume e lo salva definitivamente. Nella morte, o meglio: dalla morte come evento fondato sull'azione e la fedeltà di Dio. Il nuovo atto creativo, latente, inimmaginabile, di colui che chiama all'esistenza ciò che non è rappresenta – lungi dall'essere un «intervento» soprannaturalistico contro le leggi della natura – un autentico dono e un vero miracolo.

Radicalizzazione della fede in Dio

C'è bisogno di sottolineare espressamente che la nuova vita dell'uomo, trattandosi qui della realtà ultima, di Dio stesso, è a priori una questione di *fede*? Evento della nuova creazione, che trascende la morte quale limite estremo e quindi il nostro orizzonte concettuale terreno, tale vita significa un approdo definitivo alla dimensione veramente diversa dell'uomo unidimensionale: la realtà manifesta di Dio e la sovranità del Signore crocifisso che invita a seguirlo.

Pure, non c'è nulla di cui si possa più facilmente dubitare. Ho già sottolineato che la «ragion pura» si trova qui in effetti a fronteggiare un confine invalicabile: non si può che concordare con Kant. D'altronde, non è neppure con argomenti storici che si riesce a dimostrare la risurrezione; l'apologetica tradizionale viene qui meno. Avendo l'uomo a che fare con Dio e quindi, per definitionem, con l'Invisibile, l'Intangibile, Colui del quale non si può disporre, adeguato e anzi richiesto è un solo tipo di comportamento: *fiducia credente*, *fede fiduciosa*. Nessuna via verso il Risuscitato e la vita eterna può prescindere dalla fede. Il risuscitamento non è un miracolo tale da convalidare la fede. È esso stesso oggetto di fede.

La fede nella risurrezione non è tuttavia – occorre precisarlo nei confronti di ogni forma di incredulità e superstizione – la fede in una qualche curiosità non verificabile in cui si debba credere «per soprammercato». La fede nella risurrezione non è nemmeno fede nel fatto del risuscitamento o nel Risuscitato considerati in sé e per sé, ma è fondamentalmente fede in quel Dio al quale il Morto deve la risurrezione.

La fede nella risurrezione, pertanto, non è un complemento della fede in Dio, ma una *radicalizzazione della fede in Dio*: una fede in Dio che non si ferma a metà strada, ma va coerentemente fino in fondo. Una fede in virtù della quale l'uomo, senza prove rigorosamente razionali ma con *una fiducia del tutto ragionevole*, vive nella certezza che il Dio dell'inizio è anche il Dio della fine, che il Dio creatore del mondo e dell'uomo è anche il Dio che li porta a compimento. Noi, morendo, non scompariremo nel nulla. Con la morte entreremo in Dio, che come è origine e proto-sostegno, così è anche proto-fine della nostra esistenza.

La fede nella risurrezione, perciò, non va interpretata come mera interiorizzazione esistenziale o trasformazione sociale, ma come radicalizzazione della fede nel *Dio creatore*: risuscitamento significa reale superamento della morte a opera del Dio creatore, che il credente ritiene capace di tutto, anche dell'impresa suprema, anche di una vittoria sulla morte. La fine che è un nuovo inizio! Chi comincia il suo Credo con la fede in un «Dio creatore onnipotente», può tranquillamente concluderlo con la fede nella «vita eterna». Essendo l'alfa, Dio è anche l'omega. Il Creatore onnipotente, che dal non essere chiama all'essere, è anche in grado di chiamare dalla morte alla vita.

La fede cristiana nel Gesù risuscitato ha senso soltanto come fede nel Dio creatore e conservatore della vita. Inversamente, la fede cristiana nel Dio creatore è decisamente influenzata dal fatto che egli ha risuscitato Gesù dai morti. «Colui che ha risuscitato Gesù dai morti»: una perifrasi che funge da soprannome del Dio cristiano.

Avremmo così risposto anche agli interrogativi formulati nelle prime righe di questo capitolo. L'enigma storico della genesi del cristianesimo appare qui risolto in una forma provocatoria: *le esperienze di fede, le vocazioni e le conoscenze* dei discepoli intorno al Gesù di Nazaret vivente concorrono a formare, secondo le uniche testimonianze che possediamo, la scintilla iniziale di uno straordinario sviluppo storico su scala mondiale, dalla croce di un uomo abbandonato nell'ora della morte da Dio e dagli uomini a una «religione universale», e forse ancora più in là. In quanto è professione di fede in Gesù di Nazaret come Cristo vivente e operante, il cristianesimo comincia con la Pasqua. Senza la Pasqua non esisterebbero Vangeli, racconti, lettere del Nuovo Testamento. Senza la Pasqua non esisterebbero nella cristianità una fede, un annuncio, una Chiesa, una liturgia.

2. Il Determinante

L'annuncio del Cristo risuscitato, elevato, vivente rappresentò una clamorosa provocazione. Si badi bene: non l'annuncio della risurrezione in sé. Le religioni ellenistiche (e non solo quelle) annoverano diversi protagonisti di presunte risurrezioni: eroi assunti nella gloria dell'Olimpo, come Eracle; dei e salvatori (per esempio Dioniso) risuscitati a nuova vita, il cui destino fu modello e ideale archetipo del destino dei loro fedeli e che vennero celebrati attraverso una forma di partecipazione mistica in quelle religioni ellenistiche dei misteri che sono altrettanti culti della natura rimodellati: proiezioni – scandite secondo il ritmo naturale della semina e della crescita, del sorgere e del tramontare del sole, del divenire e del trascorrere – dei desideri e degli aneliti di uomini dominati da un'ansia di immortalità. A monte si trova qui dovunque il mito che, come accade anche all'interno dell'Antico Testamento, viene successivamente storicizzato. Con Gesù il rapporto tra mito e storia si inverte.

Giustificato

Nel caso di Gesù momento iniziale è la storia, che certo fu spesso interpretata in chiave mitologica, ma per la quale il morire e il rinnovarsi del chicco di grano costituisce solo un'immagine, non il punto di partenza. Per la fede cristiana non è decisivo che qui, risorgendo, un morto abbia offerto un modello a tutti i mortali. È invece decisivo che sia stato risuscitato da Dio proprio colui che gli uomini avevano inchiodato alla croce. Se il Risuscitato non si identificasse col Crocifisso, sarebbe tutt'al più un emblema, un ideogramma, un simbolo.

L'evento pasquale non può essere considerato isolatamente, dal momento che costringe a risalire verso Gesù, il suo messaggio, il suo comportamento, il suo destino, e naturalmente anche a meditare su noi stessi e sulle conseguenze che quell'evento ha per noi. Il «primogenito di coloro che risuscitano dai morti» non deve soppiantare il Messia dei travagliati e degli oppressi. La Pasqua non attenua l'atrocità della croce, ma la conferma. Il messaggio della risurrezione non invita ad adorare una divinità celeste che ha lasciato la croce dietro di sé. Invita a seguire Gesù: affidandosi a lui e al suo messaggio con la fiducia della fede, modellando la propria vita sul Crocifisso assunto a criterio.

Il messaggio della risurrezione mette in piena evidenza un fatto inatteso: questo Crocifisso, nonostante tutto, *aveva ragione*. Dio ha preso posizione a favore di chi si è interamente dedicato a lui, sacrificando la sua vita per la causa di Dio e degli uomini. È a Gesù che Dio ha manifestato il suo consenso, non alla gerarchia giudaica. È il suo annuncio, il suo comportamento, la sua sorte che Dio ha approvato.

L'assunzione di Gesù nella vita di Dio non comporta la rivelazione di ulteriori verità, ma il rivelarsi di Gesù stesso: egli consegue ora la suprema credibilità. In un modo del tutto nuovo, il Gesù giustificato diventa il segno che provoca alla decisione: la decisione a favore della sovranità di Dio, così come l'aveva richiesta Gesù, diviene una decisione a lui stesso favorevole. Sussiste qui, nonostante ogni frattura, una continuità nella discontinuità. Già durante l'attività terrena di Gesù la *decisione pro o contro la sovranità di Dio* era connessa con la *decisione pro o contro di lui*. Ora le due decisioni coincidono: giacché nel Crocifisso risuscitato alla vita di Dio la vicinanza, la sovranità, il regno di Dio sono già realizzati, già presenti. In questo senso si può affermare che l'*attesa a breve scadenza si è concretizzata*.

Colui che *chiamava alla fede* si è fatto quindi *contenuto della fede*. Dio si è identificato per sempre con colui che si identificava con Dio. A lui è ora legata la fede nel futuro, in lui è riposta la speranza di una vita definitiva con Dio. Torna così a risuonare il messaggio del regno di Dio che viene, ma in una forma nuova: con la sua morte e la sua nuova vita Gesù è entrato nel messaggio e ora ne forma il nucleo centrale. Nella sua prerogativa di elevato a Dio egli è diventato la *personificazione del messaggio del Regno*, la sua sintesi emblematica, il suo concreto riempimento. Anziché di un generico «annunciare il regno di Dio», si parlerà ormai, sempre più incisivamente, di un «annunciare Cristo». E quelli che credono in Cristo, e in Gesù ravvisano il Cristo, saranno chiamati concisamente «cristiani». Con ciò si saldano in unità messaggio e messaggero, «Vangelo di Gesù» e «Vangelo di Gesù Cristo».

I credenti prendono quindi sempre più chiaramente coscienza del fatto che, per merito del Cristo, il nuovo mondo di Dio atteso a breve scadenza ha già fatto irruzione nel mondo segnato dal peccato e dalla morte: la sua nuova vita ha infranto il dominio universale della morte. La sua libertà si è imposta, la sua vita si è dimostrata valida. E sempre più chiaramente risalta tutta la relatività non solo della morte, ma anche della Legge e del Tempio; si incaricheranno le comunità cristiane – prima quella giudeo-ellenistica e poi particolarmente Paolo con i cristiani di origine pagana – di trarne in misura crescente le debite conclusioni: chiamati tramite Gesù alla vita e resi liberi per la libertà. Liberi da tutte le forze della finitezza, della colpa e della morte. Dove per gli ebrei stavano la Legge e il Tempio, là per i cristiani sta sempre più evidentemente quel Cristo che rappresenta la causa di Dio e dell'uomo. Il compimento che gli ebrei seguitano ad attendere è già una realtà nell'Uno. E per quest'Uno che cosa significa tutto ciò?

Titoli cristologici

Dopo la Pasqua la persona di Gesù è divenuta la misura concreta del regno di Dio: per i rapporti dell'uomo col prossimo, con la società, con Dio. Ora non si può più scindere la causa di Gesù dalla sua persona. Fin dal principio il cristianesimo, invece di ridursi a un'idealistica elaborazione di idee permanentemente valide, ruotò con grande realismo intorno alla persona permanentemente valida di Gesù Cristo. Si può dunque dire: la *causa di Gesù, che continua ad andare avanti*, è *anzitutto la persona di Gesù*, che per il credente resta straordinariamente significativa, palpitante di vita, valida, rilevante, operante. Che svela essa stessa il mistero della sua storia e rende così possibile la professione di fede, l'omologia in occasione del battesimo e della Cena, nell'annuncio e nell'insegnamento: l'acclamazione nella liturgia e la proclamazione davanti al mondo. E ben presto la professione avrebbe avuto come teatro anche il tribunale: all'ingiunzione di pronunciare la formula «Kyrios Kaisar» i credenti avrebbero risposto con il loro «Kyrios Jesous». Tutta la fede in Cristo condensata espressivamente in un solo detto: *«Signore è Gesù!»*.

Un *riconoscimento* provocato e provocante *di Gesù come di colui che è determinante*: *di conseguenza* nessun titolo sembrò ai primi cristiani troppo elevato per esprimere il significato straordinario, decisivo e determinante di chi, come abbiamo visto, con ogni verosimiglianza non si era arrogato alcun titolo. Proprio per questo la comunità procedeva all'assunzione dei titoli con prudenza e non senza tentennamenti. Non il singolo titolo in sé era importante, ma che con tutti si esprimesse il fatto che costui, l'Ucciso e il Vivente, è e rimane il *Determinante*: determinante nel suo annuncio, nel suo comportamento, in tutto il suo destino, nella sua vita, nella sua opera, nella sua persona, determinante per l'uomo, per il suo rapporto con Dio, il mondo e il prossimo, per il suo pensare, agire e soffrire, per il suo vivere e morire.

I *singoli titoli*, pur nelle loro diverse sfumature semantiche, in riferimento a Gesù sono largamente interscambiabili e si integrano a vicenda. Per breve che sia, ogni formula non è una parte del Credo, ma il Credo intero. *Solo in Gesù* i vari titoli hanno *un chiaro denominatore comune.* Si è calcolato che nel Nuovo Testamento il Gesù terreno e risorto viene designato con oltre 50 nomi diversi. I nomi che esaltano la sua grandezza, usati in parte ancor oggi, non furono inventati dai primi cristiani, ma – nell'antichissima comunità palestinese, nel cristianesimo ellenistico di matrice giudaica e successivamente nel cristianesimo ellenistico di matrice pagana – ripresi dall'ambiente e attribuiti a Gesù: Gesù come «Figlio dell'uomo» che viene, «Signore» («Mar») atteso in un prossimo futuro, «Messia» insediato nel tempo finale, «Figlio di Davide» e «Servo di Dio» che soffre in rappresentanza dell'umanità, infine «Signore» presente («Kyrios»), «Salvatore» («Redentore»), «Figlio di Dio» («Figlio») e «Verbo di Dio» («Logos»). Questi i titoli più importanti riferiti a Gesù. Alcuni, come il misterioso titolo apocalittico «Figlio dell'uomo» (usato soprattutto in Q), scomparvero già nelle comunità di lingua greca prima di Paolo e definitivamente nello stesso Paolo (identica sorte toccò a «Figlio di Davide»), perché incomprensibili o equivocabili nel nuovo ambiente. Altri, come «Figlio di Dio» una volta trapiantato nel mondo ellenistico, si estesero nel loro significato e acquistarono un peso particolarmente notevole, oppure – è il caso di «Messia», tradotto con «Cristo» – diedero vita, in associazione con Gesù, a un titolo autonomo: «Gesù Cristo». Mentre per «Figlio di Davide» esistono 20 riscontri neotestamentari, per «Figlio di Dio» («Figlio») 75, per «Figlio dell'uomo» 80, «Signore» («Kyrios») ricorre nel Nuovo Testamento non meno di 350 volte e «Cristo» 500.

Nacque così, sulla base dell'implicito parlare, agire e patire cristologico dello stesso Gesù, l'esplicita «cristologia» neotestamentaria. O meglio: nacquero, in conformità col contesto sociale, politico, culturale, spirituale, con la mentalità dei destinatari e con l'indole dell'autore, *diverse «cristologie» neotestamentarie*. Non una sola immagine normativa di Cristo, ma diverse e diversamente accentuate immagini dell'unico Cristo.

Che cosa significa «Figlio di Dio»?

Nel Nuovo Testamento Dio (in greco "ho theós" = «il» Dio per antonomasia) è esclusivamente il Padre. Solo dopo la morte di Gesù, quando, sulla base di determinate esperienze, visioni e audizioni pasquali, si poté credere che questi non fosse rimasto nel dolore e nella morte, ma fosse stato accolto nella vita eterna di Dio, «elevato» da Dio presso di sé, *la comunità credente ha cominciato a far uso per Gesù del titolo «Figlio» o «Figlio di Dio».*

Ci si ricordò in virtù di quale intima esperienza di Dio, di quale rapporto diretto con Dio il Nazareno aveva vissuto, aveva predicato e agito: come egli avesse insegnato a vedere Dio come il padre di tutti gli uomini («Padre nostro») ed egli stesso l'avesse chiamato con nome di padre («Abba, papà»). Per gli ebrei che seguirono Gesù, c'era dunque un motivo obiettivo e una logica interna perché egli, che aveva chiamato Dio col nome di «Padre», venisse poi anche chiamato espressamente «il Figlio» dai suoi seguaci credenti.

Si cominciò a cantare gli inni messianici del salterio in onore del risuscitato, in particolare i salmi di intronizzazione. Allora l'elevazione presso Dio poteva essere facilmente pensata da un ebreo, in analogia, appunto, con l'intronizzazione del re israelita. Come questi – con verosimile riferimento all'ideologia regale dell'antico

Oriente – *al momento della sua intronizzazione veniva proclamato «Figlio di Dio»*, così ora anche il Crocifisso viene proclamato tale in virtù della sua risurrezione ed elevazione.

In particolare, potrebbe essere stato cantato e citato continuamente il Salmo 110, nel quale il re Davide celebrava il suo «Figlio» futuro, che era insieme il suo «Signore»: «Disse il Signore al mio signore: siedi alla mia destra» (v.1). Questo verso offriva infatti una risposta alla questione, bruciante per i seguaci ebrei di Gesù, del «luogo» e della funzione del Risorto: dov'è ora il Risorto? Si poteva rispondere: presso il Padre, «alla destra del Padre»: non in una comunione di natura, ma certamente in una «comunione di trono» col Padre, così che le espressioni «regno di Dio» e «regno messianico» diventano di fatto identiche: «L'insediamento del messia crocifisso Gesù come "Figlio" presso il Padre "in virtù della risurrezione dei morti" appartiene quindi certamente al più antico messaggio, comune a tutti i predicatori, con il quale i "messaggeri del messia" invitavano il proprio popolo alla conversione e alla fede nel "messia d'Israele" crocifisso, risuscitato da Dio ed elevato alla sua destra» (M. Hengel).

Nel Salmo 2,7 – un rituale d'intronizzazione – il messia-re viene perfino chiamato esplicitamente «figlio»: «Mio figlio sei tu, io oggi ti ho generato». Si noti bene: «generazione» è qui sinonimo di intronizzazione, elevazione. Nella Bibbia ebraica, e così pure nel Nuovo Testamento non c'è alcuna traccia di una generazione fisico-sessuale, come nel caso del re-dio egizio e dei figli di dei ellenistici, o anche di una generazione metafisica nel senso della successiva dottrina ellenistico-ontologica della Trinità.

Perciò si potrà leggere in una delle più antiche pro-

fessioni di fede (certamente prepaolina) posta all'inizio
della lettera ai Romani: Gesù Cristo venne «costituito
Figlio di Dio con potenza mediante la risurrezione dai
morti». Perciò negli Atti degli apostoli si potrà ripren-
dere e applicare a Gesù questo Salmo 2 d'intronizzazione: «Egli (Dio) mi disse (al re, all'Unto secondo il
Salmo ma a Gesù secondo gli Atti degli Apostoli): "Figlio mio sei tu, io oggi ti ho generato"». Ma perché ha
potuto accadere tutto questo? Perché qui, nel Nuovo
Testamento, si pensa ancora in maniera prettamente
ebraica: «generato» come re, «generato» come unto
(=messia, Cristo) non significa, appunto, nient'altro
che costituito come rappresentante e figlio. E con
l'«oggi» (nel Salmo: il giorno dell'intronizzazione) negli Atti degli Apostoli si fa riferimento non al Natale,
ma alla Pasqua. Quindi non alla festa del parto, del farsi uomo, dell'«incarnazione», ma al giorno della risurrezione, dell'elevazione di Gesù presso Dio: la Pasqua,
la festa principale della cristianità.

Che cosa s'intende quindi in senso originariamente
ebraico e perciò anche neotestamentario con l'espressione «filiazione divina»? A prescindere dai concetti
ellenistici con cui i concili ellenistici hanno definito
la questione, nel Nuovo Testamento s'intende senza
dubbio non *una discendenza, ma l'insediamento in
una posizione di diritto e di potere in senso ebraico-
veterotestamentario.* Non una filiazione divina di carattere fisico, come nei miti ellenistici e come ancor
oggi viene spesso inteso e respinto, a ragione, da ebrei
e musulmani, ma una *elezione e un conferimento di
poteri* a Gesù da parte di Dio, interamente nel senso
della Bibbia ebraica, nella quale talvolta anche tutto il popolo di Israele può essere chiamato «figlio di
Dio». Contro una tale comprensione della filiazione

divina, non si poteva opporre nulla di sostanziale da parte della fede ebraica nell'unico Dio. Altrimenti la comunità ebraica primitiva non l'avrebbe certamente fatta propria.

Se anche oggi la filiazione divina venisse affermata nella sua accezione originaria, sarebbero meno fondamentali le obiezioni che le si possono muovere dal punto di vista del monoteismo ebraico e islamico. Per gli ebrei, i musulmani, ma anche per i cristiani, l'espressione «Dio fatto uomo» è fuorviante. Per essere corretti si dovrebbe parlare con Paolo dell'«invio del *Figlio* di Dio» o con Giovanni di «incarnazione» del «*Verbo* di Dio ». Gesù è la «Parola», la «Volontà», l'«Immagine», il «Figlio» di Dio in forma umana.

Sulla base di queste premesse il discorso del *Padre, Figlio e Spirito* potrebbe essere forse più facilmente comprensibile anche per gli ebrei e i musulmani. Cerco di riassumer in tre frasi quello che sembra essere il nocciolo biblico della dottrina tradizionale della Trinità alla luce del Nuovo Testamento e delle riflessioni adeguate al mondo di oggi:

– credere a Dio, il *Padre*, significa credere all'unico Dio, creatore, conservatore e perfezionatore del mondo e dell'uomo: questa fede nell'unico Dio è comune a ebraismo, cristianesimo e islam;

– credere nello *Spirito Santo*, significa credere alla potenza e alla forza viva di Dio che opera nell'uomo e nel mondo: anche questa fede nello spirito di Dio può essere comune a ebrei, cristiani e musulmani;

– credere nel *Figlio* di Dio, significa credere alla rivelazione di Dio nell'uomo Gesù di Nazaret, che è così Parola, Immagine e Figlio di Dio. A proposito di questa differenza decisiva la discussione dovrebbe continuare ancora, proprio tra le tre religioni profetiche.

La caduta degli dei

Diversi titoli di dignità e simboli mitici coevi a Gesù furono quindi, per così dire, battezzati nel suo nome: per rimanere legati a questo suo nome pur avendo cambiato contenuto, per porsi al suo servizio, per rendere accessibile agli uomini di quel tempo, e non solo di quel tempo, il suo straordinario e decisivo significato. Non costituivano documenti già a priori comprensibili, ma semplici indicazioni di valore orientativo. Non definizioni a priori infallibili, ma esplicazioni aposterioristiche di ciò che egli è e significa.

Come si è rilevato analizzando partitamente i singoli titoli, essi sono anzi qualcosa di più: definiscono ed esplicano l'essenza, la natura, la persona di Gesù su un piano che non è soltanto teologico-teoretico. Sono acclamazioni e proclamazioni non sempre di tranquillo, anodino stile liturgico o missionario, ma spesso anzi d'intonazione fortemente critica e polemica. Tacite, ovvero non di rado esplicite, *dichiarazioni di guerra contro tutti quelli* che impongono se stessi, il proprio potere e il proprio sapere come valori assoluti, che pretendono ciò che è di Dio, *che vogliono essere essi stessi i fondamentalmente determinanti*: siano essi i gerarchi ebrei (e più tardi cristiani), i filosofi greci o gli imperatori romani, siano essi i grandi o piccoli signori, governanti, despoti, messia, figli di dei. A tutti costoro viene negata la facoltà di essere determinanti, concessa invece a quell'Uno che non per se stesso si prodiga, ma per la causa di Dio e dell'uomo. In tal senso i titoli cristologici postpasquali hanno un indiretto significato sociale e politico. Era così cominciata la *caduta degli dei*, di qualunque specie fossero. E quanto più i cesari (e i loro successori) si arrogarono un potere determinante, tanto più divampò e si acuì il mortale, secolare conflitto con lo stato romano (e le potenze che vennero dopo). Ovunque l'imperatore pretese ciò che è di Dio, scattò per il cristiano (solo in quel caso) il grande aut-aut: «aut Christus – aut Caesar».

Si capisce quindi come *non i titoli in sé* siano l'elemento decisivo. Nel loro credere e agire il credente e la comunità di fede non devono attenersi ai titoli, *ma a Gesù stesso* in quanto criterio definitivo. Con quali titoli i credenti abbiano espresso questa determinante funzione di Gesù, fu già in principio ed è tuttora una questione puramente accessoria, essendo la scelta condizionata, allora come oggi, dal contesto socio-culturale.

Nessuno è tenuto a ripetere e recitare tutti i titoli circolanti nel cristianesimo primitivo. Coniati da un mondo e da una società ben precisi, per noi appartenenti al passato, essi hanno nel frattempo subito – come sempre accade quando si mantiene in vita un idioma antico – una trasformazione. Non è affatto detto che con i diversi titoli e le relative concezioni si debba costruire una cristologia unitaria. Come se invece di quattro evangelisti ne avessimo uno solo, invece di molte lettere apostoliche una sola dogmatica neotestamentaria. La fede in Gesù consente varie affermazioni di fede sul suo conto: la fede nel Cristo è una, ma molte sone le cristologie. Così come una è la fede in Dio, e molte sono le teologie.

Con ciò non si vuole incitare a un'offensiva iconoclastica contro immagini e titoli, ma a una *traduzione* dei titoli e delle concezioni di allora nel tempo e nel linguaggio d'oggi, che è un fine perseguito in tutto questo libro: affinché la fede nel Cristo resti sempre la stessa, affinché termini e concetti oggi incomprensibili o addirittura fuorvianti non complichino né tanto meno precludano l'accoglimento del messaggio di Cristo. Una traduzione del genere non implica semplicemente che si debbano abolire antichi titoli e professioni di fede, che si debba prescindere dalla lunga tradizione cristologica o addirittura dalla sua radice biblica. Al contrario: ogni buona *traduzione* deve orientarsi sul testo originale e trarre profitto sia dagli errori sia dalle soluzioni brillanti di traduzioni precedenti. Ogni buona traduzione non deve però neanche ricalcare meccanicamente, ma saper cogliere e sfruttare in modo creativo le possibilità della nuova lingua. Come non si deve rifuggire da nuove definizioni di Gesù, così non si devono aborrire le antiche, che per diversi aspetti non sono certo le peggiori, ma hanno anzi centrato con sorprendente lucidità la sostanza dei problemi.

Chi in epoca nazista proclamò pubblicamente che nella Chiesa esiste da sempre un solo «Signore» («Führer»), fu compreso benissimo – pensiamo non all'episcopato cattolico o luterano, ma a Karl Barth, alla «Bekennende Kirche» e al Sinodo di Barmen –, esattamente com'erano stati compresi quei cristiani che quasi duemila anni prima avevano dichiarato davanti ai tribunali romani: «Signore è Gesù». Non solo in tempi di martirio, ma anche in tempi di benessere, dovunque richiamandosi a Gesù si rifiuta di *adorare gli idoli del tempo* – e ce ne sono di tutti i generi –, certe professioni dette e vissute si pagano, e spesso a caro prezzo. Il cristiano paga con la sua sofferenza e magari con la vita non per titoli e predicati cristologici, non per formule e dogmi, ma per questo stesso Gesù Cristo e per ciò che il Cristo rappresenta in modo determinante: la causa di Dio e dell'uomo.

VII. Le conseguenze per una prassi di vita cristiana

Troppo spesso – come dimostra la storia della Chiesa, della teologia e della spiritualità cristiana – *per essere autentici cristiani non si è stati autentici uomini*. Ma è questo un autentico cristianesimo? Per molti non c'era che un'alternativa: *essere autentici uomini rinunciando a essere autentici cristiani*. Ma è questo un autentico umanesimo? La nuova mentalità con cui si guarda allo sviluppo della società umana e la nuova riflessione che si sta esercitando sul messaggio cristiano, quali sono emerse nel presente libro, ci inducono a una ristrutturazione del rapporto tra l'essere uomo e l'essere cristiano appunto nella prospettiva della prassi. Il problema iniziale ritorna così a fungere da leitmotiv del nostro discorso.

Per eccessiva auto-negazione e auto-mortificazione il cristiano trascurerebbe, a giudizio di alcuni non-cristiani, la propria *auto-realizzazione*. Il cristiano vuole esistere per gli uomini, ma è egli stesso, sovente, troppo poco uomo. Per impulso spontaneo è portato a salvare altre vite, sebbene non abbia mai imparato a nuotare correttamente. Annuncia la redenzione del mondo, incapace di riconoscere la relatività di tutto ciò che lo circonda. Imposta sull'amore grandiosi programmi, ignaro di essere egli stesso oggetto di una pre-programmazione. Si preoccupa dell'anima altrui, e gli sfugge la complessità della propria psiche. Tale sopravvalutazione ed esasperazione dell'amore verso il prossimo, del servizio, della dedizione condurrebbe con estrema facilità al fallimento, alla rassegnazione e alla frustrazione.

Norme della dimensione umana

Non è in effetti la *carenza di umanità* il motivo per cui tanto spesso la cristianità non viene presa sul serio? Non è proprio la carenza di piena e autentica umanità, di cui danno prova taluni rappresentanti ed esponenti ufficiali della Chiesa, la ragione per cui il cristianesimo viene ignorato o respinto come reale possibilità umana? Non occorre promuovere, quindi, uno *sviluppo ottimale della singola persona*: una umanizzazione dell'intera persona in tutte le sue componenti, non esclusi gli strati più profondi dell'istinto e del sentimento? L'essere cristiano dovrebbe collimare con l'essere uomo. La valorizzazione della dimensione cristiana deve risolversi non a danno, ma a vantaggio di quella umana.

Questa dimensione umana va però considerata, oggi più che mai, nel suo *mutamento sociale*. In passato, la teologia morale cristiana si limitò a dedurre con procedimento in apparenza evidente e stringente i criteri dell'essere uomo e le norme dell'agire umano da un'immutabile natura umana universale. E di questi criteri e norme sostenne apoditticamente l'eterna validità. L'etica teologica riconosce invece sempre più lucidamente l'inammissibilità di un simile postulato in una società dinamica come la nostra, la cui storia viene pianificata e modellata da uomini protesi verso il futuro. Non si può più muovere da un sistema tramandato, e passivamente accettato, di norme morali eterne, rigide, inalterabili. Si deve invece assumere ogni volta come punto di partenza la realtà concreta, dinamica, mutevole e complessa, dell'uomo e della società, indagandola con *rigorose metodologie scientifiche* e con la maggiore obiettività consentita nei suoi meccanismi concreti e nelle sue possibilità future. La vita moderna è diventata ormai troppo complessa per poter prescindere, con ingenua cecità, quando si tratti di stabilire norme etiche (per esempio in rapporto al potere economico, alla sessualità, all'aggressività), da criteri e dati empirici accreditati da una garanzia scientifica. Non è più concepibile un'etica senza stretti collegamenti con le scienze umane: con la psicologia, la sociologia, lo studio del comportamento, la biologia, la storia della cultura e l'antropologia filosofica. Le scienze umane offrono una quantità crescente di sperimentate cognizioni antropologiche e di informazioni preziose per l'azione: tutta una serie di utili sussidi per una decisione responsabile, che peraltro non possono sostituire fondamenti e norme essenziali dell'ethos umano.

Solo relativamente pochi uomini – in questo non c'è rischio di essere smentiti – sono capaci di sfruttare le straordinarie possibilità di informazione e di comunicazione in modo tale da giungere a un comportamento critico del tutto autonomo nella società. E anche l'uomo più critico e più autonomo non regola la sua condotta secondo norme da lui stesso costituite e motivate. Nessuno parte da zero. Non solo perché si è condizionati dall'ambiente, pre-programmati e guidati dall'istinto, ma perché ci si muove in un contesto comunitario, nell'alveo di una tradizione. Prima di noi altri uomini hanno cercato, nelle situazioni più disparate, di vivere umanamente. Un comportamento umano normativo è un comportamento essenzialmente mediato, e tale mediazione avviene in una forma autenticamente umana attraverso parole, azioni, attività e atteggiamenti che non si possono dedurre da verità generali, ma scaturiscono con grande concretezza da una complessa tensione tra riflessione intellettuale e impegno diretto: un ethos sempre arrischiato, la cui portata si misura dagli effetti, dai «frutti». Racchiudendo in una sola frase ciò che qui si potrebbe esplicare e illustrare con argomentazioni estremamente varie e articolate: *la conoscenza individuale del bene, delle sue norme, dei suoi modelli e dei suoi segni è il risultato di una mediazione sociale.*

Di qui l'impossibilità per un'etica, sia essa filosofica o teologica, di creare un ethos e imporlo a una generalità di uomini come qualcosa di vincolante. In quanto scienza, l'etica filosofica e teologica può individuare uno spazio e tracciare confini, localizzare e rimuovere ostacoli, elaborare esperienze, dissipare pregiudizi, mettere in crisi forme vere e false, autentiche e ipocrite di ethos. Può contribuire a un efficace controllo razionale dell'adozione di nuove norme etiche. Integrando le molteplici acquisizioni delle scienze umane, può comunicare nuovi impulsi, affacciare nuove problematiche e prospettare nuove possibilità, tali da consentire all'ethos umano di guadagnare nuove dimensioni e di adeguarsi meglio e più rapidamente al presente e al futuro che si sta approssimando. Tutto questo, beninteso, non deve sostituire bensì provocare la libertà dell'adesione, la forza dell'esperienza e soprattutto la potenza della parola persuasiva.

Non converrebbe dunque mettere a profitto le esperienze e le massime di una comunità, le grandi tradizioni umane e religiose, il patrimonio di conoscenze ereditato dai propri padri, per illuminare i propri problemi, i problemi connessi con l'impostazione della propria vita, con le norme e le motivazioni?

Della responsabilità personale per il proprio agire e per le proprie massime di vita non ci si potrà mai spogliare. Ma appunto per questo è di straordinaria importanza decidere *da chi* lasciarsi dire qualcosa, da chi lasciarsi dire *le parole determinanti*. Il cristiano, ecco che cosa emerge chiaramente da tutto quanto precede, anche per l'agire pratico si lascia dire da *Gesù Cristo* le parole determinanti. E «lo segue». Ma:

Che cosa significa seguire Cristo?

L'annuncio e l'azione cristiani restano legati non solo storicamente, ma anche materialmente alla persona di Gesù. Si può separare il platonismo come dottrina da Platone e dalla sua vita, si può scindere il marxismo come sistema da Marx e dalla sua morte. Quanto a Gesù – se ne è avuta conferma dall'inizio alla fine del libro –, il suo insegnamento forma con il suo vivere e morire, con tutto il suo destino una così inscindibile unità che il contenuto astratto di un'idea generale non restituisce più nei suoi contorni esatti la realtà designata. Già per il Gesù terreno, e a maggior ragione per colui che è entrato nella vita di Dio e che Dio ha legittimato, si ha una perfetta coincidenza di persona e causa.

– Se la fine del suo annuncio, del suo comportamento, della sua persona non fosse altro che un fiasco, il nulla e non Dio, allora la morte rappresenterebbe una sconfessione della sua causa: sarebbe la fine anche per la sua causa, che pretende di essere la causa di Dio (e così, solo così la causa dell'uomo).

– Ma se la sua fine è la vita eterna con Dio, allora egli è e rimane in persona il segno vivente che anche la sua causa ha futuro, attende impegno, merita *adesione*. Allora nessuno può dichiarare di credere in Gesù, il Vivente, senza dimostrarsi nei fatti un sostenitore della sua causa. E viceversa nessuno può promuovere la sua causa senza allacciare di fatto un rapporto di imitazione e di comunione con lui.

L'*imitazione* di Cristo distingue i cristiani da altri discepoli e seguaci di grandi maestri, nel senso che per i cristiani esiste un vincolo saldissimo con questa persona: non solo con il suo insegnamento, ma anche con la sua vita, la sua morte e la sua nuova vita. Nessun marxista o freudiano pretenderebbe di essere altrettanto legato al proprio maestro. Anche se Marx e Freud hanno composto personalmente le loro opere, per studiarle e applicarle non occorre un legame particolare con la loro persona. Le loro opere, la loro dottrina sono sempre fondamentalmente separabili dalla loro persona. I Vangeli, la «dottrina» (messaggio) di Gesù, al contrario, si intendono nel loro autentico significato solo alla luce della sua vita, della sua morte e della sua nuova vita: in tutto il Nuovo Testamento la sua «dottrina» non è separabile dalla sua persona. Per i cristiani Gesù è senza dubbio un maestro, ma al tempo stesso decisamente più di un maestro: *la sua persona è l'incarnazione vivente, determinante della sua causa.*

«Seguire» il Cristo – è caratteristico del Nuovo Testamento l'impiego esclusivo del verbo – significa «andargli dietro», non più materialmente come due-mila anni fa, girando in lungo e in largo il paese, ma allacciando con lui un rapporto che riproduca quello stesso spirito di discepolato attivo, unendosi a lui durevolmente e regolando la propria vita secondo il suo modello. Seguire il Cristo significa *aderire al Cristo e alla sua via, ciascuno percorrendo la propria in base alle sue indicazioni.* Questa possibilità è stata caratterizzata fin dal principio come la grande occasione: non un dovere, ma un potere. Si tratta di un'autentica vocazione per un particolare itinerario di vita, di una vera grazia che nient'altro presuppone se non la volontà di appropriarsene fiduciosamente e di impostare coerentemente la propria vita.

Seguire anche la croce?

Abuso della croce: proprio questo che è nel cristianesimo l'atteggiamento più profondo e potente, è stato purtroppo screditato dai «devoti» che Nietzsche schernisce come «tetri sussurratori, panche da stufa», che, curvi, «strisciano verso la croce» e che, divenuti vecchi e freddi, hanno perso tutta la «baldanza del mattino». Nel linguaggio odierno «strisciare verso la croce» equivale quindi, pressappoco, a darsi per vinto, rassegnarsi, cedere, chinare la fronte, piegarsi, sottomettersi, arrendersi. E «portare la propria croce» significa parimenti arrendersi, umiliarsi, rincantucciarsi, non fiatare... La croce, un segno per codardi e ipocriti. Non era certo questo che intendeva Paolo, quando definì la croce stoltezza per i pagani e scandalo per i giudei, ma «potenza di Dio» per i credenti.

Se i «devoti» fraintendono la croce facendone un simbolo di degradazione dell'uomo, la colpa è in gran parte di certi predicatori ufficiali della Parola. Quante vessazioni si sono perpetrate in nome della croce! Quante volte si è tentato di giustificare, configurandole come croci volute da Dio, gravosi insegnamenti (per esempio la contraccezione) e tradizioni ecclesiastiche (per esempio il celibato) e di alimentare contro gli oppositori del proprio autoritario governo – i propri parroci e cappellani, i laici della propria comunità e i loro «teologi preferiti» – il sospetto di «svuotamento della croce». La croce come una mazza...

Errate interpretazioni della croce: ripercussioni non meno negative dei primitivi travisamenti dell'imitazione della croce hanno i più sottili equivoci ricorrenti nella predicazione:

– imitazione della croce *non* significa *adorazione cultuale priva di conseguenze*: non si tratta del segno di croce ripetuto meccanicamente migliaia di volte, di crocifissi appesi alla parete come elementi tradizionali meramente decorativi, della strumentalizzazione devozionale a fini commerciali.

– Imitazione della croce *non* significa *interiorizzazione mistica*: non si tratta di una privatizzata, esasperata compartecipazione, nella preghiera e nella meditazione, alla sofferenza di Gesù, di un'immedesimazione nel suo dolore fisico e spirituale che lo banalizza in forme di adorazione pie.

– Imitazione della croce, infine, *non* significa *imitazione letterale* dell'itinerario di vita di Gesù, non significa calco fedele del suo modello di vita, di predicazione e di morte, non significa soffrire gli stessi patimenti, né avere il corpo segnato dalle medesime ferite.

Esatta comprensione della croce: imitazione della croce non significa caricarsi della croce di Gesù, ma della propria, significa percorrere la propria strada nel rischio della propria situazione e nell'incertezza del futuro. Gli appesi a una croce sono molti: non solo rivoluzionari sconfitti, carcerati, condannati a morte, non solo i malati incurabili, i falliti in tutti i sensi, le persone stanche della vita e quelle che non hanno più fiducia in se stesse e nel mondo. Gli appesi a una croce sono i molti che le preoccupazioni assillano e gli uomini martoriano, i molti che tribolano schiacciati dall'obbligo e svuotati dalla noia, premuti dall'angoscia e avvelenati dall'odio, dimenticati dagli amici e ignorati dai mass media... Ognuno di questi non è inchiodato alla sua croce?

Di fronte allo spettacolo di una sofferenza inesprimibile è spesso più opportuno il silenzio. Quante volte le risposte muoiono in gola, com'è faticoso articolare una parola di conforto: non c'è chi non l'abbia personalmente sperimentato al cospetto della malattia e della morte, al cospetto di tutti i grandi quesiti esistenziali che cominciano con un «perché» e un «a che scopo». Ma, nonostante le difficoltà, anche l'esperienza di queste situazioni umane estreme chiede espressione verbale, sollecita un linguaggio che chiarisca, consoli, elabori. C'è bisogno di un «lavoro» sul dolore, un lavoro che offra un aiuto materiale e spirituale, pur essendo sostanzialmente strutturato in mere forme linguistiche. Davanti alla croce di Cristo il cristiano non resta muto, incapace di una risposta, anche se proprio qui deve evitare di ripetere formule convenzionali. Il cristiano non resta muto quando fa parlare il Crocifisso. Che cos'ha da dire? In che senso deve venire in aiuto?

1. Non cercare la sofferenza, ma sopportarla: Gesù non ha cercato la sofferenza, ha dovuto subirla. Chi agogna o addirittura si infligge torture e patimenti in un impeto di automortificazione, non è sulla linea dell'imitazione della croce di Gesù. Il dolore è e rimane dolore, la sofferenza è e rimane sofferenza: non se ne può dare un'altra interpretazione o trarne magari una voluttà masochistica. Dolore e sofferenza sono e restano un'aggressione ai danni dell'uomo. Chi vuole andare con Gesù non prenda la croce di Gesù o un'altra croce qualsiasi, ma prenda la propria croce e lo segua. Cercare nell'ascesi monastica o nell'eroismo romantico una sofferenza eccezionale non è da cristiani. Cristiano è il sostenere – cosa che per la sua insistente ripetizione risulta generalmente più ardua di un atto eroico isolato – la sofferenza *abituale*, normale, quotidiana e spesso, appunto per questo, smisurata: ecco l'eroismo richiesto a chi crede nel Crocifisso. La *croce di ogni giorno*! Quanto poco edificante e naturale sia questa condizione, lo sa bene chi ha provato la tentazione di sfuggire alla sua croce sottraendosi a tutti i suoi impegni quotidiani, agli obblighi e alle responsabilità familiari e professionali, di trasferire la sua croce sulle spalle altrui o di scuotersela di dosso. In tale prospettiva la croce di Gesù diventa criterio di conoscenza e azione autocritica.

2. Non solo sopportare la sofferenza, ma combatterla: non si colloca sulla linea dell'imitazione della croce di Gesù neppure un'apatia stoica che elegge a suo ideale la massima impassibilità nei confronti delle proprie esperienze dolorose e una suprema indifferenza nei confronti delle tribolazioni altrui, senza alcuna partecipazione interiore. Gesù non soffocò il suo dolore per i patimenti propri e altrui. Egli intervenne anzi emblematicamente, in questo mondo per nulla integro, contro le potenze del male, della malattia e della morte. Il messaggio di Gesù culmina nell'amore del prossimo, incarnato in modo indimenticabile dalla figura del buon samaritano, e nel criterio del giudizio finale: impegno per gli affamati, gli assetati, i nudi, per i forestieri, i malati e i carcerati. Ci si spiega così perché la giovane comunità di fede abbia subito sentito come proprio compito particolare l'assistenza a favore di tutti i sofferenti. Il cristiano non potrà mai chiedere alla sua fede un pretesto che lo dispensi da una collaborazione fattiva nella società e gli consenta di far balenare la prospettiva consolante di un aldilà invece di contribuire alla trasformazione della realtà sociale. La fede in Dio e la preghiera, che saranno sempre la base del suo lavoro, non potranno mai diventare un rifugio di cristiani disfattisti, rassegnati di fronte al dolore o anche soltanto sognatori. Occorrono d'altra parte obiettività e realismo nella valutazione delle pur sempre limitate possibilità personali e sociali in ordine a un eventuale mutamento della situazione, per preservare il cristiano impegnato nella lotta contro la sofferenza da un pragmatismo incurante del dolore o da un azionismo nutrito di illusioni.

3. *Non solo combattere la sofferenza, ma elaborarla*: nella prospettiva della croce di Gesù Cristo si offre agli uomini la possibilità non solo di disperdere e rimuovere in modo puntuale la sofferenza e le sue cause, ma anche di intraprenderne una positiva trasformazione ed elaborazione. Anche chi si affida a Gesù e ogni giorno, senza enfasi, si carica sulle spalle la sua croce, non è in grado di sconfiggere e rimuovere del tutto la sofferenza. In virtù della fede è però in grado di reggere e superare la prova. La sofferenza non lo

schiaccia, non lo precipita in un abisso di disperazione. Se non è crollato Gesù nella sofferenza estrema di un abbandono da parte di Dio e degli uomini, non crollerà nemmeno l'uomo che si attiene a Gesù con una fiducia alimentata dalla fede. Nella fede gli è data una speranza, quella che la sofferenza non sia la realtà ultima, definitiva. La realtà ultima è anche per lui una vita senza sofferenza, una vita che né egli né la società umana saranno mai capaci di realizzare, ma che è lecito attendere dal compimento finale, da quel misterioso Altro, dal proprio Dio: tutta la sofferenza è destinata a scomparire definitivamente nella vita eterna.

L'esistenza dell'uomo, in qualunque sistema sociale ed economico si inquadri, è un evento attraversato, segnato dalla croce: dal dolore, dall'affanno, dalla sofferenza e dalla morte. Solo nella prospettiva della croce di Gesù questa esistenza umana segnata dalla croce acquista un senso. L'imitazione di Cristo è sempre, a volte apertamente a volte segretamente, un'imitazione della croce. È disposto l'uomo a soffrire in questa chiave? Sotto la propria croce egli è più che altrove, più che mai vicino a Gesù crocifisso, al suo Signore: nella propria passione egli è posto nella passione di Gesù Cristo. Ed è questo che gli attribuisce in tutto il suo soffrire una superiorità ultima, sovrana. Nessuna croce del mondo può contraddire l'*offerta di senso* proveniente dalla croce del Risuscitato alla vita: anche la sofferenza, anche il pericolo, l'assurdità, il nulla, l'abbandono, la solitudine e il vuoto più atroci sono abbracciati da un Dio solidale con l'uomo; dinanzi al credente si apre una via che *non aggira, ma attraversa la sofferenza*. Proprio così egli è pronto a combatterla e a lottare per le sue cause, nella vita del singolo come nella società umana.

È evidente quindi che una persona storica, almeno in questo contesto di sofferenza, riesce più convincente di un'idea impersonale, di un principio astratto, di una norma generale, di un sistema puramente concettuale.

Una persona concreta invece di un principio astratto

1. Come persona storica concreta, Gesù ci viene incontro con una *perspicuità* che manca a un'idea eterna, a un principio astratto, a una norma generale, a un sistema concettuale.

Idee, princìpi, norme, sistemi non hanno la mobilità della vita, la vivida tangibilità e l'inesauribile, inimmaginabile ricchezza dell'esistenza empirico-concreta. Pur con tutta la loro chiarezza e determinatezza, semplicità e stabilità, concepibilità e comunicabilità, idee, princìpi, norme, sistemi appaiono svincolati, astratti dal singolo oggetto concreto e perciò uniformi e avulsi dalla realtà: dall'astrazione derivano indifferenziazione, statica rigidità e relativa assenza di contenuti, mentre su tutto si diffonde e a tutto conferisce un aspetto malaticcio il pallore del pensiero.

Una persona concreta, invece, non solo stimola la meditazione e la dissertazione critico-razionale, ma eccita di continuo la fantasia, l'immaginazione, suscita emozioni, spontaneità, creatività, spirito di innovazione, mette cioè in tensione tutte le componenti dell'uomo. Una persona si può dipingere, un principio no. Una persona permette che si instauri con essa un diretto rapporto esistenziale; se ne può fare oggetto di una narrazione, non solo di un ragionamento, di un'argomentazione, di una discussione, di una speculazione teologica. E come non si può sostituire un racconto con idee astratte, così non si può far subentrare al narrare il proclamare e il lanciare appelli, alle immagini i concetti, alla commozione la comprensione. La persona non si lascia ridurre a una formula.

Solo una figura viva, non un principio, può essere *attraente*, può avere un'«attrattiva» nel senso più profondo e più ampio della parola: verba docent, exempla trahunt. Non a caso si parla di un «fulgido» esempio. La persona illumina un'idea, un principio: incarna, «personifica» questa idea, questo principio, questo ideale. Allora l'uomo non soltanto «conosce» l'ideale, ma lo vede «palpabilmente» vissuto davanti ai suoi occhi. Non gli viene dettata una norma astratta, gli viene proposta una misura concreta. Non gli vengono date singole direttive, gli viene consentito un concreto esame sinottico di tutta la sua vita. L'uomo è così chiamato non solo a far propri un programma, una legge, un ideale «cristiano» di carattere generale, né solo a realizzare una generale impostazione di vita «cristiana», ma a riporre fiducia in questo Gesù Cristo e a sforzarsi di conformare la propria vita al suo modello. Con tutto ciò che di determinante è e significa per l'uomo, Gesù si dimostra quindi ben più di un «fulgido esempio», si dimostra la vera «luce del mondo».

2. Come persona storica concreta, Gesù ci viene incontro con una *percettibilità* rispetto a cui idee, princìpi, norme e sistemi appaiono muti.

Idee, princìpi, norme e sistemi non hanno né parola né voce. Non possono chiamare, non possono dare luogo a una vocazione. Non possono interpellare, non possono avanzare una pretesa. Di per sé non hanno nessuna autorità. Devono ricorrere a qualcuno che conferisca loro autorità. Altrimenti restano inosservati e inoperanti.

Una persona storica concreta ha un nome proprio inconfondibile. E il nome di Gesù – pronunciato spesso a fatica e con timore – può significare una potenza, una protezione, un rifugio, una pretesa; poiché fa scudo – contro la disumanità, l'oppressione, la menzogna e l'ingiustizia – all'umanità, alla libertà, alla giustizia, alla verità e all'amore. Una persona storica concreta ha voce, parla. Può chiamare, può determinare una vocazione: si segue Gesù Cristo essenzialmente per essere stati chiamati dalla sua figura e dalla sua via, per avere avuto una vocazione (oggi mediata dalla parola umana). Una persona storica concreta può interpellare e avanzare una pretesa: seguendo Gesù Cristo si giunge essenzialmente a essere pretesi dalla sua persona e dal suo destino, a impegnarsi in una determinata direzione. Grazie alla mediazione della parola, una persona storica rimane percepibile anche a distanza di secoli. E l'uomo, con la percezione della sua ragione, con la percezione della sua fede guidata dalla parola di Gesù Cristo, è chiamato a tentare un'interpretazione della vita umana e a tentare di modellarla.

Solo una figura viva, non un principio, può essere radicalmente *esigente*: essa sola può invitare, sollecitare, provocare. La persona di Gesù Cristo non si distingue solo per la sua evidenza e luminosità, ma anche per la sua funzione pratica di orientamento. Può provocare l'intimo dell'uomo a un libero incontro esistenziale, può attivare quella fiducia di fondo in Dio che dà all'uomo la capacità di accettare «di cuore» l'invito e la pretesa di questa persona. Suscita il desiderio di agire conformemente all'invito, indicando una via praticabile per realizzarlo nella vita di ogni giorno. E dispone di quell'autorità e di quel credito fiduciario per cui si condiscende a seguirne l'esempio anche quando nel singolo caso non si possa dimostrare in termini rigorosamente razionali perché un comportamento del genere sia sensato e valido. Con tutto ciò che è e significa, Gesù si dimostra quindi non solo la «luce», ma anche il «Verbo» di Dio che abita in mezzo agli uomini.

3. Come persona storica concreta, Gesù rivela una *realizzabilità* al cui confronto le idee appaiono spesso ideali irraggiungibili, le norme leggi irrealizzabili, i princìpi e i sistemi utopie remote dalla realtà.

Idee, princìpi, norme e sistemi non sono essi stessi quella realtà che hanno il compito di disciplinare e ordinare. Tendono a una realizzazione che non sono in grado di offrire. Non avendo di per sé realtà nel mondo, devono dipendere da qualcuno che li realizzi.

Una persona storica, invece, è di una realtà incontestabile, anche se la si può interpretare diversamente. Che Gesù Cristo sia esistito, che abbia annunciato un messaggio ben preciso, che abbia tenuto un comportamento ben preciso, che abbia realizzato ideali ben precisi, che abbia vissuto e sofferto fino all'ultimo un destino ben preciso, non può essere messo in dubbio. La sua persona e la sua via non rappresentano una vaga possibilità, sono una realtà storica. E, a differenza di un'idea o di una norma, una persona storica non può essere «superata» da un'altra: è per sempre quella che è, insostituibilmente. Guardando alla persona storica di Gesù, l'uomo può persuadersi che la sua via *è* praticabile e percorribile fino in fondo. Non gli viene imposto un imperativo: percorri questa via e giustificati, liberati. Si presuppone un indicativo: egli *ha* percorso questa via e tu – guardando a lui – *sei* giustificato, liberato.

Solo una figura viva, non un principio, può essere così radicalmente *incoraggiante*. Essa sola può testimoniare in questo modo la possibilità della realizzazione. Essa sola può stimolare in questo modo all'imitazione: assecondando e rafforzando la fiducia di poterla seguire lungo la stessa via; fugando ogni dubbio circa la capacità personale di agire bene. Con ciò risulta ovviamente fissata una nuova misura: non solo un obiettivo esteriore, un ideale al di fuori del tempo, una norma generale di comportamento; ma una realtà, una promessa mantenuta, che è sufficiente accettare con piena fiducia. Le norme tendono al minimo, Gesù al massimo – ma in maniera tale che l'impegno di percorrere la sua via rimane ragionevole, commisurato all'uomo. In tutto ciò che è e significa, Gesù si dimostra così per l'uomo non solo la «luce» e il «Verbo», ma addirittura «la via, la verità e la vita».

Gesù, dunque, agisce come persona concreta, determinante e paradigmatica: nella sua perspicuità, percettibilità e realizzabilità, attraendo, pretendendo, incoraggiando. E con questa «luce» e questo «Verbo», con questa «via», questa «verità» e questa «vita» non si è già detto chiaramente quale sia l'elemento decisivo per l'agire cristiano, per l'etica cristiana, quale sia il criterio specificamente cristiano della dimensione cristiana, il tanto discusso «Proprium Christianum»? E in quale rapporto sta con quello comune a tutti gli uomini, con l'«Humanum universale»?

Ethos cristiano ed etica mondiale

Anche nell'etica è vana la ricerca dell'elemento specificamente cristiano quando si presume di poterlo
rintracciare, astrattamente, in una certa idea o in un
principio, in una data mentalità, in un orizzonte concettuale, in una nuova disposizione o motivazione.
Agire per «amore» o in «libertà», agire nell'orizzonte
di una «creazione» o di un «compimento escatologico»: tutto questo, in definitiva, è alla portata anche di
altri, ebrei, musulmani, umanisti delle più diverse ma-
trici. Il criterio della dimensione cristiana, ciò che distingue il cristianesimo – tanto nella dogmatica quanto, conseguentemente, nell'etica – non è qualcosa di
astratto, non è né un'idea di Cristo né una cristologia
né un sistema concettuale cristocentrico, ma è *questo
Gesù concreto, il Cristo, il Determinante*.

Se è del tutto legittimo, come abbiamo visto, indaga-
re sull'elaborazione autonoma ovvero sull'assunzione
di norme etiche, individuando i vari nessi e rapporti
con altri sistemi di norme, non meno legittimo è cercare nell'ethos di Gesù le tracce di varie tradizioni. Ed
è sensato, utile, anzi, considerando la globalizzazione
odierna, perfino necessario, individuare *gli elementi
comuni* ad altri maestri giudei o greci, indiani o cinesi
e riflettere su di essi: non solo alcune direttive etiche
semplici (come le regole di saggezza), ma anche taluni
precetti di elevato contenuto etico, e soprattutto la
regola aurea, non costituiscono una proposta inedita
da parte di Gesù, in quanto affiorano anche altrove,
le troviamo già cinquecento anni prima di Cristo negli insegnamenti di Confucio. Su questo dato di fatto
si basa l'idea di un *ethos globale dell'umanità o etica
mondiale*.

Anche Gesù fa una distinzione tra un ethos fondamentale vincolante per tutti gli uomini e l'ethos particolare di chi decide di seguirlo: mette al primo posto l'«osservanza dei comandamenti»; nomina espressamente le quattro norme dell'etica mondiale al giovane ricco. Ma ciò che a questi «manca» per essere «perfetto», tuttavia, è accogliere la sfida particolare rappresentata dal seguire Gesù, l'adesione ai precetti etici annunciati nel discorso della montagna. Non si deve a ogni modo sorvolare sul contesto del tutto particolare dei precetti etici di Gesù, i quali non rappresentano isolati momenti culminanti, vette emergenti da una farragine di sentenze prive di valore etico, futili speculazioni e quisquilie allegorico-mistiche, da un miscuglio di cavillosa casistica e di ritualismo mummificato. E ancor più non si deve sorvolare sulla radicalità e totalità di Gesù nei suoi precetti: la concentrazione e la riduzione dei comandamenti a qualcosa di supremo nella sua semplicità (Decalogo, formula-base dell'amore di Dio e del prossimo), l'universalità e la radicalizzazione dell'amore del prossimo nel servizio indipendente da rapporti gerarchici, nel perdono illimitato, nella rinuncia disinteressata, nell'amore dei nemici. Non si comprende tutto questo nel suo pieno significato – ecco l'aspetto decisivo –, se non *vedendolo nell'unità della persona e del destino di Gesù*. Qual è il senso di una simile affermazione?

Nella musica di Mozart si possono riconoscere le radici del suo stile e tutti i suoi debiti nei confronti del padre Leopold, di Schobert, Johann Christian Bach, Sammartini, Piccini, Paisiello, Haydn e alcuni altri ancora, ma con ciò non si è ancora spiegato il *fenomeno Mozart*. In questo compositore che spaziò per tutto il campo della musica e si occupò a fondo di tutto il patrimonio tradizionale allora disponibile si possono rinvenire, raccolti in un quadro mirabilmente universale e quanto mai variegato pur nel suo sostanziale equilibrio, tutti gli stili e i generi musicali del suo tempo, si possono analizzare gli elementi «tedeschi» e quelli «italiani», gli elementi omofonici e quelli polifonici, gli elementi dotti e quelli galanti, gli elementi strumentali e quelli del contrappunto, senza peraltro cogliere la novità, l'unicità, la dimensione caratteristicamente mozartiana: la novità, l'unicità, la dimensione caratteristicamente mozartiana è il *tutto* nella sua superiore unità fondata sulla libertà dello spirito, è *Mozart stesso* nella sua musica.

Similmente, anche nell'ethos di Gesù si potranno rintracciare e ricomporre tutte le tradizioni e le affinità, senza riuscire per questo a spiegare il *fenomeno Gesù*. Si potranno sottolineare in Gesù la preminenza e l'universalità dell'amore, si potrà mettere in risalto, attraverso un confronto con l'etica giudaica, la radicalità del teocentrismo, della concentrazione, dell'intensità, dell'interiorizzazione del suo ethos, si potrà porre l'accento sul nuovo orizzonte concettuale e sulle nuove motivazioni, e ciononostante non si sarà ancora riusciti a focalizzare la novità, l'unicità di Gesù. La novità, l'unicità di Gesù è il *tutto* nella sua unità, è *Gesù stesso* nella sua opera.

Ci troviamo così sul piano di ciò che è «caratteristicamente gesuanico», non ancora – ecco dove finisce l'analogia con Mozart – sul piano che comunque presuppone il precedente, di ciò che è «caratteristicamente cristiano». Anche e proprio per quanto concerne l'etica cristiana, non si riesce ad afferrare che cosa sia *caratteristicamente cristiano* quando si guarda soltanto all'annuncio di Gesù, al discorso della montagna (ethos), e se ne tenta poi un'immediata traduzione – quasi che nel frattempo nulla fosse avvenuto – nella realtà contemporanea. Tra il Gesù storico del discorso della montagna e il Cristo della cristianità si collocano però, nella dimensione dell'agire di Dio, la morte e la risurrezione, senza cui il Gesù annunciante non sarebbe mai divenuto il Gesù Cristo annunciato. Caratteristicamente, specificamente cristiano, quindi, è appunto il *tutto* nella sua unità, è questo *stesso Gesù Cristo* come Annunciante e Annunciato, come Crocifisso e Vivente.

Qualsiasi riduzione della causa di Gesù Cristo a una causa esclusiva di Gesù, qualsiasi riduzione che creda di poter rinunciare in questo contesto alla dimensione divina, rinuncia a un vincolo supremo. Anche l'etica cristiana rientra allora nel gioco di un arbitrario pluralismo etico. E persino un'«etica del Nuovo Testamento» raggiunge solo a fatica e solo a posteriori una sua unità quando esamina l'uno dopo l'altro – come si trattasse di quattro nuovi evangelisti – Gesù, la comunità primitiva, Paolo, il resto del Nuovo Testamento, dando per scontata la legittimità – teologica e storica! – di un discorso così articolato. Ogni etica cristiana deve tenere presente che il suo fondamento è già posto, e che questo fondamento non è semplicemente il comandamento dell'amore o il rapporto critico col mondo o la comunità o l'escatologia, ma unicamente il Cristo Gesù.

L'unica luce e le molte luci

Secondo il Vangelo di Giovanni, per i cristiani Gesù Cristo e lui solo è «*la luce del mondo*», «la luce degli uomini», «la via, la verità e la vita».

Senza cadere in un dualismo che vede tutto bianco o tutto nero o indulgere in un dualismo luce-tenebre semplicistico e a buon mercato, come facevano a Qumran (i «figli della luce» contro i «figli delle tenebre»), questo Cristo, in quanto luce dei cristiani, continua ad essere la grande speranza che permette di cercare con semplicità e senza presunzione la via per seguirlo. Egli infatti mi insegna che la storia, anche quella del cristianesimo, non può essere raccontata semplicemente come una storia di mascalzoni e delinquenti, una «storia criminale», cosa che a lungo andare annoia. La si deve raccontare in modo oggettivo, come una storia fatta di chiaroscuri, carica di tensione, una storia in cui l'essenza del cristianesimo viene alla luce sempre nonostante tutti gli episodi negativi.

Anche in tempi recentissimi Gesù Cristo ha illuminato e infuso speranza a un numero incalcolabile di persone di tutti i continenti, persone il cui nome non compare in alcuna storia della Chiesa. Esse formano il movimento religioso degli innumerevoli sconosciuti, uomini e donne, che nel corso dei secoli hanno scelto l'Uomo di Nazaret come punto di riferimento per la propria vita, scrivendo non tanto una storia della Chiesa quanto piuttosto una storia dei cristiani. Da lui hanno imparato che i beati sono i poveri in spirito, i miti, coloro che hanno fame e sete della giustizia, i misericordiosi, gli operatori di pace, i perseguitati a causa della giustizia. Da lui hanno imparato ciò che tanto manca a questa società di egoisti in cui bisogna farsi largo a gomitate, cioè a rispettare e a condividere, a saper perdonare, a pentirsi, ad avere pietà, a rinunciare e ad aiutare gli altri.

Dai cristiani dipende ancora oggi se il cristianesimo è in grado, prendendo davvero il suo Cristo come punto di riferimento e lasciandosi dare da lui la luce, la forza d'irradiazione, lo Spirito, di offrire una patria spirituale, un rifugio della fede, della speranza e dell'amore. Tali cristiani dimostrano quotidiamente nel mondo che *i nobili ideali possono anche essere vissuti.* Anzi, che la profondità della loro fede in Cristo permette di superare anche la sofferenza e la colpa, la disperazione e l'angoscia. Questa fede fiduciosa in Cristo, che è luce da luce, non è una mera consolazione in prospettiva di un aldilà, ma costituisce la base per l'impegno, la protesta e la resistenza contro le condizioni ingiuste presenti quotidianamente nel nostro mondo, sorretta e rafforzata dalla speranza nel regno di Dio.

Quest'unica luce tuttavia, se interpretata sulla base del Nuovo Testamento, illuminerà gli uomini ma non li accecherà in modo che non riescano più a vedere le altre luci del mondo. Solus Christus! Cristo basta da solo, tutto il resto è inutile, privo di valore e di interesse per la fede? Alcuni teologi evangelici a volte si sono spinti a tale estremo, e tra di essi anche uno dei più grandi: Karl Barth. Quali pagine grandiose ha scritto nel volume IV/3 della sua monumentale *Dogmatica ecclesiale* su Cristo unica luce, accanto alla quale non possono esisterne altre. Sono pagine che meritano di essere prese seriamente in considerazione da tutti i cristiani. Ma anche Karl Barth, nel corso della sua lunga vita, dovette riconoscere che questa esclusività non corrisponde alle intenzioni di Dio nei confronti dell'umanità. L'esclusività cristiana conduce all'intolleranza. E l'intolleranza non è un atteggiamento cristiano perché contraddice lo spirito di Gesù Cristo. Perciò anche lui, in quest'ultimo volume completo della sua dogmatica, ha infine ammesso apertamente che *accanto all'unica luce esistono anche altre luci:* accanto all'unica parola di Dio anche altre parole, accanto all'unica verità di Dio anche altre verità. Ha ammesso cioè che Gesù Cristo non è rinchiuso nelle pagine della Bibbia né tra le mura della Chiesa, perché Dio, in quanto Dio di tutti gli uomini, opera anche al di fuori di queste mura.

Una cosa non si può contestare: secondo la Bibbia ebraica e il Nuovo Testamento anche *i non ebrei e i non cristiani possono conoscere il vero Dio,* Dio è vicino anche a loro. E anche se per i cristiani Gesù Cristo, in quanto luce, è il criterio decisivo di ogni discorso su Dio, non possiamo tuttavia fare a meno di constatare che:

– per gli ebrei questa luce è evidentemente la Tora, così come è messa per iscritto nei cinque libri di Mosè;

– per centinaia di milioni di uomini del passato e del presente, Gautama è il «*Buddha*», il «Risvegliato», l'«Illuminato» e quindi la grande luce;

– per centinaia di milioni di musulmani del passato e del presente è *il Corano* la «luce» che illumina il loro cammino, è stato il profeta Maometto illuminato da Dio colui che ha incarnato personalmente in modo convincente il messaggio del Corano.

Potrei continuare con altri esempi simili: l'ho dimostrato per tutte le grandi religioni mondiali. I cristiani devono perciò domandarsi: in che rapporto stanno fra loro Gesù Cristo quale «nostra luce» e le molte altre «luci» riconosciute da altri uomini? È possibile conciliare fra loro l'«unica luce» e le altre luci? La risposta è: sì, perché questa conciliabilità corrisponde allo spirito di Gesù Cristo. Quando infatti rispondiamo, come cristiani, a questa domanda dobbiamo guardare all'ebreo Gesù di Nazaret, ai suoi modi concreti di comportarsi, ai suoi orientamenti nelle questioni controverse. Il Nazareno non ha meditato e filosofato sulle religioni del mondo di allora, non ha mostrato di conoscere le altre religioni, però, come ho già raccontato, ha trattato in modo diverso le persone *di altra fede*: le ha *rispettate come creature umane e ne ha riconosciuto la dignità*. Anzi, con alcuni esempi concreti ha mostrato come bisogna comportarsi con gli uomini di un'altra fede: egli, che era nato da una madre ebraica, gioì per la fede di una donna siro-fenicia e di un ufficiale romano, accolse cordialmente i greci che lo cercavano e portò provocatoriamente ai suoi connazionali ebrei l'eretico samaritano come esempio indimenticabile di amore del prossimo. Oggi ci inviterebbe caldamente a incontrare uomini di altri religioni e a imparare a *riscoprire*, in questi incontri, *la responsabilità cristiana verso il mondo*.

Così dunque Gesu Cristo può offrire un punto di riferimento certo a cui orientarsi anche nel mondo di oggi, può essere ancora criterio e modello di vita.

Il modello fondamentale di una visione e di una prassi di vita

Occorre subito prevenire l'eventuale insinuarsi di due equivoci.

Un primo equivoco: Gesù Cristo è stato presentato come persona storica nella sua perspicuità, percettibilità, realizzabilità. A priori, tuttavia, nonostante tale perspicuità, percettibilità e realizzabilità, la persona e la causa di Gesù non diventano mai così indiscutibilmente e universalmente evidenti, che l'uomo non possa più pronunciare un no. Al contrario: proprio nella sua perspicuità Gesù Cristo è tanto attraente, nella sua percettibilità tanto esigente, nella sua realizzabilità tanto incoraggiante, che l'uomo si vede posto di fronte a una chiara e inevitabile decisione, una decisione che può essere solo *frutto della fede*: fidarsi di questo messaggio, abbracciare la causa di Gesù Cristo, seguirlo lungo la sua via.

Un secondo equivoco: anche per chi nella fede ha maturato una decisione favorevole a lui, alla sua causa e alla sua via, Gesù non diventa mai una comoda risposta generale a tutti gli interrogativi etici della vita quotidiana: come regolare le nascite, come educare i figli, come controllare il potere, come organizzare una cogestione aziendale o una catena di montaggio, come proteggere l'ambiente dalle insidie dell'inquinamento, e così via. Gesù non è un modello da ricalcare indiscriminatamente in ogni circostanza e in ogni singolo dettaglio; è piuttosto un *modello fondamentale* da applicare in mille modi diversi a seconda del momento, del luogo e della persona. Gli stessi Vangeli non lo caratterizzano mai con aggettivi denotanti una virtù, ma lo descrivono nelle sue azioni e nelle sue relazioni. Ciò che egli è traspare da ciò che fa. Questo Gesù Cristo consente un'imitazione intesa come adeguamento, come riferimento alla sua persona, non un'imitazione pedissequa, una sua «trascrizione».

Se un uomo dà il suo assenso a Gesù come al Determinante, se si lascia determinare dalla persona di Gesù Cristo come dal *modello fondamentale di una visione e di una prassi di vita*, interviene in lui una trasformazione totale. Gesù Cristo, infatti, non è un traguardo esteriore, una dimensione vaga, una norma generale di comportamento, un ideale al di fuori del tempo. Influisce e incide sulla vita e sulla condotta dell'uomo non tanto dall'esterno, quanto dall'interno. Seguire il Cristo implica non tanto un'informazione, quanto una formazione: non un mutamento in superficie, ma un mutamento profondo del cuore e quindi un mutamento dell'uomo intero. Formazione, dunque. Formazione di un *uomo nuovo*: una nuova creazione, naturalmente nel contesto sempre diverso, in dipendenza da particolari condizioni individuali e sociali, di una vita contrassegnata da elementi originali e peculiari, senza traccia di uniformità.

Così si potrebbe sintetizzare il significato unico e straordinario di Gesù per l'agire umano: egli stesso con la sua parola, i suoi atti, il suo destino, egli stesso nella sua perspicuità, percettibilità e realizzabilità è *personalmente* l'*invito*, l'*appello*, la *sfida* nei confronti del singolo e della società. Come modello fondamentale, paradigmatico, normativo di una visione e di una prassi di vita, egli fornisce, lungi da ogni legalismo e da ogni casistica, *esempi*, *segni*, *criteri orientativi*, *valori direttivi*, *casi emblematici*, invitando, impegnando e provocando. Ed è appunto in questa chiave che egli suggestiona e influenza, modifica e trasforma gli uomini che credono e con essi la società umana. Al singolo e alla comunità che rispondono al suo appello, Gesù trasmette e permette con estrema concretezza:

– un nuovo *orientamento* e *atteggiamento di fondo*, una nuova impostazione della propria vita, cui egli ha invitato in modo provocatorio, mostrandone anche le conseguenze: hanno la possibilità e la capacità di vivere diversamente, in modo più autentico e umano quegli uomini e quelle comunità che assumono Gesù Cristo quale concreto paradigma e modello di vita per il proprio rapporto con l'uomo, col mondo e con Dio.

Egli consente un'identità e una coerenza interna nella vita.

– Nuove *motivazioni*, nuovi motivi dell'agire, che si possono desumere dalla «teoria» e dalla «prassi» di Gesù: muovendo dalla sua persona è possibile rispondere agli interrogativi circa le ragioni per cui l'uomo deve agire così e non diversamente, per cui deve amare e non odiare, per cui – e qui lo stesso Freud non si sentiva in grado di rispondere – deve continuare a essere onesto, indulgente e possibilmente buono anche quando questo comportamento lo danneggia, nel senso che la perfidia e la brutalità degli altri fanno di lui un'«incudine».

– Nuove *disposizioni*, nuove consistenti opinioni, tendenze, intenzioni, adottate e preservate nello spirito di Gesù Cristo: non solo per rari e fugaci momenti, ma in modo durevole si produce qui una disponibilità, si creano atteggiamenti, si determinano qualificazioni capaci di governare il comportamento: disposizioni per un impegno senza pretese a favore degli altri, per una solidarietà con gli svantaggiati, per la lotta contro strutture ingiuste; disposizioni di riconoscenza, di libertà, di generosità, di altruismo, di gioia, ma anche di indulgenza, di perdono e di servizio; disposizioni che permangono anche in situazioni-limite, nell'abnegazione di chi dona se stesso, nella rinuncia non indispensabile, nell'operosità dedita alla causa maggiore.

– Nuove *azioni*, di portata vasta o ridotta, che nell'imitazione di Gesù Cristo si svolgono anche e proprio là dove nessuno aiuta: non solo programmi generali per una trasformazione della società, ma segni concreti, testimonianze concrete, testimoni concreti dell'umanità e dell'umanizzazione così dell'uomo come della società umana.

– Un nuovo *orizzonte* e una nuova meta nella realtà ultima, nel compimento dell'uomo e dell'umanità nel regno di Dio, che riescono a sostenere non solo gli aspetti positivi, ma anche i risvolti negativi della vita umana: nella luce e nella forza di Gesù Cristo viene offerto al credente un senso ultimo non solo per il vivere e l'agire, ma anche per il soffrire e il morire dell'uomo, non solo per la storia delle fortune, ma anche per la storia delle sofferenze dell'umanità.

Superamento dell'essere uomini nell'essere cristiani

Una domanda breve e diretta: *perché si deve essere cristiani?* Ecco una risposta altrettanto breve e diretta: *per essere veramente uomini.*

Con questo s'intende dire principalmente che non si può essere cristiani rinunciando in qualche misura a essere uomini. E viceversa: non si può essere uomini rinunciando in qualche misura a essere cristiani. Non è concepibile un essere cristiani accanto, sopra o sotto l'essere uomini: il cristiano non dev'essere un uomo scisso.

La dimensione cristiana non è quindi né una sovrastruttura né un'infrastruttura di quella umana, bensì un *superamento*, nel senso migliore della parola – affermando, negando e superando –, *della dimensione umana.* L'essere cristiani rappresenta un «superamento» degli altri umanesimi: i quali vengono affermati nella misura in cui affermano la piena dimensione umana; negati nella misura in cui negano la dimensione cristiana, il Cristo stesso; superati nel senso che l'essere cristiani riesce a comprendere totalmente in sé ciò che è umano-fin troppo umano anche nella sua estrema negatività.

I cristiani non sono meno umanisti di tutti gli umanisti. Essi, però, vedono l'umano, il veramente umano, vedono l'uomo e il suo Dio, vedono l'umanità, la libertà, la giustizia, la vita, l'amore, la pace, il senso alla luce di quel Gesù che è per loro il concretamente Determinante, il Cristo. In questa prospettiva essi ritengono di non potersi fare rappresentanti di un umanesimo qualsiasi, di un umanesimo che affermi semplicemente il vero, il buono, il bello e l'umano. L'umanesimo che essi propugnano è un *umanesimo* veramente *radicale*, capace di integrare e superare anche il non-vero, il non-buono, il non-bello e il non-umano: non solo tutto ciò che è positivo, ma anche – ed è qui che si vede con decisiva chiarezza che cosa vale un umanesimo – tutto ciò che è negativo, la sofferenza stessa, la colpa, la morte, l'assurdità.

Guardando a lui, al Crocifisso e Vivente, l'uomo è in grado non solo di agire nel mondo di oggi, ma anche di soffrire; non solo di vivere, ma anche di morire. Rifulge ai suoi occhi un senso persino là dove la ragione pura deve capitolare, persino in una condizione di miseria assurda e nella colpa, perché si sa sostenuto da Dio nei momenti positivi come in quelli negativi. La fede nel Cristo Gesù dona pace con Dio e con se stessi, pur senza scavalcare i problemi del mondo. Questa fede rende l'uomo veramente umano, in quanto lo persuade ad aprirsi radicalmente all'altro, a chi ha bisogno di lui, al «prossimo».

Abbiamo posto la domanda: perché si deve essere cristiani? Ormai non si avrà difficoltà a intendere la risposta condensata in una breve formula riassuntiva:

*Seguendo Gesù Cristo
l'uomo nel mondo d'oggi può
vivere, agire, soffrire e morire in modo veramente
umano:
nella felicità e nella sventura, nella vita e nella morte
sorretto da Dio e fecondo di aiuto per gli altri.*

Indice generale

IV. La causa dell'uomo

V. Il conflitto

Finito di stampare nel mese di agosto 2013
presso il Nuovo Istituto Italiano d'Arti Grafiche – Bergamo

Printed in Italy